清华
科技大讲堂丛书

数字化管理软件实施

杨长春◎编著

清华大学出版社
北京

内 容 简 介

本书重点讲述如何实施 IT 项目和如何提升实施水平。从售前工作开始,根据项目实施的一般步骤,讲述与实施相关的一系列工作,包括了解售前、项目准备、项目启动、需求调研、项目范围确定、项目范围控制、系统蓝图规划、系统建设、知识转移、业务上线准备、业务上线与验收等。

本书强调实施 IT 项目需要有全局思维,需要站在一个更高的角度看待这项工作;强调实施项目的主要目标是帮助甲方在项目相关领域建立数字化管理体系,用 IT 技术帮助甲方解决管理问题;强调实施是乙方销售过程的一部分,是售前工作的后续,是售中过程;强调实施项目需要甲乙双方通力合作,仅靠一方努力是无法成功的。

本书适合 IT 人员阅读,如售前人员、项目经理、产品经理、实施人员、需求分析人员、客服人员、运营人员等,以及软件工程、信息管理等专业有志从事项目实施工作的在校大学生。

图书在版编目(CIP)数据

数字化管理软件实施/杨长春编著.—北京:清华大学出版社,2024.3
(清华科技大讲堂丛书)
ISBN 978-7-302-65707-1

Ⅰ.①数… Ⅱ.①杨… Ⅲ.①企业管理－数字化－应用软件 Ⅳ.①F272.7-39

中国国家版本馆 CIP 数据核字(2024)第 051098 号

责任编辑:黄 芝 李 燕
封面设计:刘 键
责任校对:申晓焕
责任印制:刘海龙

出版发行:清华大学出版社
　　　　网　　　址:https://www.tup.com.cn,https://www.wqxuetang.com
　　　　地　　　址:北京清华大学学研大厦 A 座　　邮　　编:100084
　　　　社 总 机:010-83470000　　　　　　　　邮　　购:010-62786544
　　　　投稿与读者服务:010-62776969,c-service@tup.tsinghua.edu.cn
　　　　质量反馈:010-62772015,zhiliang@tup.tsinghua.edu.cn
　　　　课件下载:https://www.tup.com.cn,010-83470236
印 装 者:三河市少明印务有限公司
经　　销:全国新华书店
开　　本:185mm×260mm　　印　张:14.75　　　　字　　数:359 千字
版　　次:2024 年 5 月第 1 版　　　　　　　　印　　次:2024 年 5 月第 1 次印刷
印　　数:1～2500
定　　价:69.80 元

产品编号:097036-01

实施，是 IT 项目进程中不可或缺的一个重要步骤。遗憾的是，无论甲方还是乙方，很多人并没有认识到实施工作的重要性，将实施矮化成运维工作的一部分，认为实施只是到甲方装装系统、做做培训而已。究其原因，恐怕主要还是实施工作者自身的问题，谁的心里都有杆秤，你的重要性是跟你能实现的价值成正比的。如果你的工作没有给客户、公司、团队带来足够的价值，别人又怎能觉得它重要呢？

实施是项目生命周期中的一个关键节点。实施做得好，既能够实现甲方投资做项目的目标，给甲方带来价值，又能够保证乙方利润的最大化，提升乙方声誉，真正做到甲方乙方双赢；实施做得不好，不但不能解决甲方的问题，反而会带来更多的麻烦，使乙方亏本，让技术团队疲于奔命，正所谓"一将无能，累死三军"。

实施者在准备启动一个项目时，要时刻警醒自己，从现在开始要承担以下这些重要的使命：

- 帮助甲方在项目相关领域建立数字化管理体系；
- 用 IT 技术为甲方改善管理，解决管理问题；
- 充当 IT 团队跟甲方的桥梁，实现合作共赢；
- 让甲方的项目投资物有所值；
- 完成销售过程，顺利完成回款。

要圆满完成这些使命，实施工作者需要不断学习各种理论知识，深刻理解应该如何实施IT 项目，并且需要不断实践，理论联系实际，在项目中成长，不断总结经验教训。本书将系统讲解如何实施 IT 项目，主要内容包括：

- 认识售前工作，应对售前工作可能给实施带来的麻烦；
- 做好实施准备，启动项目，组建团队；
- 制订项目计划，并努力让计划更科学有效；
- 制定项目实施管理制度，编写项目章程；
- 进行需求调研，认真了解用户需求，编写需求调研报告；
- 控制项目范围，编写项目范围说明书，拒绝甲方的无理要求，降低项目成本并提高利润；
- 换位思考，甲方应该站在乙方的立场上思考问题，乙方应该站在甲方的立场上思考问题；
- 进行系统蓝图规划，为甲方建立数字化管理体系，为甲方解决管理问题；
- 进行系统建设，优化软件系统，让系统更易学、更高效、更健壮、更友好；
- 做好系统培训，进行知识管理，依据知识管理的思维方式实现知识向甲方转移；

- 准备系统上线,进行沙盘演练,进行用户试用,防范各种上线风险;
- 推动上线工作,包括制订上线计划、进行上线动员、进行数据初始化,以及停用旧系统等;
- 应对验收,尽早确定验收标准和验收流程;
- 提升实施职场素养,养成良好的职业习惯,遵守职业道德,培养正确的职业意识;
- 成为实施高手,提升自己的实施工作技能,提升自己的威望,改善从事实施工作的思维方式;
- 建立全局性思维,培养大局观,保证项目按照既定的路线向成功的目标迈进。

感谢您为了提高实施水平而选择本书,衷心希望它能够帮助您建立完整的项目实施知识体系,成为实施高手,让您经手的每一个项目都能实现它的价值。

本书行文力图通俗易懂,配以大量的项目案例与职场故事,让您轻轻松松获得进步。如果您还有不明白的地方,或者需要跟同行交流,可以加入 QQ 群,笔者常年在本群答疑解惑。另外,笔者在哔哩哔哩开设了账号,通过视频讲解与管理软件相关的各种知识,有兴趣的可以到哔哩哔哩搜索"杨总监聊软件"。请扫描下方二维码查看笔者的其他社交账号。为便于读者更好地掌握本书的知识体系,笔者为每章内容都制作了思维导图,请读者先扫描封底刮刮卡内二维码,获得权限,再扫描每章章名旁的二维码查看该章思维导图。

作者网站、b 站、公众号

最后提醒一下,要想成为实施高手,不能不了解管理软件的需求分析与设计工作,如果您在这方面的知识有所不足,建议读一读笔者的另外一本著作《软件需求分析实战》。

杨长春

2024 年 1 月

目 录

第1章

开 篇

思维导图

这是一本讲述如何实施数字化管理系统的书。

数字化管理系统,就是通过 IT 技术,集合硬件设备、管理软件,为组织机构(企业、学校、医院、政府机关等)建设的数字化管理平台,让各级管理者可以通过这个平台进行数字化管理,达到改善管理、提高绩效的目的。数字化管理系统又被称为"信息化管理系统",为了行文方便,本书将其简称为"IT 系统",将相关的项目简称为"IT 项目"。

管理软件是 IT 系统的重要组成部分,如何实施管理软件是本书的重点。

管理软件,就是各种组织用来辅助管理的软件。大家耳熟能详的很多软件系统,如办公自动化系统(Office Automation,OA)、客户关系管理系统(Customer Relationship Management,CRM)、企业资源计划(Enterprise Resource Planning,ERP)、生产执行系统(Manufacturing Execution System,MES)、财务软件、进销存软件等,都属于管理软件的范畴。

管理软件的实施很复杂,也很有学问,因为它注定要成为组织机构管理体系的一部分,管理者要依靠它来改善管理工作。无论是什么组织,管理都不是一件简单的事情,要想靠软件实施来改善它,自然也不可能简单。

当甲方发起一个 IT 项目时,他们可以有两种选择:自己组织人员实现,或是寻找供应商实现。对甲方来说,这两种方式各有优缺点,决策时需要综合考虑。

本书是站在乙方的角度看待项目的,因此可以将一个项目分成售前、售中、售后三个阶段。签订合同之前为售前阶段,签订合同到项目验收为售中阶段,验收之后为售后阶段。实施是 IT 项目售中阶段的一部分,主要考虑如何将 IT 系统交付甲方使用,包括培训、需求调研、上线、交付验收等工作内容。

1.1　了解 IT 项目

1.1.1　什么是数字化管理系统

数字化管理系统,是借助 IT 技术,集合硬件设备、管理软件,为组织的管理工作提供帮助的一种管理工具。它存在的目的主要是帮助组织的各级管理者改善管理工作,解决管理问题。例如,学校所用的学生信息管理系统,可用于管理所有学生的学籍、考试成绩、奖励、惩罚等;工厂的生产管理系统,用于管理车间的计划、调度、领料等;政府机关实施的 OA 系统,可以管理办公流程、公文流转、通知与公告发布等。这些系统有个共同点,那就是一旦正式上线使用,就意味着在某个领域建成了数字化管理体系,系统就成为组织管理体系的一部分。当然,这个系统的作用可大可小,可能只是整个管理体系的一个点缀,也可能成为中流砥柱。

<h2 style="text-align:center">一款典型的数字化管理系统</h2>

某工厂使用一款生产安全管理系统,对车间现场进行安全管理。

该系统由硬件设备、管理软件构成。硬件设备主要包括高清摄像机、乙炔探测器、LED 显示屏等。管理软件是一款安全生产管理平台,主要功能包括日常巡检、检查项设置、不安全行为分析、传感器信号分析、安全警示信息推送、安全整改任务管理等。

项目组在车间安装了若干台高清摄像机,用于对车间的生产现场进行无死角监控,通过 AI 技术,经过深度学习后可以对车间的不安全行为进行识别。系统一旦在影像中发现不安全行为,会给相关责任人发送警示信息,并在车间 LED 屏上显示。

由于车间需要经常使用乙炔,对安全要求非常高,所以项目组在一些关键地点安装了乙炔探测器,实时监测车间的乙炔浓度,并保存到软件系统中。如果发现浓度大于警戒阈值,软件系统会自动发布警示信息给相关责任人,并在车间 LED 屏上显示警戒信号。

相关安全管理人员可以在软件系统中设置巡检计划、巡检点、检查项。相关责任人根据巡检计划进行巡检,扫描安监二维码,汇报巡检结果。如果系统发现安全隐患,会自动生成整改任务推送给相关责任人。

另外,系统发现的所有异常信息都会被登记,相关人员需要跟踪处理,并且将处理过程及结果及时汇报到系统中,如果超出设定的时间还没有处理,系统会推送提示信息给相关人员。

随着 IT 技术的普遍应用,数字化管理已经深入到各行各业,几乎影响到每个人的工作与生活。想想吧,在人一辈子的行动轨迹中,生老病死、衣食住行,有哪个节点能够离开数字化管理系统呢? 例如:

- 准妈妈住院分娩,她的信息便被录入医院的医院信息系统(Hospital Information System,HIS)。
- 新生儿的信息也会被录入 HIS 系统进行管理。
- 孩子上学,从幼儿园到博士,他们的信息会被录入学校的管理系统进行管理。
- 当人们开始工作时,他们的档案信息会被录入单位的人力资源管理系统(Electronic Human Resource,EHR)管理。另外,他们还需要使用单位的各种业务管理系统,如 OA、ERP、MES 等。
- 当人们为出行而购买汽车票、火车票、飞机票时,他们的信息会在汽车站、火车站、飞机场的管理系统中被登记管理。
- 人们的购物信息会出现在商场的管理系统中,被系统登记管理。
- 人们的健身信息在健身房的会员管理系统中被登记管理。
- 人们的结婚信息在民政部门的管理系统中被登记管理。
- 如果人们生病,来到医院,就诊信息会被录入 HIS 进行管理。

如果一个组织用这种系统来协助管理,那么我们称之为"数字化管理"。数字化管理强调信息技术应与管理相融合、相碰撞,在这个过程中产生新的思想、新的生产力,形成新的管理体系。虽然本书的重点是讲述如何实施管理软件,但请读者牢记于心:IT项目实施的目标是在甲方相关领域建立数字化管理体系,管理软件无疑是这个体系的核心组成部分,但绝不是全部。

当一家组织需要通过数字化管理系统来改善管理时,就需要启动一个数字化管理系统项目。

1.1.2　IT项目的缘起

一家组织机构,无论大小,都需要有人去设定目标,策划行动计划,获得资源,设计制度,组织、激励各岗位的人员工作以达成目标,等等。也就是说,都需要有人去管理。管理,是技术与艺术的结合,它涉及组织的方方面面,例如,员工管理、市场管理、技术管理、资金管理、物料管理、产品创新、知识迭代。组织的规模越大,管理工作就越复杂,因为各方面的工作相互关联,犬牙交错,牵一发而动全身,一件事情处理不好就可能影响全局。

管理工作大致包括两方面的内容:获得信息与做出决策。对管理者而言,在工作中最需要的资源就是信息,管理者所有的决策都必须依赖信息,信息越多、越准确、越及时,决策就越科学,越不容易犯错误。

提供信息并帮助决策,正是数字化管理系统的价值所在。随着信息技术的飞速发展,特别是随着互联网、移动互联网、大数据、物联网、人工智能(Artificial Intelligence,AI)技术的应用普及,当遇到难题时,越来越多的管理者倾向于思考能否通过信息技术来解决。大部分情况下,一个IT项目的缘起,都是由管理问题驱动的。

几个管理问题驱动IT项目的示例

某家工厂,生产计划、调度、排程非常不科学,车间里一段时间忙得不可开交,一段时间又闲得要命,生产成本高不说,还经常不能按时交付订单,经常遭到客户投诉。负责生产的高管就考虑要不要引进一款生产管理系统,以改善这方面的管理问题。

再比如某家医院,医疗废物管理存在很大的漏洞,虽然做了很多宣传、培训、考核工作,但还是经常出现分类错误、跟生活垃圾混装、丢失等问题。甚至有些医疗垃圾被黑心厂家从非法渠道获得,做成了玩具、餐具。医院领导考虑要开发一套医疗垃圾监管系统,采用物联网、互联网技术,对医疗垃圾的分类、收集、装运、处理等一系列过程进行全程监管。

某政府机关,办公时经常会出现很多问题,例如,通知总不能被及时送到相关责任人手中,公文堆满了档案室,难于检索,在公文流转中,很多应该阅读公文的人员没有看到,等等。党政办领导考虑要不要采购一套用于协同办公的OA系统,以解决这些在办公过程中存在的问题。

当一家组织机构需要使用IT系统来改善自己在某些领域的管理工作时,就会先进行可行性论证,判断是否可以立项。一旦立项成功,他们就启动了一个IT项目。当然,对于不同单位、不同项目,决定是否立项的过程差别是很大的。对于有些项目,甲方会组织大量的专业人士(如IT人才、业务专家、财务人士等)进行论证,综合考虑目标、人才、技术、需求、收益、风险、资金等各方面的因素,最终决定是否立项;而对于有些项目,则只是决策人一拍脑袋的事情。

甲方与乙方

一般在签订商务合同、协议时，出钱购买产品、服务的一方为"甲方"，提供产品、服务的一方为"乙方"。因此，在 IT 业界，习惯将 IT 产品的使用方称为"甲方"，将提供 IT 产品的供应商称为"乙方"。

这已经是约定俗成的说法了，并不一定会出现在合同、协议中。本书的读者都是 IT 领域的吧？如果有人问你是在"甲方"工作还是在"乙方"工作，并不是问你有没有跟人签订买卖合同，只是问你是在某个组织负责 IT 相关事宜（如某单位的 IT 部、信息部之类的），还是在某个提供 IT 服务的公司工作（如某软件公司、某信息科技公司）。

甲方立项成功后，至少有两个可选项：第一，自己雇佣 IT 专业人才完成项目；第二，向乙方采购。当然也可能会部分采购，部分自己开发，每个项目都有其特殊性，这里就不多说了。

1.1.3　甲方可以自己做项目

如果甲方打算自己做项目，那么一个 IT 项目大概包括以下这些工作内容。

1. 组建团队

首先自然需要有 IT 方面的专业人才，如硬件网络人才、软件人才、项目管理人才等。但是，仅靠 IT 人才是远远不够的。甲方立项的目的是用 IT 技术来改善自己在某些领域的管理工作，自然跟相关岗位的工作多多少少都有关联，所以这个项目如果要成功实现，就需要这些岗位的人通力协作，为了一个共同的目标而奋斗。故此，项目团队中不仅需要 IT 专业人士，还需要相关各级管理者，以及很多业务人员。

2. 需求调研

需求调研就是 IT 人员跟相关业务领域的人员进行沟通，熟悉相关业务，了解需求提出人的想法，从而获得本项目需要实现的业务需求，确定项目范围。由于 IT 人员本身就是甲方的员工，这个需求调研过程就显得相对简单一些。例如，可能调研者不需要去熟悉业务，因为他天天在这里工作，对自己单位的业务自然非常熟悉。可能也不需要对项目范围进行严格控制，因为 IT 团队的收入跟项目成本没有直接关系。

3. 采购安装设备

建立 IT 系统，多多少少需要一些硬件设备。在不同的项目中，硬件占比及其所起的作用差别巨大。IT 项目大致分成两大类，第一类是偏硬件的，以硬件为主，系统核心功能是硬件提供的，虽然可能也少不了软件的支持，但软件居于从属地位。在有些情况下，硬件供应商会集成相应的软件管理平台，甲方采购硬件后几乎就不需要考虑软件的事情了，例如，甲方采购了一套监控系统，供应商除了提供高清摄像机、LED 显示屏、硬盘录像机等设备外，还提供了监控管理平台。第二类是偏软件的，以软件为主，硬件为辅，系统核心功能是软件提供的，硬件只是作为软件系统的输入和输出设备。例如，某甲方实施生产管理系统，需要扫描枪、掌上电脑、电子秤等设备。本书的重点是讲软件实施的，如果没有特殊说明，一般所说的项目都是指第二类项目。

4．软件设计

需求确定后,需要进行软件设计。设计一般包括数据建模、功能设计、界面设计等。数据建模就是设计数据库,根据业务工作,分析需要哪些信息实体,实体之间有哪些关系,每个实体包含哪些属性等。功能设计是指设计软件应包括哪些功能模块,每个模块包括哪些功能,每个功能有什么业务逻辑,功能之间有什么关系,如何跟数据库交互数据,如何跟硬件集成等。界面设计则是指,设计系统应以什么方式跟用户进行信息交互,如何获得用户的指令,如何将信息反馈给用户等。

5．开发测试

软件设计好后,就进入开发测试阶段。这个阶段可能需要很多岗位的 IT 人员协同工作,如硬件工程师、UI 设计师、系统架构师、研发经理、网页程序员、手机程序员、测试工程师等。越小的团队分工越粗放,越大的团队分工越精细。

6．联调

软件完成开发测试后,需要进行联调。联调包括软件系统功能的联调,以及软件与硬件集成的联调。开发软件,采购安装 IT 设备,目的是搭建一套数字化管理系统,要保证这个系统的各软硬件模块可以协同工作,可以按照设计要求提供服务,联调是必不可少的。如果联调顺利通过,就意味着系统可以上线了。

7．培训

系统上线后,需要培训用户如何使用系统。不同的系统,培训难度差别很大,有些系统功能简单,用户自己看着界面,读一读操作说明之类的文档就可以学会了,而有些系统功能非常复杂,用户需要投入大量时间学习。

培训不仅是教会用户使用系统这么简单(当然这项工作必不可少),更重要的是,需要让用户学会如何用系统处理业务。系统也许会涉及很多岗位,培训的目的是要让所有相关岗位的人员学会什么时候使用本系统,如何使用本系统,遇到问题需要如何处理,如何跟其他岗位的人员协作,等等。

8．试用

用户接受足够的培训后就可以试用系统了,在大部分情况下,培训与试用应该是交织进行的。试用系统主要有两大作用,一是让用户巩固学习内容,确保能熟练操作,二是让用户尝试如何在系统中处理相关的业务工作。用户在试用时不能只关注如何处理正常业务,也要关注如何处理异常业务。异常业务很少发生,可能一个月甚至一两年才遇到一次,但如果系统不能处理或处理不好,一旦遇到就会带来相当大的麻烦,有时候甚至会让整个系统无法运行下去。用户发现问题后要及时提出来,通过种种渠道汇报给 IT 团队。

9．修改

在培训、试用系统的过程中,用户会发现很多问题,有些是硬件质量问题,有些是系统Bug,有些是用户体验的改善要求,还有些是需求变更、增加等。这些问题都需要项目实施人员先行甄别,然后再联系相关人员对系统进行修改与调整。试用与修改的过程往往也是交织进行的,发现问题,修复问题,继续试用,继续发现问题,继续修复,以此类推,直到问题都得到了解决,就可以考虑正式上线使用了。

10．业务上线

正式使用系统前需要收集基础数据,如用户信息、组织架构、库存物料等,然后进行系统初始化,初始化完成就可以在合适的时机让用户正式使用系统。由于甲方相关领域原来有一套处理业务的方式,使用新的方法后,用户可能需要一个适应的过程,这个过程可长可短,跟业务特点、人员素质、企业文化、软件质量等因素息息相关。停用原来的业务处理方式,就意味着新业务正式上线。

11. 维护

业务上线成功后,进入维护阶段。维护阶段的核心任务是保证系统正常运转,主要包括系统优化、修复错误、安全管理、应对业务变更、答疑解惑等工作。维护阶段的工作相对简单一点,但也有个大麻烦,就是一旦有核心人员离职,维护工作做不好,系统就会难以为继。如何让数字化管理系统平稳持续地运营下去,是每个有责任感的项目团队都要慎重考虑的问题。

1.1.4　甲方可以寻找供应商做项目

一般来说,打算自己雇佣 IT 人才做项目的甲方,都是有一定规模的单位,并且业务与管理要求比较特殊,不容易找到符合自己要求的数字化产品。大部分甲方还是会向乙方采购系统,这时一个 IT 项目大概包括以下工作内容。

1. 选型

甲方立项后,需要选择合适的供应商。甲方不同,项目不同,选型过程也不同。有的项目选型过程很简单,给出需求让几个供应商出价对比一下就行。有的项目选型过程相当复杂,需要对软硬件产品、开发能力、实施能力、供应商实力、成功案例等进行综合评估。

某甲方采购 ERP 项目的选型过程

某家从事制造业的企业,为了解决在生产管理过程中沟通不畅、库存积压严重、生产计划不准确、订单交付困难、生产成本过高等一系列管理问题,决定引进一套 ERP 系统。他们组织了 ERP 选型小组,按照以下步骤完成了 ERP 选型:

步骤一,寻找供应商,发出邀请通知。

选型小组参考各种媒体信息或经熟人介绍,综合考虑供应商的规模、业界声誉、行业特色、实施特点、一般价位等,选择了 10 家供应商,向其发出邀请。

步骤二,供应商调研,出具初步解决方案。

收到了 8 家供应商的应答,其中有 6 家很快发来了需求调研问卷,还有两家要求到现场进行需求调研。选型小组安排相关人员认真填写了调研问卷,也安排了两家供应商到现场调研,每家有一天的时间。

供应商根据调研结果编写并提交了初步解决方案,并且根据此方案进行了初步报价。

步骤三,演示系统。

选型小组认真研究了初步解决方案,发现有一家供应商对本行业的生产方式并不熟悉,还有一家的价格远超预算,于是将这两家剔除,通知剩下的 6 家供应商到公司演示系统。这些供应商的售前人员如期而至,给高管、相关业务部门核心成员、选型小组演示了自己的系统,并详细讲解了解决方案中的内容,回答了各相关部门的疑难问题。

步骤四,选出前三名。

选型小组组织相关人员对各供应商进行评分,评分标准包括公司实力、行业背景、未来发展、实施能力、软件功能、软件体验、软件兼容性等。得分最高的前三名进入下一轮。

步骤五,详细调研。

为每家供应商的售前人员安排一周时间,用于详细调研。调研期间,售前人员会跟甲方员工一起上下班,亲身体会公司的生产管理氛围,调查各相关部门的详细需求。另外,每个部门负责人也跟售前人员进行单独沟通,提出本部门的特别要求。

步骤六,第二轮演示。

供应商根据详细调研的结果进行第二轮演示。这次演示跟第一次完全不同,第一次以介绍软件功能为主,这一次以解决问题为主,主要包括:企业的主要需求是什么,如何满足这些需求,如何解决各业务部门的现存问题等。

步骤七,供应商出具最终解决方案。

选型小组要求供应商根据详细调研成果,以及在沟通及演示过程中获得的疑难问题,给出最终解决方案。最终解决方案包括软件功能方案、技术方案、实施方案、培训方案,以及维护服务方案等。

步骤八,参观案例。

选型小组要求每家供应商提供一个允许甲方参观的成功案例。选型小组到现场参观后,根据案例单位的使用情况、信息化建设现状、售后服务执行情况、功能模块的使用情况、功能操作的便利性、使用人员对系统的评价等状况,做出相应的评估。

步骤九,商务谈判。

选型小组跟供应商进行签约前的商务谈判,为编写合同条款做准备,谈判内容主要包括价格、实施团队要求、差旅费负担、上线日期、支持的并发用户数、验收标准、维护内容、维护费用等内容。

步骤十,抉择。

综合考虑三家供应商的实力、案例、软件产品、团队、价格、交期、承诺等,设计评分表,做出最后评价。评分最高者为中选供应商,并签订项目合同。

2. 乙方进场

双方签订合同后,乙方派出项目团队进入甲方现场启动项目。不同项目的团队差别很大,有些项目规模小、业务简单,乙方可能只需要安排项目实施人员或需求分析人员做下需求调研就回去开发了。有些项目规模庞大、业务复杂,乙方可能会派出一个不小的团队到甲方工作很久,极端情况下需要几个月甚至一两年。

3. 提出需求

项目启动后,自然先从需求调研开始。在这个阶段,甲方需要安排相关人员配合乙方进行需求调研,介绍自己的业务,说出自己的需求,提出希望解决的问题,等等。对于那种以定制开发为主的项目,这个阶段尤其重要,项目能否成功有很大一部分是由这个阶段决定的。

4. 确认设计

乙方进行需求调研之后,会根据甲方的要求、自身的理解及工作经验等因素进行系统规划,然后开始设计软件。对于以定制开发为主的项目,一般项目团队会先设计出软件原型,然后跟甲方沟通,加以确认。对于以实施标准产品为主的项目,需要进行系统配置,如果现有系统不能解决一些需求,还需要考虑进行定制开发。

在这个阶段,甲方需要配合乙方确认设计成果,乙方也需要跟甲方相关人员积极沟通。如果双方交流不畅,不能进行充分沟通,会给项目留下巨大隐患,项目失败的可能性也会大大增加。

5．配合乙方安装硬件设备

对于有些项目,乙方可能还需要提供硬件设备,最后提交的系统是软件和硬件集成的产品,这时候乙方就需要提供安装部署服务。如果这项工作的复杂性较高,乙方可能会安排专业的安装与施工队伍入场,甲方需要配合乙方提供各种便利措施,例如,某项目需要安装室外摄像机,乙方的立杆、接电、接网络等工作都离不开甲方的协助。有些项目,甲方自己采购硬件设备,只是委托乙方做软件,那么安装与部署硬件设备就需要甲方自己负责,或者由硬件供应商负责,最后需要配合乙方完成软硬件的集成与联调工作。

6．组织人员参加培训

乙方配置、开发、测试、联调完成后,需要对甲方用户进行培训。培训方式因项目而异,可以采用面对面上培训课的方式,也可以通过网络进行远程培训,可以有培训老师讲解,也可以提供资料让用户自学,等等。

7．组织用户试用系统

组织相关用户试用系统。试用系统时如果发现问题,或者有改善建议,要及时向乙方实施人员反馈,力求将未来可能遇到的问题在正式上线之前处理完成。在试用系统的过程中,用户可能会发现有些需求是以前没有想到的,那么就要提出新的要求,当然这可能会导致需求超出项目范围。

8．上线正式使用

乙方将用户试用系统时发现的问题解决后,就可以考虑将系统正式投入使用了。甲乙双方需要根据业务特点、管理要求、生产周期、牵涉的岗位等因素,共同确定业务上线日期以及上线切换的方式。

9．验收项目

甲方根据合同条款、项目范围、验收要求等进行验收。验收通过需要签署验收单,验收不通过,应该指出验收不通过的理由,乙方需要根据这些理由修改。大部分情况下,验收结果会直接影响项目款的支付,所以甲方在验收时会非常谨慎。

10．配合乙方做好维护工作

项目验收后,就进入了维护阶段。一般情况下,这个阶段的维护工作由乙方负责,甲方在使用系统的过程中如果发现了什么问题,需要及时汇报给乙方处理。也有少部分项目,甲方会要求乙方在验收后移交代码,由甲方自己维护,当然,前提是甲方有相应的专业人才。

任何一个单位的业务领域、管理方式都不可能一成不变,如果甲方的相关业务在维护阶段发生了变化,管理要求也就相应地发生了变化,那么甲方很可能会提出新的需求,甲乙双方在谈判完成之后可能会发起一个关联项目。

1.1.5　甲方要不要找乙方

针对某个 IT 项目,甲方可以自己实现,也可以花钱找乙方实现,那么甲方应该如何选择呢? 面对这种情况,甲方领导又该如何决策呢? 本书的重点在于软件实施,所以本节抛开硬件只谈软件,看看这两种方式各有什么优缺点。

1．开发成本

甲方自己开发软件的成本往往是低于采购软件的,有的时候会低很多,简直不是一个数量级(至少从表面上看是这样)。当然也有特殊情况,如乙方有可以复制的标准产品,或者为了进入市场执行了某种亏本的低价策略,这里就不考虑这些情况了,只讨论从头开始定制开发的情况。

🐝 **小知识**

乙方开发软件包括哪些成本

有一次,笔者跟某位客户洽谈一个管理软件售前项目,属于一个需求并不复杂的小项目。由于业务规则很特殊,我司基本上没有什么可以复制的代码,只能从头开始开发。综合考虑了客户需求、开发成本、合理的利润后,我们报了二十多万元。说实话,对我们团队来说,这种纯定制项目的利润并不高,也就10%～20%。但客户还是觉得太贵了,说自己的两个程序员花个把月就能写出来了,算下来才一两万的成本。唉,他们不知道,程序员的工资、社保仅仅是软件开发成本的冰山一角,其他成本还多着呢!

一般情况下,软件开发成本至少包括以下这些。

1) 售前成本

所谓售前成本,就是在合同签订前,乙方为这个项目做商务、演示、售前调研、标书等付出的成本,包括人工费、办公费、差旅费、商务费等。倒霉的是,并不是每个售前项目都可以签单,更倒霉的是,一般情况下丢的比签的要多,而那些丢单的项目已经花费的售前成本算在哪里呢?自然应由签下的项目弥补。

2) 直接人工成本

每个开发团队包括很多岗位,如项目实施经理、需求分析师、系统架构师、程序员、测试工程师、美工、客服等,这些岗位的人员,需要发放工资、奖金、津贴、补助,需要缴纳五险一金。项目的完成,离不开这些岗位的通力合作。即使只看直接的人工成本,也远远不止程序员的薪资和社保。

3) 开发工具及设备成本

团队在开发过程中需要用到各种开发工具,有些工具是开源免费的,但有很多是收费的。当然,一般来说,每个团队都有很多开发项目,这个成本分摊到每个项目并不高,几乎可以忽略不计。但有时,某些特殊设备是专门为这个项目采购的,那么这项成本就不能忽略了。

4) 间接人工成本

软件公司的正常运营,并不只是项目团队的事情,还需要很多管理人员和服务支持人员的佐助,如总经理、总监、部门经理、财务、HR等,这些人也会有很多成本支出,他们的成本也需要分摊到各个项目。

5) 管理费用

除了人工成本,软件公司还有大量的管理费用需要支出,如办公室租金、物业费、水电费、办公设备、公关费等,有些公司还需要支付大量资金用于市场宣传、推广。这些费用分摊到各个项目中也是相当可观的。

当然,对甲方团队来说,其实间接人工、管理费用之类的成本也同样存在,只不过他们在进行成本分析时很容易忽略掉它们(因为这些成本是固定的,不管做不做项目都需要发生),但乙方在核算成本时绝对不能将其忽略,否则公司可能很快就难以为继。

2．软件的健壮性

假如甲方自己开发软件，那么他们对软件健壮性的要求远远没有乙方高。做过开发的人应该都明白，如果不考虑异常情况，真正实现功能的核心代码只占一小部分，大部分代码都是为了处理异常情况而编写的：如何处理各种特殊情况，怎么避免误操作，犯了错误怎么处理，能不能撤销操作，等等。因为需要考虑可维护性、公司声誉等方面的因素，乙方团队比甲方团队更重视软件的健壮性，开发成本自然也随之增加。

3．软件的可维护性

软件的可维护性是每个乙方都必须认真考虑的。一个合格的软件团队在项目刚启动时就会考虑这个问题：负责开发的人员迟早会离职，他写的代码如何维护？因为如果做不好软件的维护升级工作，最终一定会失去客户。

甲方团队一般不会考虑那么多，因此就可以快速实现一些应用，代码质量、可读性、标准化开发、过程文档什么的都可以不重视，反正在甲方内部，IT部门只是服务支持部门，支出的成本在公司总成本中占比相当有限，维护不了时，大不了让人重写一遍。

4．软件质量

甲方团队属于甲方的一个服务部门，是为其他业务部门提供IT支持服务的，跟主营业务收入没有直接关系。而乙方团队是面向市场的，为甲方提供服务获得报酬是乙方立足市场的根本。

乙方热切希望得到市场的认可，自然需要珍惜自己的声誉。为了声誉，必须保证产品质量，没有质量就没有市场。因此，乙方在开发过程中，不但需要加强产品测试，还需要保证开发过程的规范性，如什么阶段出什么成果，怎么设计、开发、测试、提升用户体验等。只有这样做，乙方才能保证软件质量达到某种标准。

相比之下，对甲方的IT团队来说，他们没有市场压力和生存压力，追求软件质量的动力就要远远小于乙方团队，他们往往只完成一些核心功能，未经严格测试就匆匆上线，这种情况屡见不鲜。尽管如此，由于用户都是自家人，只要别弄丢数据，别让工作中断，甲方对自家团队也都比较包容。不过，这是用质量换成本。

5．项目风险

如果甲方自己开发，在开发和实施阶段的风险明显要高于采购软件。一来，平均下来，技术水平、管理水平、开发过程的规范化水平、质量控制水平上，甲方团队明显比不过乙方团队。甲方团队在开发、实施过程中，可能会遇到技术难关无法攻克、需求分析能力不足、实施能力不足、核心成员离职、成员工作积极性不足、不能保证软件质量等诸多问题，这些都会为项目带来很大的风险。二来，如果采购软件，即使乙方做砸了，甲方的损失也有限，只要不符合要求，就可以不验收、不付款，顶多损失预付款。

一旦项目进入维护阶段，甲方相关领域的业务处理已经依赖于这个系统了，维护工作做不好就可能会严重影响业务运营。乙方经营如果陷入困境，可能对甲方的相关业务运营产生巨大影响，带来巨大风险，例如，乙方核心成员离职，使用的技术被淘汰，乙方资不抵债宣布破产，等等。很多甲方宁愿自己雇人开发软件，主要考虑的就是这些风险。

维护阶段还有另一层风险。有的时候，甲方有新需求需要乙方实现（大部分项目，甲方使用一段时间后总会有新需求的），然而乙方报出的价格明显高得离谱，甲方只能怀着被敲诈的心情咬牙接受。因为这些需求只能在原来系统上开发、修改，只能由这家供应商处理，他们在这个系统上自然处于绝对的垄断地位,甲方根本没有选择余地,除非咬咬牙花重金找其他乙方重构系统,但成本更大,而且也很难说得清楚一段时间后会不会遇到同样的问题。

如果由甲方自己的团队维护,这方面的风险要小得多。可想而知,甲方采购软件,找个靠谱的乙方是相当重要的,遇到无良乙方可能会带来持续不断的麻烦。

6. 业务需求把握

如果甲方自己开发,更容易把握业务需求。开发团队是甲方的员工,他们跟其他业务部门的工作人员是同事关系,经常泡在一起,听的说的都是自己公司的业务,公司的业务流程可能已经相当熟悉,熟悉得就像自己的专业一样,自然更容易把握业务人员的需求。

对乙方团队而言,限于开发交期、人员成本,他们不可能像甲方团队那样做,而是需要快速了解甲方业务,并分析判断怎么信息化,这确实不是一件容易的事情。研究一个自己可能完全不懂的业务类别,还要分析如何信息化,还要把这种业务知识快速传授给开发人员,稍微想想就能明白这其中的艰难。如果甲方的相关业务逻辑复杂,行业特殊性强,而乙方安排过来从事这方面工作的人员又没有相关的行业经验,那简直就是场灾难,项目失败几乎是必然的。

因此,在理解业务需求方面,甲方团队比乙方团队有着得天独厚的优势。

7. 改善管理

甲方团队天天在甲方内部工作,对外面世界的了解自然没有乙方团队那么多,视野也没有那么开阔,开发就更容易满足于将当前的工作流程数字化,容易被现在的管理方式束缚。有很多工作流程、管理方式,哪怕是明显不合理的,是需要改进的,甲方团队可能也会觉得是天经地义的,因为他们单位一直就是这么做的。

乙方团队毕竟曾经在很多客户做过类似的工作,见多识广,自然会有总结提高,也更容易发现甲方在管理上的不足之处。当乙方团队的数字化管理思路跟甲方管理者的管理思想碰撞后,更容易迸发创新的火花,也更容易发挥 IT 系统在改善管理上的作用。

> **敲黑板**
>
> 以上比较是基于一般情况做出的,并非每个甲方、每个项目都这样。有些甲方的开发团队管理相当规范,几乎超过了大部分软件公司;反过来,针对有些项目,乙方派出的实施人员经验非常丰富,经过一段时间的走访后,对项目相关的业务非常熟悉,理解程度绝不逊于常年在甲方工作的 IT 人员。

1.2　了解 IT 项目的实施

1.2.1　IT 系统的销售过程

本书所面向的主要读者群是乙方人员,但为了让读者能从一个更开阔的视野去了解 IT 项目,1.1 节简单讲述了如何从甲方的角度看待项目,本书接下来将从乙方的角度来看待项目。

从乙方的角度来看,做 IT 项目的目的是获取销售收入、赚取利润,而提供软件开发、实施等服务是手段,因此这是一个向甲方出售产品与服务的销售过程。

一个 IT 项目的销售过程可以分为售前、售中、售后三个阶段。合同签订之前,为售前阶段；合同签订到项目交付验收并回款，为售中阶段；项目交付验收之后，为售后阶段。

1. 售前

乙方的项目是从售前开始的。售前工作，就是乙方为了签单而做出的努力，包括很多工作内容，如发现商机、初步沟通、售前需求调研、编写解决方案、演示、报价、商务谈判、签单等。第 2 章会专门介绍售前工作。

2. 售中

本书所说的实施，主要任务目标就是顺利地完成项目的售中过程。这个过程一般包括团队组建、项目启动、需求调研、系统设计、软件研发、设备安装、培训、系统上线、验收、回款等工作内容。

3. 售后

项目验收后进入售后阶段。规模稍微大一点的乙方，一般都有专业的售后服务团队，当项目通过验收后，相关的项目服务就会由实施经理移交给售后服务人员。售后一般包括系统维护、系统升级、服务支持等工作。由于这不是本书关注的内容，这里只做个简要说明。

1）系统维护

系统维护，就是保证系统可以正常运营。很多甲方不了解系统维护的工作量，总觉得是系统自己在机器上运行，并不需要维护团队做什么工作，其实这是对维护工作的误解。系统维护的工作内容主要包括：设备保养、日常巡检、防范网络攻击、数据备份与恢复、性能监控与优化、修改 Bug、应对基础软件升级等。

2）系统升级

系统升级一般包括功能升级、性能升级、兼容性升级等。在维护阶段，有很多因素可以触发乙方对系统进行升级，例如，乙方标准功能模块的统一升级、优化系统（如提高性能、改善用户体验、解决 Bug）、增加功能、操作系统不兼容、数据库不兼容、浏览器不兼容，或某开发平台不兼容，等等。

3）服务支持

服务支持，就是乙方要协助甲方更顺利地使用系统。例如，解答疑难问题，提供数字化管理咨询，新用户培训，帮助甲方使用 IT 系统解决管理问题，等等。

> **敲黑板**
>
> 并不是每个项目都可以划分为售前、售中、售后三个阶段，存在很多特殊情况。例如，乙方跟甲方签订了框架协议，其中包括很多小项目，每个项目完成后，根据实际产生的工作量计算价格。再例如，乙方老板跟甲方老板是关系不错的朋友，甲方会让乙方先做项目，有情后补。关于这些特殊情况，本书就不赘述了。

1.2.2　售中阶段的工作步骤

待甲乙双方签订合同后，项目就进入了售中阶段。在售中阶段，乙方提供合同所规定的产品、服务，并完成验收、回款，一般经过以下工作步骤（仅针对软件部分）。

1. 团队组建

首先需要组织本项目需要的工作人员，一般包括项目经理、实施人员、需求分析人员、系统架构师、程序员、测试工程师、硬件工程师、美术设计师、客服等。除非是规模很大的重要项目,否则通常不大可能为这些岗位全都配置专职人员。他们基本都是兼职,因为人力成本很高,而且单个项目工作量有限,所以配置专职人员容易造成投入过多以及资源浪费。

团队成员的配置、组织方式跟乙方的组织架构方式紧密相关,如在职能型组织的企业中,项目成员的组织方式松散,有利于资源共享,降低成本;而在矩阵型组织的企业中,项目成员的组织方式就非常紧密,有利于激发主观能动性,开展坚战。

实施 IT 项目是甲乙双方的事情,仅靠乙方肯定不行。双方通力合作才能确保项目实施成功,越大、越复杂的项目,对双方合作的要求越高。

2．项目启动

有些项目的启动过程非常隆重,需要精心准备,需要动员、造势、制定各种规章制度,需要召开项目启动大会,目的是让甲方人员做好配合项目团队的思想准备,以及对未来工作方式的变更做好思想准备。有些项目的启动过程非常简单,不需要什么正式的启动会,领导在工作例会上简单宣布一下,或者发个邮件、打个电话,项目就开始了。

3．需求调研

对于数字化管理系统的建设,关键是能否获得正确、完整的需求,这对项目未来的发展有着重大且深远的影响,因此,项目启动后首先要进行需求调研,弄清楚甲方究竟要做什么,从而确定项目范围。IT 项目的交易跟普通商品不同,买卖双方的标的并不十分清楚(合同条款只能概要说明,不可能说清楚所有需求),因此在这个阶段需要确定具体如何做系统,即使不能完全确定,也需要在容易"扯皮"和争执的地方达成共识。

4．系统设计

当需求确定后,就可以进行系统设计了。系统设计一般包括功能逻辑设计、数据库设计、界面设计三个方面。对于那种实施现成产品的项目(如采用某财务软件或某 ERP 套装产品),这方面的工作就显得简单一些,工作重点在于如何配置系统参数以满足用户需求。不过,在大部分情况下,依然多多少少存在一些定制开发内容,这项工作还是少不了的。

5．软件研发

然后,就根据设计要求去编写代码并测试。需求调研与系统设计关注的是"做什么",而研发关注的是"怎么做"。一个项目的研发工作一般需要若干研发岗位协作完成,系统架构师负责架构设计,后台程序员负责服务端程序开发,美工负责美术设计,前端程序员负责客户端效果开发,Android 程序员负责 Android 端开发,iOS 程序员负责 iPhone 端开发,DBA 负责数据库,硬件工程师负责服务器、网络管理,等等。

6．系统上线

在 C/S 软件流行的年代,一般将软件系统服务端部署在甲方机房的服务器上,然后在用户办公的 PC 机上安装客户端。如今到了万物互联时代,服务端可以部署在甲方机房、乙方云服务器或第三方云服务器上,而软件终端一般包括 PC 端与移动端。PC 端可能是安装的执行文件,也可能通过浏览器直接打开(这种情况越来越普遍了),移动端可能包括Android 端、iOS 端、微信公众号等。部署成功就代表系统上线了。

研发、部署这些工作不是本书关注的内容,后面就不做过多讨论了。

7．培训

不同项目,培训的要求及方式区别很大。有些项目操作简单,对当前的业务流程影响不大,培训就相对简单,跟用户讲讲如何操作就行了,甚至有些项目都不需要培训,发个操作手册,大家看看就会用了。有些项目规模庞大、业务复杂、功能繁多、用户众多,用户不但需要学会使用系统,还要学会如何使用系统处理自己的业务,这时培训就变得复杂了,可能需要根据不同部门、岗位、级别(如管理员级别、关键用户级别、普通用户级别等),设计不同的培训方式。

用户在培训与试用系统的过程中,如果发现问题,可能还需要重新配置、设计、开发,所以通常这是一个反复迭代的过程。

8. 业务上线

所谓业务上线,就是让甲方在相关领域使用本系统处理业务,并停止使用原来的方式。对于大型项目,这个切换过程是非常困难和痛苦的。常用的切换方式有两种,一是突然切换法,一是并行法。突然切换法就是确定一个截止时间点,到期即使用新系统处理相关业务,立即停止使用原来的处理方式;并行法,就是使用新系统处理当前业务,但并不停止原来的方式,等到确认新的方式没有问题后再停止原来的方式。前者效率高,但风险大;后者风险低,但在试用那段时间内,相关业务人员的工作量可能会暴增。

如果项目规模大,牵涉的业务流程长,为了降低风险与难度,还有可能分块上线,如分部门、条线、岗位上线等。

9. 验收

对实施者而言,做项目最开心的事情莫过于通过验收了,过程会充满紧张和刺激的气氛。因为这意味着乙方的工作成果得到了甲方的认可,意味着项目实施成功完成,意味着可以实现项目回款了。

有的项目,验收很容易,甲方随随便便就能把字签了,把公章盖了。然而,有的项目,验收过程旷日持久,甲方可能会发现很多问题:界面不行,功能不行,体验不行,有 Bug,业务不能处理,数据丢失,资料不全,装订方式不符合要求……这些都需要乙方根据实际情况处理。

10. 回款

售中过程最后一个步骤就是回款,回款完成,标志着售中结束。

回款方式跟项目合同的支付条件息息相关。最常见的支付条件是合同签订后有小部分预付款,验收后支付大部分项目款,留一点尾款作为质保金,待半年甚至一两年后支付。当然,除此之外还有其他各种方式,有签完合同就拿全款的,有甲方满意了才付款的,有先支付软件费后支付服务费的,有不收项目款只持续收取服务费的,有跟某种业绩挂钩分成的(如给甲方做个电商平台,乙方根据成交金额的比例获得收益),等等。面对利益,甲乙双方在签合同时都会绞尽脑汁争取签下对自己有利的支付方式。

1.2.3 什么是 IT 项目实施

了解完 IT 项目售中过程的工作步骤后,相信读者对实施工作已经有了初步了解。实施,是 IT 项目售中过程的一部分,主要考虑如何将系统交付甲方使用,包括培训、上线试用、交付验收等工作内容。实施一般在合同签订后正式开始,待验收通过后结束,伴随着项目的整个售中过程。

本书主要是针对软件实施的,如果从软件的角度来看待项目,根据乙方所提供软件产品的定制程度,IT 项目的软件实施可以分成两类:一类是以定制开发为主的实施,另一类是以标准产品为主的实施。对于前者,乙方主要根据用户的需求开发,然后交付甲方使用,有些项目还要连同代码一起交付。而对于后者,乙方主要向甲方提供标准软件产品(一般不会提供代码),通过配置参数并进行小部分定制开发来满足甲方的业务需求。

不管是什么类别的实施,一般都少不了这些工作内容:项目推进、获得资源、工作协调、需求调研、项目范围管理、规划蓝图、推动系统建设、培训、疑难解答、基础数据收集、系统初始化、业务上线、交付验收等。下面对这些内容做个简要介绍:

(1) 项目推进。启动项目,制订项目计划,驱动项目向最终目标迈进。

(2) 获得资源。获取实施项目所需要的各项资源,主要是人力资源,但也有可能包括其他资源,如开发工具、测试设备、硬件网络等。

(3) 工作协调。协调所有相关方(甲方、乙方、第三方人员等)共同努力,配合协作。

(4) 需求调研。获得甲方对建立数字化管理体系的想法,了解甲方需要通过 IT 系统解决的问题,了解甲方对系统的要求。

(5) 项目范围管理。跟甲方达成共识,确定项目的范围边界,控制范围不超出边界。

(6) 规划蓝图。跟甲方达成共识,确定如何通过 IT 系统建立数字化管理体系,相关岗位的人员如何工作等。

(7) 推动系统建设。协助软件设计,核查设计成果,验证软件产品是否符合设计要求,推动系统优化,配置系统参数等。

(8) 培训。教授甲方如何使用系统,确保用户不仅能学会系统操作,还能学会使用系统处理工作任务。

(9) 疑难解答。解答用户在使用系统的过程中遇到的各种疑难问题。

(10) 基础数据收集。收集系统初始化需要用到的基础数据,如用户、组织架构等。

(11) 系统初始化。录入或导入系统初始化数据,为业务上线做准备。

(12) 业务上线。确保甲方相关人员可以正式使用系统处理相关业务,并停止使用原来的工作方式。

(13) 交付验收。确保系统上线后可以正常运行,获得甲方签署的验收单。

天下没有完全相同的项目,自然也没有完全相同的实施,不同项目有不同的特点,实施工作所涉及的工作内容差别巨大,实施难度也差别巨大。有的项目,派个客服人员上门做做培训(甚至远程培训)就通过验收了,而有的项目则需要一个庞大的实施团队经过长年累月的努力才能完成任务。

决定实施难度的因素很多,例如,对甲方管理的影响程度,有没有资源,有没有人才,有没有时间(交期紧不紧),产品是否成熟,功能是否灵活,团队技术是否过关,甲方是否配合,第三方是否配合,等等。一般来说,起决定性作用的,是对甲方管理方式影响程度的大小。有的项目,涉及的部门、岗位、人员很少,只对管理有轻微的辅助作用,如果没有它,管理虽有不便,但工作仍能正常开展,这种项目实施起来就容易。有的项目,规模很大,涉及甲方大部分岗位,没有它,管理工作就要陷入瘫痪,这种项目实施起来就非常艰难。

第2章

售　前

思维导图

根据第 1 章的介绍,IT 项目的交易过程分为售前、售中、售后三个阶段。售前工作很复杂也很重要,乙方一般都会召集一些精英人才做售前工作,毕竟售前是公司劳动成果面向市场的窗口,对公司的生存发展起着至关重要的作用。

本书是讲述项目实施的,重点在售中阶段,但售前、售中、售后是连贯的,绝不能割裂开来。售前工作成果会持续不断地影响后续工作。项目实施过程中遇到的困难,有相当大一部分是由售前工作带来的。

作为一名项目实施者,如果想把项目实施好,必须了解售前的工作方式,了解当前项目的售前过程,了解销售、售前工程师、售前顾问等岗位的同事都做了什么,了解他们跟甲方是怎么交流的,向甲方传递了什么思想,甲方因他们的工作有了什么期望,他们编写了什么资料、文档,以及如何解读他们签下的合同与协议,等等。

2.1　售前工作简述

2.1.1　售前工作的基本内容

乙方的项目是从售前开始的。售前包括很多工作内容,如发现商机、售前需求调研、编写解决方案、演示、报价、商务谈判、签单等。

由于乙方的商机源于甲方的采购活动,因此乙方的售前工作是围绕甲方的采购方式进行的。甲方的采购方式包括多种,如公开招标、邀请招标、竞争性谈判、竞争性磋商、询价比价、直接采购等。政府机关事业单位、大型企业的采购流程比较规范,采用招标的方式较多,而一般企业的采购方式要灵活得多。为了方便讨论,我们可以根据甲方的采购形式将 IT 项目分成两大类,一类是非招标类项目,另一类是招标类项目。

1. 非招标类项目

非招标类项目是指,甲方立项后会联系若干供应商,通过沟通、考察、比较、谈判等手段确定最合适的供应商,最后签订合同。这类项目,乙方的售前工作一般包括以下内容:

1）发现商机

发现商机就是乙方通过各种渠道发现有采购意向的甲方。发现商机的方式很多,例如,打电话推销,直接敲门推销,熟人介绍,在某推广会或展销会上寻找对自己的产品感兴趣的人,在某采购网站检索自己可以参与的项目,等等。

2)初步沟通

发现商机后,需要跟甲方进行初步沟通,沟通方式可以通过电话和即时通信工具等手段远程进行,也可以登门拜访。初步沟通后,乙方大概了解了甲方的项目背景、需求概要、项目预算等,然后做出要不要参与角逐的决定。毕竟,售前工作量很大,没有必要在毫无希望、没有利润的项目上浪费人力物力。

为了赢得跟甲方进一步沟通的机会,乙方在初步沟通阶段还需要向甲方介绍自己公司、团队、产品、技术等各方面的优势,有时候还需要调用某些人际关系以增进甲方的信任感。

3)售前需求调研

决定参与项目后,需要联系甲方进行售前需求调研。调研方式没有一定之规,甲方的行业特色、需求特点、接待态度、人员素质、地理位置等各种因素都可能会影响调研方式。常用的售前需求调研方式包括电话询问、问卷调查询问、上门调研等,大部分项目至少需要一次上门调研。对于有些项目,为了公平起见,甲方自身可能会对接待调研者的过程有规范化要求,例如如何接待上门调研、是否允许现场勘察等。

4)编写解决方案

了解清楚甲方的项目背景、需求、目标之类的内容后,就可以编写解决方案了。所谓解决方案,就是针对甲方的要求,阐述乙方准备如何解决问题,一般包括系统架构方案、功能方案、软件技术方案、硬件技术方案、硬件产品参数、实施方案、维护方案、成功案例等。不同公司,不同项目,编写方案的方式不同,侧重点也不同,但主要目的都是让甲方建立对自己的信任感,表现出自己不但能够理解甲方的思路,而且有足够的能力实现,并且拥有自己的优势。一般在这个阶段不会报价,除非甲方有要求。

5)演示

甲方拿到乙方的解决方案后,如果觉得方案不能打动自己,那么乙方出局。如果方案过关,一般情况下,甲方会要求乙方到现场演示,演示内容一般包括介绍公司优势、讲解方案、演示系统、演示成功案例、答疑解惑等。对于标准产品类项目,以演示系统为主,对于定制开发类项目,则以演示方案、设计思路为主。

6)报价

乙方了解甲方需求后,会进行报价。要注意的是,乙方报价虽然离不开对项目成本的估算,但决定价格的绝不仅仅是成本,甲方预算、市场价位、竞争策略、企业发展战略等诸多因素都有可能影响报价。后文还会详细探讨这个问题。

7)商务谈判

甲方未必能够接受乙方的报价,所以双方还会进行商务谈判。商务谈判并不只是敲定价格,还有可能会涉及很多细节,例如,是否提供办公场所,差旅费如何计算,对项目团队有何要求,对项目交期有何要求,对实现效果有何要求,对付款方式有何要求,对维护方式有何要求,维护期间如果有新需求,如何处理,等等。

商务谈判是为签订合同做准备的,双方达成共识的内容会被整理成合同条款,如果一不小心谈成了一些自己履行不了的,或者对自己非常不利的条款,有可能会惹上一大堆麻烦,因此这个阶段甲乙双方都非常务实。

8）签单

经过商务谈判，双方对各项条款达成共识后就可以签合同。当然，要注意的是，并不是所有项目都会签合同，有可能采用其他双方都能接受的方式签单，如采用合作协议、框架协议等形式。

敲黑板

以上描述显然过于理想化。售前过程可能需要艰难的公关、无数次的沟通，以及艰苦的谈判，还有可能需要陪同甲方人员做一些其他工作，如参观成功案例、参观乙方的工作场所等，反反复复需要投入大量时间，参见第 1 章关于甲方选型的内容。有些项目，这个过程相当漫长，需要经过一轮又一轮的冲击搏杀，击败众多竞争对手，所花的时间远大于项目的开发、实施时间。去问问做 IT 项目销售、售前的同事们，过程的辛酸只有他们了解。

2．招标类项目

招标分为两大类，一类是公开招标，指招标人以招标公告的方式邀请有兴趣的供应商参与投标；另一类是邀请招标，指招标人以投标邀请书的方式邀请一些指定的供应商参与投标。不管是哪一类，都是甲方有了需求后立项，编写招标书，然后发布。规模较大的单位，如政府事业单位与国企，有专门的采购部门负责此事，或者委托专业的招标代理公司负责。乙方根据招标书的要求编写投标书，在指定的时间和地点提交。甲方组织评委对投标书进行评判，有时候需要乙方到现场讲标并演示，而后再确定中标方。

招标类项目，乙方的售前工作一般包括以下内容：

1）发现商机

通过各种渠道（如发布招标信息的网站、公众号、采购官网等）发现跟自己公司业务相匹配的招标信息。有些公司能提供某种服务，如通过网页机器人、爬虫等，搜索并分析网络上的各种招标信息。乙方可以订阅自己感兴趣的内容。

2）确定参与

乙方经过甄别后，做出要不要参与投标的决定。这一步骤需要考虑的因素很多，如地理位置、自身产品跟招标需求的匹配度、有没有优势、有没有商务关系、有没有太过强大的竞争对手，等等。

这个步骤非常重要。市面上让人心动的招标信息太多了，如果没有这个甄别过程，乙方就需要一个更大的团队应付各种投标，很可能会额外消耗大量的售前成本却得不到应有的收益。

飞云科技的商务人员在某政府机关的采购中心网站发现了一个 OA 系统的招标需求，因为公司刚刚给某客户开发了一款 OA 软件，就把这个信息转给了售前部。

售前部认真研究了招标书，发现功能需求很多，基本都是 OA 系统的标准功能。大家讨论了之后，决定还是放弃投标，理由如下：

- 对于这个项目，我们没有任何商务关系；
- 我们对项目背景一无所知；
- 虽然做了一个 OA 系统，但都是根据甲方的要求定制的，跟这些标准功能差别很大；
- 如果要定制开发所有的标准功能，成本巨大，目前公司没有这方面的市场规划；

- 我们的优势在于根据需求定制开发,但这个客户需要的都是标准功能;
- 市面上能提供成熟 OA 产品的公司很多,他们价格便宜,功能强大,我们肯定不是对手。

3）投标准备

在投标准备阶段,需要尽可能了解项目相关信息,可以动用商务关系联系到项目有关的甲方内部人员,了解项目背景,到甲方现场勘察,售前需求调研,等等。在这个阶段,如果得出不值得投标的结论(比如乙方已经内定),也应该果断放弃项目。

4）制作投标书

投标书需要根据招标书的要求制作,一般有两个重要的注意事项:一是格式要符合招标书的要求,二是内容要紧扣评分标准。

招标书中一般都有关于如何制作投标书的要求,例如,投标书需要包括哪些内容,每项内容需要符合什么格式要求,如何装订,如何签字盖章,提交时如何封装,等等。投标书需要完全符合这种要求,否则很可能会被评为废标。

绝大部分项目的招标书都会提供一个评分标准,提供详细的评分项,规定每个评分项的权重,以及每项的计分规则。为了击败竞争对手,编写投标书时需要紧扣评分标准。就像考试答题,不是写的内容多就能得分,要看有没有答到得分点上。

5）投标

根据招标书的要求,在指定的时间和地点递送封装好的投标书。有的项目需要同时投送电子版,有的项目还有专门的招标系统用于上传加密后的投标文件。

收到供应商的投标书后,甲方组织的评委根据评分标准打分,得分最高的为中标方,次高的为候选中标方。在打分前,根据招标书的要求,参与的供应商还可能需要讲标、答疑、演示系统等。

例如,某甲方使用公开招标的方式采购一款管理软件,以下是在公示的招标书中给出的评分标准,评委根据本标准给参与投标的供应商打分,如表 2-1 所示。

表 2-1　一次管理软件公开招标的评分标准

评审指标	评审项	评分标准	分值
价格部分 （30 分）	投标报价	价格部分采用综合平均价法计算,即以所有投标人投标价的算术平均值为评标基准价: 1. 投标报价每高于评标基准价 1%,扣 2 分; 2. 投标报价每低于评标基准价 1%,扣 1 分	30 分
商务部分 （20 分）	公司资质	投标人具有软件企业认证、高新技术企业认证、ISO27000 认证、ISO27001 认证、CMMI 认证(3 级及以上),每提供一个得 1 分,总分 5 分	5 分
	软件著作权	投标人能提供与本项目功能相关的软件著作权,每提供一个得 1 分,总分 5 分	5 分
	成功案例	投标人能提供与本项目相关的案例,每提供一个得 1 分,总分 5 分	5 分
	问题响应时间	投标人承诺在维护期内,接到问题反馈后,4 小时内能到现场解决的得 5 分,1 天内到现场解决的得 3 分,2 天内到现场解决的得 1 分	5 分

续表

评审指标	评 审 项	评 分 标 准	分值
技术部分 (50分)	解决方案	根据投标人对用户需求是否理解,设计思想是否科学、合理,软件功能是否具有先进性、可行性和操作性进行评审	15分
	上线时间	承诺产品在3个月内上线得10分,超过3个月不足4个月上线得5分,超过4个月上线不得分	10分
	项目管理与实施	根据投标人的人员安排、项目计划、培训方案、上线验收方案进行评分	10分
	维护服务	根据投标人的服务体系、服务机构设置、服务人员配置、软件升级方式、问题解决流程等进行评分	15分

6) 商务谈判

中标之后,甲方可能还要跟乙方进行商务谈判,例如,希望乙方增加服务内容,希望乙方签订某些补充协议,希望提前确定好某些容易"扯皮"的内容,等等。当然,根据招标、投标相关法规,所签订的合同不得对招标文件确定的事项和中标人投标文件进行实质性修改,甲方不得向乙方提出任何不合理的要求作为签订合同的条件。

某金融机构招标采购一套个人信用评估系统,飞云科技参与投标有幸中标。销售经理小周很兴奋,第二天就带了合同到甲方准备签单,但甲方对接人小吴说需要请示领导。

小吴说,领导的意思是先不要着急签合同,因为还有些问题在招标的时候没有说清楚。第一,由于本系统涉及的数据是公民的私人隐私信息,如果泄露会给甲方带来严重的声誉损失;第二,系统过了免费维护期后,如果需要继续使用,如何收取维护费;第三,系统上线后,如果有新的需求,如何确定价格;第四,实施人员上门服务,差旅费由谁负担。

小周自己不能拍板,只好回来请示公司领导,领导的答复是:第一,我们对系统数据有一套严格的安全管理机制,可以在合同之外另外签一份数据保密协议,如果因乙方失误泄露数据,则乙方愿意承担相应责任;第二,免费维护期满后,每年收取项目总价的15%作为维护费;第三,系统上线后,如果有新需求,根据需求双方协商确定价格,但为了体现合作的诚意,我方只收取成本费;第四,实施人员的差旅费由甲方承担。

甲方提了两点意见:第一,年维护费甲方只同意支付项目总价的10%;第二,差旅费甲方可以承担,但要求住宿酒店不能超过3星级标准,乘坐飞机的话只能选择经济舱。

双方就此达成共识,同意将相关内容写进合同条款中。

7) 签订合同

经过商务谈判,双方达成共识后,就可以签订合同了。一般招标书中会明确要求甲方跟中标方如何签合同,甚至大部分合同条款都已经拟好。

招标类项目,约束双方权利和义务的并不仅仅是合同条款,招标书、投标书都属于合同不可或缺的一部分。

需要注意的是,以上过程显然过于理想化,实际工作中可能会是另外一种完全不同的运作方式。

对要采购IT系统的甲方来说,他们在大部分情况下缺少精通数字化管理的人员,他们没有能力说清楚自己究竟需要什么,自然也写不出招标书。采购需求说不清楚,对后续的服务要求也说不清楚,对技术参数要求更是说不清楚,那么乙方怎么去投标呢?

售前老李接到一个奇怪的投标任务,非常郁闷,写日记吐槽这件事,节选如下:

老板说发现了一个商机,某企业要采购ERP系统,正在对外公开招标,要我们准备投标。这还挺奇怪的,卖了这么多ERP系统,很少遇到招标的,偶尔有一两次招标,也是前期都谈好了,走个招标流程而已。像这样看到招标公告就去投标,还真是第一次。老板让我们就这么去打单,是不是魔障了?公司最近效益确实不好,缺单子,但也不能随便让我们去做炮灰啊!

只有三天的时间准备投标书,时间也太紧了,我跟小柳两个人忙得不可开交。屋漏偏逢连阴雨,又遇到公司停电,真是急煞人。在家工作,可总是缺少点在办公室的感觉,提不起精神。唉,说句心里话,其实让我提不起精神的,不是工作地点,是甲方的招标书。

客户的招标书写了上百页,洋洋洒洒,一看就知道下了不少功夫。编写者不知道从哪里找了大量关于ERP原理的描述贴在招标书里,说这就是采购需求,要求系统能达到这些要求,但根本没有说他们自己的业务需求,明显是个ERP外行。这让我们怎么写解决方案啊?而且他那些ERP原理都是针对离散型制造业的,跟他们的行业根本就不搭边。

于是打电话给老板,强烈建议放弃这个莫名其妙的项目!他死活不同意,理由是:看这个招标书写得很外行,明显没有供应商前期介入(供应商写出的招标书会比这个专业一百倍),也就是说并没有内定乙方,那么就是大家公平竞争。而估计参与投标的供应商也没有谁会完全根据他的招标书写投标方案(实施风险也太大了),因此十有八九会流标,流标之后他们学乖了自然会跟供应商沟通,我们作为参与方的机会不就来了吗?嘿嘿,老板果然是老板,说得好有道理。

好吧,继续,必须继续。不过,想到投标的目的不在中标,只是重在参与,瞬间觉得压力小多了,算了,找了个以前类似的方案改改吧。

很多情况下,甲方为了让项目可以推进下去,首先就会邀请一家或若干家有意向的供应商来进行沟通,然后获得各家出具的解决方案,甲方根据这些方案编写招标书,或者根据其中一家的方案编写。

有时候,甲方已经跟某个乙方谈好了,但不能直接签合同,必须走招标流程,因为这是甲方的采购管理要求。这时候,甲方很可能会让这家供应商编写招标书,或者招标书里起决定性作用的内容,如采购需求、参数要求、评分标准等。可想而知,这家供应商自然会在这些招标条款中设置各种对自己有利的规则,以确保能在投标时能够顺利击败其他供应商,或者让其知难而退,这就是所谓的"控标"。

因此,对于IT系统招标,乙方如果在前期没有介入的话,中标难度是相当大的,除非公司确实有非常大的优势。而且,如果抢了别人内定的标,也未必就能签合同。即使签了合同,后面的实施工作也非常艰难,因为甲方不愿意配合你,会给你"穿小鞋"。

2.1.2 售前主要文档

售前工作过程中会形成很多文档。这些文档,有些是非常正规的,具有法律效力,如招标书、投标书、合同等;有些是不正规的,只用于交流、沟通,如乙方给甲方的宣传材料、售前调研报告等。

1. 宣传材料

一般来说,乙方刚刚接触甲方时,会提供一些公司层面的宣传材料,用于介绍公司的各种优势,如公司的产品、成功案例、团队精英、专业技术等,以增强甲方对自己的信心。乙方提供宣传材料的方式多种多样,比如 PDF 文件、PPT、装帧漂亮的小册子、门户网站,还有干脆分享个微信公众号给甲方的,等等。

宣传材料一般都是乙方的市场部门提前制作好的,主要围绕公司的优势泛泛而谈,只能说明乙方的公司实力、业务方向、行业地位等,并不是围绕当前项目展开的,貌似跟实施没有什么关系。但要知道,如果在实施过程中,甲方相关人员跟你谈到了某些来自宣传材料的信息,而你却一无所知,这很可能会影响自己在甲方心目中的地位,觉得你对自己公司的事情都不熟悉,显然是个"小白",这样会有损你的"威望"。后文会谈到,"威望"对实施者来说是非常重要的。

对实施者而言,平时应该随时了解公司有哪些宣传材料,对其中的内容做到烂熟于心。当然如果你的公司规模太大,业务线太多,那只要了解跟自己相关的业务线就可以了,当客户谈及那些跟自己的领域不相干的内容时,可以痛快地承认自己不了解,当然还是需要注意措辞的,例如,"不好意思,我也没有接触过这方面的内容。您如果感兴趣,我找负责这方面工作的同事来给您介绍。"

2. 售前调研报告

乙方为了出具解决方案,需要先进行需求调研。如果项目业务简单、规模小,花个一天半天就可以完成调研,自然没有多少内容,写个备忘录就可以直接回去写解决方案了。但如果项目规模很大,业务复杂,调研可能需要很长时间,就需要写份售前调研报告,用于甲方确认调研结果,也为编写解决方案提供依据。

要注意的是,售前调研跟实施调研是完全不同的,它以成交为目的,而不是以实现系统为目的,重点在于找到甲方的痛点,了解甲方急于解决的问题,好让解决方案能够打动甲方。因此,实施者在研读售前调研报告时,要重点了解客户关心什么,想解决什么问题,进而思考在实施项目的时候如何解决这些问题,进而可以抓住本项目的实施重点。

3. 解决方案

经过售前调研,了解完甲方的要求、兴趣、问题后,需要编写解决方案,用以建立甲方对自己的信任感。所谓编写解决方案,就是通过文档论述自己将如何满足甲方的要求。解决方案最常见的形式有 Word 文档和 PPT,前者主要用于进行系统的阐述,后者主要用于现场演示、讲解。售前人员会根据售前项目的推进时机决定采用什么格式。编写解决方案时,通常可以从以下这些方面入手:

1) 我们懂你

如果说不清楚甲方到底需要什么,那么不可能赢得甲方的信任,没有一家单位愿意把一个影响管理体系的项目托付给对自己一无所知的团队。所以,编写解决方案,首先要阐述对甲方的理解,包括项目的背景、缘起、面临的管理问题、希望达成的目标、希望提供的软件功能等。如果项目规模庞大,要把这些问题阐述清楚并不容易,特别是那些行业性强、规则复杂的项目,如果编写者是个纯外行,很难将这件事情做好。

2) 我们满足你

针对甲方的要求,阐述自己的系统会如何满足要求、如何解决问题。一般会强调如何围绕甲方的相关业务建立数字化管理体系,例如,怎么设计系统,提供哪些功能,解决哪些重点问题,如何使用系统处理重要工作,有哪些主要工作场景,如何改进管理方式,如何将复杂的业务规则信息化,等等。

3)我们有牛人

介绍团队包括哪些重要成员,每个人的简介、证书、经验、成就等。

要将事情做好,离不开好团队。想要获得客户的信任,自然要他们先信任团队。什么是好团队?首先得有人才。所以,在解决方案中介绍自己的团队,强调团队有牛人,会大大增强甲方的信任感。如果有一两个特别厉害的业界领军人物,甲方一下子就会对你刮目相看。

当然,说实话,牛人毕竟是稀缺资源,大部分人都是普通人,每个项目都配牛人显然不现实。很多售前人员为了提高甲方对自己团队的信任感,会把乙方顶级的几个厉害人物做成资料,在每个售前项目的解决方案中都贴一贴,但其实他们心里清楚,这些人不可能到每一个项目中负责具体工作。这样,增强甲方信任感的目的是达到了,但也带来了风险,万一甲方一定要求这些人来服务,那就麻烦了。

4)我们技术很牛

介绍团队掌握的各种软硬件技术,例如,系统架构、服务端程序开发、网页程序开发、安卓手机端开发、苹果手机端开发、服务器管理、数据库管理、质量保证、系统安全保证、系统性能保证,以及团队的技术优势、掌握的独创技术、拥有的技术专利和软著权等。

精通编写文档的人都知道一个原则,就是要考虑文档的受众,要站在读者的角度措辞,让读者容易理解。但介绍团队技术时,可以适当违背这个原则,不需要每句话都让读者理解。一来,隔行如隔山,读者可不一定是内行,解决方案不是科普读物,很难让他们一看就懂;二来,介绍技术的目的,不是让甲方学会技术,而是让他们觉得你们专业、厉害,这才是最重要的,写得过于浅显、直白,可能会适得其反。

5)我们实施很牛

介绍团队将会如何实施项目,例如,按照什么方法论实施,如何制订项目计划,实施流程是什么,每个步骤如何进行,项目团队成员如何分工,如何确保项目按期交付,如何保证实施效果,如何培训,如何配合验收。

6)我们管理很牛

介绍公司跟项目相关的一些管理措施,例如,需求变更处理流程、新需求处理流程、用户提交问题后的处理流程、项目组考核方法、项目人员流动的应对措施、项目知识管理机制等。这些管理措施貌似跟这个项目没有太大关系,但通过这些介绍,可以让甲方觉得这个团队可靠、安全、专业,是正规团队,不是乌合之众,从而产生信任感。

7)我们服务很牛

介绍项目交付验收后如何持续提供服务,例如,售后服务团队的构成、服务内容、问题处理流程、客户投诉机制、客户建议机制,以及系统如何升级等。

IT项目并不是做个系统交付给甲方就结束了,还需要甲乙双方长期合作才能保证系统发挥作用。为了让甲方放心跟自己合作,打消后顾之忧,乙方不能不介绍自己在未来会提供什么样的服务,以及如何服务。

8)我们公司很牛

介绍自己的公司,如公司简介、高管团队、成功案例、资质证书、奖项、辉煌历史、高光时刻等。

由于 IT 项目服务内容的不确定性,很难通过合同界定所有的细节,很多时候,甲方只能寄希望于乙方是个靠谱的、有责任感的公司。因此,如果签约的公司是个实力雄厚的大公司,甲方在心理上确实会更有安全感,这跟我们平时购物喜欢买名牌是一个道理。对于那种行业性强的大型项目,如果乙方有类似行业的成功案例,会在甲方的决策天平上丢下一个异常坚实的砝码。

4. 报价单

售前谈到一定阶段后,就需要给甲方报价,报价单的内容最后可能会融入合同中,也有可能作为合同的附件存在。

有些软件产品很成熟,乙方可能会提供标准报价单(甚至会印制在产品宣传册中),用来介绍本产品包括的具体功能,以及每项功能和服务的价格,这跟一般的货物买卖几乎没有什么区别,无非就是乙方要卖出什么商品,单价是多少,什么时候交货,达到什么条件有什么优惠之类的信息。

不过这种方式并不多见,大部分项目的售前人员都会根据该项目的特殊情况编写专属报价单。毕竟 IT 系统跟一般的实体货物非常不同,有太多不确定性,一个标准的、固定的报价单很难恰如其分地表达出乙方需要承担的成本,以及可以给甲方带来的价值,自然就容易让人觉得非常不合理。

为了科学、合理地体现系统的价值,大部分项目的报价内容都是两类价格的组合:一类是一次性费用,另一类是持续性费用。通过组合,既体现乙方在项目实施阶段投入的成本与实现的价值,也体现了乙方提供持续服务投入的成本与实现的价值。

一次性费用,是乙方为本项目提供设计、开发、测试、部署、实施等一次性服务需要收取的费用,这些费用的特点是只需要支付一次,不需要在系统运营期间持续支付,如软件功能费、开发费、实施费、设备采购费等;持续性费用,是在系统运营期间需要持续收取的费用,如定期支付的设备租金、用户授权费、软件维护费、根据某种运营成果分成的费用等。

5. 招标书

对于招标类项目,不管是公开招标还是邀请招标,甲方都需要制作招标书,以表达自己对项目的要求,例如,技术参数要求、交付日期要求、对乙方资格的要求、投标书制作方式、投标与评标方式、合同签订方式等。

如果双方签约,招标书会成为重要的约束文件,具有法律效力。实施者在实施项目之前,需要认真仔细地研读招标书,特别是采购需求、技术要求、交期要求等跟实施过程息息相关的条款,每个字都不能放过。

但要注意,甲方发布招标书后,乙方制作的投标书以及双方签订的合同与协议,这些文件也都有可能改变招标书条款的某些约束要求。

6. 投标书

投标书是乙方根据甲方招标书要求编写的应标文件。如果说招标书是甲方提出的一道问答题,投标书就是乙方的答案。这道题并没有标准答案,答案越接近评分标准,得分越高。

乙方通过投标书阐述自己将会如何满足甲方的要求,做出什么承诺,提供甲方要求的证书,等等。当然,最重要的是报价。

7. 合同

大部分情况下,在项目启动前,甲乙双方需要签订项目合同,或者其他对项目有约束作用的各种协议。

有些合同非常简单,仅有一两页纸,主要强调价格与付款方式;有些合同则篇幅很长,会详细规定甲乙双方的各种权利和义务,以及乙方需要提供的产品、服务、交付物、交付日期、验收方式、付款方式、版权与源代码归属等。

对实施者来说,要做好项目实施,必须对这个项目的合同与协议了然于心,项目最终未必会完全根据合同进行,但如果不清楚甲乙双方在项目发起时的约定,必将给未来的实施工作带来极大的风险。

2.1.3 售前工作的特点

很多实施者因为不了解售前工作,对售前人员怀着某种偏见,觉得他们像江湖骗子,只会在客户那边乱拍胸脯、大包大揽,给项目挖下了大量的陷阱,等着实施者去给他们"擦屁股"。有这种想法也很正常,因为售前跟实施确实是两种完全不同的工作,有着完全不同的工作特点,如果售前人员也像做实施人员那样工作,大家只能喝西北风了。下面简单分析一下售前工作的特点,体会一下它与实施工作有什么不同。

1. 冒险精神

售前人员需要拥抱风险,需要勇于探索未知领域。作为IT项目,需要通过IT系统为甲方改善管理、建立数字化管理体系。在售前阶段,这个过程充满着太多的未知数,例如,乙方是不是有足够的人力资源,技术上是否真的能实现,是不是真的能达到甲方期望的效果,如果没有达到预期效果需要承担多大的责任,是不是能按期交付,成本是不是可以控制在能接受的范围之内,第三方会不会配合,等等。

在售前阶段,谁也不可能把这些未知完全弄清楚,谁也不可能精准预测项目推进过程中会遇到的问题,如果等把一切问题都弄清楚了再签单,项目早就凉透了。有些问题要弄清楚,需要大量的时间与资源,还有些问题在售前阶段根本就弄不清楚。如果总是畏首畏尾,不敢决策,项目早就被别人抢走了,原因很简单,你不敢签,其他供应商敢签。因此,哪怕是最谨慎的售前人员,也不会拘泥于每一个细节问题,只要团队在理论上有可能解决问题,售前人员就会在甲方面前拍胸脯保证。

售前项目一旦启动,谁都不能保证一定成功,绝大部分售前人员谈丢的单子比谈成功的单子多得多。从这个意义上说,售前就是一场赌博,水平高的赢面大,签得多,水平低的赢面小,签得少。因此,售前人员多多少少都会有某种赌徒心理,觉得赢面大就签了,至于问题如何解决,还是等签下来再说吧。

在对待风险的态度上,实施者跟售前人员是完全不一样的,前者强调要随时识别项目风险,并尽可能规避风险,从而保证项目顺利推进。虽然实施者在关键时刻也需要冒风险,但跟售前人员比起来,量级完全不同。

2. 迎合客户

说到"迎合",感觉有点奴颜婢膝、不讲原则的意思,但说实话,在大部分情况下,售前人员为了签单只能去迎合甲方。这个无关尊严,只是一种工作方式。

有些甲方人员有主见,甚至刚愎自用,希望乙方一切按照他们的思路处理问题,售前人员迎合他们的办法自然是什么都听对方的,亦步亦趋;有些甲方人员知道自己外行,希望乙方来主导项目,售前人员迎合他们的办法自然是给出能够打动对方的建议,这些建议是不是有效其实并不重要,重要的是能不能打动对采购系统有决策权的领导。

对实施者来说,如果甲方人员对数字化管理一知半解甚至一无所知,在实施项目的时候,显然不能完全按照他们的思想工作,要主动发挥自己的引领作用,否则这个项目不可能实施成功。但售前人员不一样,他们不可能按照这种方式工作,他们必须迎合客户:你对了,我顺从你;你错了,我也顺从你。即使想纠错,也适可而止,你听了固然好,你不听我也不坚持,因为坚持往往意味着出局。相比较而言,售前人员比实施者要更随和。

3. 激发欲望

将小需求激发成大需求,将大需求激发成小项目,将小项目激发成大项目,这是售前人员的理想。对售前人员来说,签单比不签单好,签大单比签小单好。因此,为了达到这个目的,售前人员会通过种种方式激发甲方在数字化管理方面的欲望,对方的欲望越强烈,就越肯在这方面投资,项目金额自然就会越大。

当然,这个思路也只是售前人员的原始欲望,并不是每个项目都应该这么办,有时候可能会弄巧成拙。例如,甲方预算有限,被售前人员激发、引导出了更多需求,最后却不能增加预算,只能咬牙扛下这个成本;甲方需求多了,预算增加了,根据甲方的采购管理要求,本来可以直接签单,现在却需要公开招标。

而对实施来说,绝大部分项目在启动时金额就已经确定了。在有限的金额下,工作越多,自然利润就越小,因此,实施工作需要收缩甲方的欲望,降低甲方的期望值。

4. 对细节的关注近乎偏执

对售前人员来说,细节就是生命。每一次微小的售前错误,都可能导致甲方对乙方的看法发生巨大变化,让甲方的决策天平向竞争对手倾斜。倒霉的时候,一次微小的错误会导致自己遗憾出局,永远失去跟甲方继续沟通下去的机会。

因此,售前人员对细节的追求是永无止境的,大部分成功的售前人员都是细节偏执狂。如果你从来没有做过售前工作,这个说法可能有些出乎你的意料:那些平时大大咧咧、满口跑火车,看上去粗枝大叶的家伙,怎么也不会跟"仔细"两个字挨上边儿啊!错了,很多一般人不以为意的细节问题,对售前人员来说都是天大的事情,例如,他们可能会琢磨陪客户时怎么吃、怎么穿、怎么说,递交名片的方向、弯腰的角度、点头的幅度、核查方案的标点符号、字体、留白、装订方式等。

实施工作,对于细节的关注程度要远远小于售前工作,至少实施者不会像售前人员那样执着。"有大局观,保证方向,逐步求精"是成功的实施者的工作窍门,在不到"求精"的时候片面注意细节,追求小地方的极致,非但无益,反而有害。

小陆以前是做实施的,最近公司售前缺人手,领导看他脑子灵活,喜欢沟通,就想让他转做售前,于是安排小陆跟老李学徒,让老李考察考察看他否适合。

老李在做几个售前项目,忙得很,非常开心有人来打下手。正好有几个售前文档需要编写,就让小陆试试。毕竟有实施经验,小陆写的文档基本上没有大问题,就是有太多的小瑕疵,字体、格式、大纲等方面经常出错,显得非常不专业。每当老李发现一个错误,就会提醒一次,他立马去改,反复多次后,老李失去了耐心,就跟小陆谈话:

"小陆啊,你不能总是等着别人来给你纠正错误,你要知道如何避免错误。你这么不拘小节是不行的。要知道,对于售前工作,无论多小的错误都有可能导致严重后果。程序员开发软件,出了 Bug 有测试人员找出来修改,即使测试人员找不出来,给客户发现了,一般只要服务跟得上,对方也不会过于计较。可售前工作完全不一样,因为一旦出了差错,可能会让客户对你失去信任感。要让客户失去信任,在实施时可能需要一大堆错误,但在售前阶段,仅出现一个就足够了。

"在售前阶段,客户对我们的了解很少,特别是那种全新的客户,对我们公司的印象很淡薄,我们需要通过各种方式增加客户对我们的好评,增加对我们的信任感,不断给我们公司加分,但这种印象是非常脆弱的,一个小错误可能会让你前功尽弃,你很可能没有任何机会弥补你的错误,因为你已经在竞争中被淘汰出局了,你再也见不到这个客户了。

"所以,请仔细再仔细,售前工作容不得半点差错。销售打单不容易,约一次客户也不容易,因为你的一次不该犯的错误丢失了一个宝贵的商机,不觉得可惜吗?"

小陆连连点头。

有个项目要出解决方案,老李实在抽不出时间,就将任务交给了小陆,因为考虑到公司以前曾经做过一个类似的项目,有很多文档可以参考,想来问题应该不大。

小陆把方案做完后发给老李,老李正为别的项目忙得焦头烂额,也没有仔细检查,大概刷了一遍觉得没有什么问题就发给客户了。然后就杳无音讯。

过了一段时间,有消息传来,客户已经跟另外一家公司签约了。销售小周要分析丢单的原因,就去客户那边找选型组的负责人陈经理打听,陈经理说道:"我们觉得你们公司做事情不认真,把这么重要的项目托付给你们不放心啊。"

小周回顾了一下自己的工作接洽过程,有些不服地说道:"不认真?您为什么觉得我们不认真呢?"

陈经理说道:"说实话,我其实是看好你们公司的,可你们的解决方案也太过儿戏了。"

小周有些莫名其妙,头一次有人用"儿戏"两个字来形容他们的方案。

陈经理用一种恨铁不成钢的口气继续说道:"我把你们公司推荐给高管,本来都定下来了,可老板翻了翻你们的方案,被气得暴跳如雷,死活都不同意跟你们签。唉,你说你们也真是的,好好的解决方案,怎么会冒出 A 公司的名称呢?"A 公司是客户在本地的主要竞争对手,经常会为业务打得头破血流。

小周回去跟老李一说,老李仔细看了方案弄明白了。因为给小陆的参考文档就是以前给那个公司做的,小陆将其中的大段描述直接拷贝过去了,更离谱的是,他竟然没有将甲方名称改掉!

综合小陆最近一段时间的表现,老李觉得他实在不适合做售前工作,决定找领导重新安排他的岗位。

5. 追求闪光点

销售 IT 系统跟销售其他货物类似,都需要有卖点,就是可以吸引甲方注意的地方,我们可以把这种卖点称之为"闪光点",就是那种能让人眼睛一亮的地方。售前工作就是要找到这种闪光点,如某功能特别厉害,某技术别人没有,某大牛在我们团队,某著名公司是我们的客户,公司得过很牛的奖项,等等,然后想办法强调并放大它,从而吸引甲方。反之,如果有那种"阴暗点",也就是自己的劣势,则要想办法让甲方的注意力转移到其他地方。

售前的目标是赢得甲方的信任,进而签单,因此往往聚焦在某些"点"上,因为"点"最能打动甲方,不管是抓住甲方的痛点,还是强调自己的闪光点,目的都是吸引甲方的注意,提高自己在对方心目中的地位,从而击败竞争对手;而实施的目标是建立数字化管理体系,工作特点完全不同,重点自然在"面"上,虽然有时候也需要突出重点,但还是更强调系统地解决问题,实施一个项目是一项系统工程,追求几个闪光点没有什么意义。

6. 不会拒绝

管理的数字化是没有止境的,因此甲方的需求也是没有止境的。从谈生意的角度看,甲方的每一个需求都是一次商机,售前人员才不会有什么控制需求的念头,他们只有"针对这个需求,客户肯掏多少钱"的想法。没有干不了的活儿,只有谈不拢的价钱,为什么要拒绝上门的生意呢?

对实施者来说,如果学不会拒绝,项目不可能做得好,因为项目收入有限,如果对超出范围的需求不加控制,只会让成本飙升,利润下降,甚至血本无归。

2.2　甲乙双方达成共识

我们大致可以将售前的工作内容分成两大类:一类是说服甲方采购乙方的产品与服务,确保成交;另一类是跟甲方达成某种共识,即用什么方式成交。

销售 IT 系统跟销售一般商品的区别是很大的,交易过程充满着太多的不确定性。在售前阶段,随着双方的交流不断深入,这种不确定性就会逐渐明晰,当它们达到双方都可以接受的程度时,才可能达成共识,从而签约。当然,不得不承认,这个共识只是表面上的,双方内心对这个所谓的"共识"可能会有完全不一样的解读。对于签下的合同及协议条款,双方的理解也不会完全相同,有时候这个区别甚至是巨大的。区别越大,实施越困难。

在售前阶段需要达成共识的内容很多,如采购需求、价格、付款方式、交期、团队要求、协作要求等,其中,采购需求、价格、交期对实施工作影响尤其大。本节就来讲述这三方面的内容。

2.2.1　确定采购需求

所谓采购需求,就是甲方对于想采购的系统有什么要求。IT 项目的交易过程比一般商品货物的交易过程复杂得多,具有很强的不确定性(主要指软件部分),甲方的要求远远不是商品名称、规格、型号、数量、价格这些简单元素就可以表达的,需要进行更详细的阐述。

对于一个项目,从甲方有了采购意向,到乙方接洽开始售前工作,再到项目开发、实施,最后到验收交付正式投入使用,很可能是一个漫长的过程。在这个过程中,甲方开始的要求比较主观、抽象、散漫,而随着项目的推进,经过双方的共同努力,这个要求逐渐变得客观、具体、明确,直到可以用结构化的方式表达出来。

相信所有实施人员对这个进程都是非常熟悉的,也明白其中的艰辛,但很多实施人员容易忽视的事实是:这个过程其实从售前人员开始接洽甲方的那一天就开始了。售前工作的重要内容,就是要将甲方领导心中那灵光一闪的想法,转化成可以写在合同上,作为约束双方权利与义务的条款。作为实施人员,还容易忽视另外一个重要的事实,在售前阶段,这个转化过程未必是完全正确的,也就是说,合同条款中写下来的采购需求未必是甲方真正的需求,那是售前人员的工作成果,但谁又能保证它一定正确呢? 因此,实施者万不可被合同中的采购需求条款误导,为了保证项目顺利实施,要先弄清楚甲方真正想解决的问题,真正想获得的成果。

在售前阶段,甲方总要通过口头或书面方式说出自己的需求,这些需求内容可以大概分成两大类:一类是目标,另一类是手段。目标就是采购系统的目的,例如,想要通过这个项目解决什么管理问题,想想给甲方带来什么管理上的改善,想想要获得什么宣传效果,等等;手段就是希望采取什么样的 IT 手段来实现这个目标,如系统包括什么软件功能,包括什么硬件设备,如何实施部署,需要支持什么业务规则等。

某单位需要采购 OA 系统,甲方对接人跟飞云科技的售前顾问老李进行了交流,提出了以下需求:

(1)跟我们合作的供应商、客户都有自己的信息化管理系统,可我们却还在用 Word 和 Excel 处理,太丢人了,我们要跟上时代的步伐,改变自己的形象。

(2)我们打印出来的文件堆成了山,找个文件简直跟大海捞针一般。

(3)领导老是出差,要找他签字办事实在太困难了,只能打电话请示。时间一长,他自己都忘了当时在电话里是怎么说的。

(4)要发个重要的通知,只能通过微信群、QQ 群。群里往往有几百个人,也不知道谁看到了,谁没有看到。

(5)每年买的打印纸太多了,希望新系统上线后,能减少 50% 以上的打印用纸。

(6)领导可以在手机上直接审批、签字。

(7)以后公文流转、请假申请、用车申请、离职申请都需要通过系统处理。

(8)为了数据安全,服务器需要放在公司内网中。

通过以上案例可以看出,在这个对 OA 系统的需求中,一部分是目标,如跟上时代的步伐改变形象,减少打印纸的消耗量,减少文件检索的难度,让领导可以即时办公,保证数据安全等。一部分则是手段,如需要 OA 系统、需要手机 App、需要公文流转功能、需要部署在内网服务器上等。

对售前人员来说,要将甲方的要求转化成采购需求,主要工作就是将甲方的目标转化成手段,也就是说,要做到在采购需求的描述文字中,只谈乙方卖什么,不谈甲方买这个东西希望达成的目标。原因很简单,项目实施时,乙方能控制自己提供的产品与服务,却不能控制甲方获得这些产品与服务后能得到的效果。好的效果需要双方的共同努力,而且有时候甲方的期望只是一厢情愿,几乎不可能实现(大部分情况下,售前人员是不愿意说破的,因为说破了生意就没了)。在合同的采购需求条款中,对目标的描述越多,将来项目实施的风险就越大。

举个简单的例子,甲方为了降低人员离职率(目标),采购了一套人力资源管理系统(手段)。作为乙方,能保证使用了系统之后甲方人员离职率就会降低吗?如果甲方的人员离职率真的降低了,能保证真的是系统的功劳吗?甲方一次大幅度调薪,恐怕比系统有用得多。

回顾前面的案例,在甲方所提的要求中,手段部分是乙方可以保证实现的,但关于目标的描述就不一定了:有了 OA 系统真能提高形象吗?这个就见仁见智了。真的能减少打印纸的消耗量吗?这个谁知道,在手机上阅读文件自然不需要打印,但如果每个用户都要把文件打印下来阅读,乙方又怎能控制?真能让领导即时办公吗?如果有领导不愿意办公,甚至不愿意带手机,乙方又有什么办法?

甲方在提出需求的时候并不一定既有目标又有手段,有可能只有目标没有手段,也有可能只有手段没有目标,甚至只有一个意念。我们可以将甲方需求分成四大类:

1) 既有目标又有手段

甲方提出了想达成的目标,并且提出了为了实现这个目标希望获得的产品与服务。前面提到的案例就是这种情况,甲方提出了自己遇到的问题,希望管理能得到什么改善,然后也提出了自己对系统的需求,也就是说,既有目标又有手段。

面对这种需求描述,一个有经验的售前人员一般会做如下思考:

- 他的目标正确吗?能达成吗?要不要激发他树立更多的目标?
- 他的手段正确吗?我方能实现吗?要不要说服他增加更多的需求?
- 他的目标跟手段相匹配吗?他所提出的需求,真能帮助他实现目标吗?

对于甲方提出的目标以及实现目标的手段,作为一个有责任的、从事 IT 工作的专业人士,需要判断他们提出的手段跟这个目标是否匹配。在实际工作中,目标跟手段不匹配甚至背道而驰的事情时有发生。如果售前人员发现了这类问题,应该及时提出来跟甲方进行沟通,尽量说服甲方更改需求或期望,以免这个项目先天不足,还没有诞生就注定了失败。

2) 只有目标没有手段

甲方提出了想达成的目标,但并没有描述实现手段。甲方很清楚自己的目的是什么,希望系统给自己带来什么,希望系统解决什么问题,但对系统本身并没有直接的要求,或者即使有也相当粗略,需要乙方根据甲方的目标策划需要提供什么手段。

这种情况下,最麻烦的是有的时候甲方提出的目标非常抽象,天马行空,很难琢磨,要想把这种抽象的目标转换成关于系统的实实在在的采购需求,难度较大,需要售前人员付出艰苦的努力才能将这事做好。

某企业准备上 ERP 系统,领导对 ERP 系统提出了如下需求:

- 我们已经多次扩充原材料仓库,但仓库总是不够用,仓库里的原材料积压了大量的资金,我们要将原材料仓库的积压资金控制在 5 000 万元以下。
- 计划部排出的生产计划总是不准确,要么产能不够,要么材料不能及时提供,这样是不行的。不能执行的计划有什么用呢?
- 生产总是跟不上客户的要求,太多的订单不能准时交单,明明产能测算是来得及的,为什么就不能准时交单?不能准时交单,谈订单交期时为什么不向客户多争取点时间?
- 客服部收到的客户投诉太多了,严重影响了我们的形象,再不提高警惕我们会被市场无情抛弃! 客户投诉率要下降90%。
- 也不知道车间里是怎么安排生产的,一边是订单不能按时交付,一边是经常有机器闲置,我就不明白了,机器闲在那里,它会思考"机"生吗?

……

从这个案例可以看出,这些所谓的需求其实根本算不上需求,只是领导希望解决的问题,也就是说没有手段,只有目标。很显然,这种需求是不能作为采购需求写在合同条款里的,售前人员需要经过分析后提出解决方案,阐述自己通过什么 IT 方式来提高库存周转率,降低机器闲置率,提高准时交单率,以及降低客户投诉率等。甲乙双方都要保持清醒的头脑:无论多么完美的解决方案,都不能保证一定能实现甲方的目标,那需要双方的共同努力,受很多因素的制约。

本书目标受众主要是乙方实施人员,因此需要提个醒:售前以签单为目的,他们提供的解决方案以打动甲方为第一要诀,不保证一定有效,在实施阶段不要被售前解决方案所蒙蔽。

3) 只有手段没有目标

甲方描述了自己希望乙方提供的服务,没有描述自己想达成的目标。根据前面的讨论,如此描述需求正是乙方所希望的:只要知道甲方想买什么就行,我只负责提供产品、服务,不保证一定能够实现甲方的目标。如果刚开始接洽时,甲方就用这种方式跟乙方谈项目,那么显然甲方是做了充分准备的,或者有那种熟悉相关领域的 IT 人才,或是委托了某咨询公司,或许已经有其他供应商提前介入了。

遇到这种情况,售前人员的工作要轻松很多,因为少了那种将目标转化成手段的辛苦过程。但也要注意,在这种情况下,不能不认真分析甲方真正的诉求,以及他们真正想解决的问题。不弄清楚甲方的核心目标就贸然签合同,其中的风险很大,如果等到实施阶段才发现甲方所提出的需求根本不足以支持他们的目标,项目就非常危险了。

再给实施人员提个醒,"甲方要什么,我就卖什么"是售前人员典型的思考方式,因此并不是每位售前人员都会去认真考虑甲方的目标的,需要实施人员在实施项目时进一步分析。了解甲方的真正目的是成功实施的基石。

4) 既没有目标也没手段

甲方既没有描述目标,也没有描述手段。听起来有些匪夷所思,这不等于啥也没说吗?在实际工作中,这种事情虽然不经常发生,但还真的存在,作者就遇到过很多次。

王经理是某集团公司行政部负责人,跟飞云科技老总钱总是发小,关系很铁。某天,王经理给钱总打了电话。

王经理:"老钱啊,有个事,帮我个忙啊。"

钱总:"老铁,有事说话,咱俩谁跟谁啊!"

王经理:"去年报了 100 万的信息化预算,现在快到年底了,才用掉 10 万块钱,帮我想想该怎么办?"

钱总:"这有什么怎么办的,能省钱还不好吗?"

王经理:"你不知道啊,今年不把这个钱花掉,明年就没有了。这还是小事,关键是以后老总怎么看我,会觉得我的工作不靠谱啊!"

钱总:"哈哈,让我帮你挣钱不行,帮你花钱还不容易吗,我明天安排个人去帮你看看怎么花这个钱。"

钱总挂了电话后叫来售前顾问老李,让他去王经理那边做个售前调研。

老李问:"大概的需求是什么啊?要不要先做点准备?"

钱总:"把 90 万花掉!"

2.2.2　确定价格

乙方的报价方式可以多种多样,例如,根据工作人·日报价,根据用户数报价,根据模块功能报价,根据服务时间报价,等等。不管采用什么报价方式,报出去的价格都需要满足两个基本条件,一是有竞争力,可以击败竞争对手,二是能赚钱,保证利润最大化。当然,有的时候为了公司生存或希望占领市场等原因,愿意做亏本生意的也大有人在。

为了能在保证利润的前提下成交,乙方报价至少要考虑四个重要的因素:成本、行情、甲方心理预期、甲方支付能力。

1. 成本

对乙方来说,任何一次交易都不能忽视自己的成本是多少,因为谁都不愿意做亏本买卖,只有高于成本,销售才有利润。按照这个思路报价,自然需要先估算本项目做下来大概需要多少成本,然后加上自己想赚取的利润。

在估算成本时需要注意,项目成本并不仅仅包括项目组工作人员的成本开支,还包括很多其他成本,如分摊的公司运营成本、分摊的标准功能研发成本等间接成本,具体可参见第1章关于软件开发成本的相关内容。

甲方需要定制一款业务管理系统。根据甲方的要求,售前顾问老李测算了该项目需要消耗的项目组直接成本,如表 2-2 所示。

表 2-2　某业务管理系统乙方报价直接成本测算

人 员 角 色	用工/人·日	单价/元(人·日)	金额/元	总额/元
项目经理	30	1 000	30 000	
需求分析师	60	600	36 000	
研发经理	60	1 000	60 000	
网页开发工程师	300	600	180 000	
Android 开发工程师	160	600	96 000	
iOS 开发工程师	150	700	105 000	626 000
测试工程师	100	500	50 000	
美术设计师	50	500	25 000	
硬件工程师	10	600	6 000	
实施专员	50	600	30 000	
客服人员	20	400	8 000	

根据测算结果可知,项目组需要耗费成本 62.6 万元——这是本项目的直接成本。根据公司去年的成本统计数据,公司总成本中,项目组的直接成本占公司总成本的 50%。可以这样理解,每消耗 1 元直接成本,就需要另外消耗 1 元间接成本。根据这个数字,估算这个项目需要耗费的总成本为:

62.6(直接成本)+62.6(间接成本)=125.2(万元)

目标利润为总成本的 30%,最后老李给出的报价为(不含税):

125.2×(1+30%)=162.76(万元)

以上案例中,如果最终能以此价格成交,那么可以获得的利润为:

162.76−125.2=37.56(万元)

为了不亏本,乙方的底线是 125.2 万元。当然,如果项目组工作量不足,为了不让人闲着,这个底线也是非常容易被打破的。

本案例纯粹根据成本报价,这种情况并不多见,毕竟大家都要面对市场,只管自己想赚多少钱,而不管自己提供的产品与服务值多少钱,肯定是不行的。

2．行情

行情就是出售的产品及服务在市场上值多少钱。影响市场行情的因素很多,例如,乙方需要支出的成本,能够给甲方带来的价值,资源或技术的稀缺性,供求关系,竞争对手,等等。这些因素,再加上管理软件交易的不确定性,导致 IT 项目的市场行情看上去非常难以捉摸。

一个项目,如果需求基本确定,所有竞争对手的报价往往不会相差太远,除非某些供应商存在特殊的优势或者劣势,或者有特殊的目的。很显然,所有人的报价都在向某个行情价格逼近。这个价格看上去非常模糊,对于初学者来说更是无从下手,但很多有经验的售前人员,根据甲方的大概需求,可以很快估算出大致的市场价格,如果足够优秀,这个估算是相当准确的。要达到这种境界,需要长期的经验积累和思考总结。

3．甲方的心理预期

所谓甲方的心理预期,就是甲方觉得乙方的产品与服务究竟值多少钱。甲方对软件价格的心理预期自然也会影响乙方的报价。甲方觉得你们的系统值 100 万元,你卖 1 000 万元,肯定没戏;可你要是卖 10 万元,那又肯定太亏。

甲方的心理预期从何而来? 正常情况下,自然来自市场行情。消费者都有这个经验:某件东西在市场上值多少钱,花钱预期自然也偏差不了多少(这里就不考虑那些放血促销、跳楼甩卖的事情了)。但由于 IT 项目的不确定性,大部分情况下,市场行情并不明朗,因此,决定甲方心理预期的绝不仅仅是市场行情。

乙方的公司规模、市场形象、解决方案的质量、系统功能的多少、界面美感,甚至售前人员的个人素质及形象等,都会对甲方的心理预期产生影响。

4．甲方的支付能力

这里所谓的支付能力,并不是说甲方能不能买得起,而是指甲方愿意为这个项目花多少钱。在大部分情况下,甲方在采购系统之前需要先立项,立项就需要有个项目预算,支付能力跟这个预算息息相关。例如,某甲方的信息部负责推进一个 IT 项目,立项后申请预算并获得批准,那么这个预算就是这个部门有能力动用的资金,是他们的支付能力。

有的项目,甲方不会告诉乙方他们的预算是多少,有时候是为了保密,有时候是因为甲方自己也不确定预算多少合适;有的项目,甲方会将预算公布出来,甚至会要求乙方报价不能超过这个预算——相信参与过项目招投标的读者都有这个经验。

当乙方知道甲方的预算后,报价自然会围绕这个预算做文章。报价太少心有不甘,甚至会让甲方觉得自己不专业,对甲方的需求没有真正理解;报价超过预算,很难做成生意,甚至可能立马出局。对乙方来说,最理想的状态当然是让甲方把这个预算花光,如果有可能,甚至希望让甲方追加一定的预算。

有时候,甲方的需求跟预算可能严重不匹配,或者需求太多而预算太少,或者预算太多而需求太少。在需求多预算少的情况下,如果乙方不想亏本甩卖,一般都会跟甲方商量,力图劝甲方现实点,或者追加预算,或者考虑在有限的预算下能做哪些事情;在预算多需求少的情况下,报价时当然就不需要考虑预算的问题。

敲黑板

乙方报价,永远都不会只考虑单一因素,需要综合考虑成本、期望利润、市场行情、竞争态势、客户支付能力、市场策略、合作关系等各方面因素。

2.2.3　确定交付日期

所谓确定交付日期,就是确定系统什么时候可以交付甲方使用。很显然,这个要看乙方的开发、实施团队战力。资源充裕、能力强,就做得快;资源紧张、能力弱,就做得慢。

然而,在售前阶段,大部分情况下,交付日期的确定跟乙方团队的研发、实施能力并没有太大的关系。关键不在于乙方需要多久能做出来,而在于甲方能接受多久交付。

当然,也不是说售前人员可以跟甲方胡吹。团队需要半年的时间,却告诉甲方需要半个月;团队需要两个月时间,你告诉甲方需要两周。单子是顺利签下了,但实施的时候该怎么向甲方交代呢?实施项目做多了,总会遇到几个这种靠胡吹交付日期签下的项目。一旦确定这个项目不可能如期完成,实施者应该第一时间在甲方那边采取行动,如让甲方降低对交付日期的关注度,说服甲方接受现实等。

有些项目,甲方并不过分关注项目交付日期,只是需要乙方制订一个工作计划,跟相关领导能有个交代,这时候宁可将交付日期确认长一点,好给实施留下充足的时间。有些项目,甲方对交付日期的要求非常严格,过期会对项目产生严重的负面影响,甚至可能导致这个项目没有存在意义,例如,某大学要做个迎新系统用于接待新生入学,如果不能在新生报到之前做出来,这个系统就没有意义。

另外,甲方对项目交付日期也是有个接受范围的,并不是时间越短就越能得到甲方的认可。例如,跑到某大型集团公司销售 ERP 系统,告诉甲方一两周就可以实施完成,大概只能被人家嗤之以鼻,讥笑为大外行,这个单子就别想谈下去了。

售前顾问老李谈了一个定制项目,甲方问工期大概需要多久。老李研究了甲方的需求,按照公司项目团队的能力,正常情况下开发需要一个月左右。但老李想到,这个需求中大部分功能在别的客户那边都是实现过的,只要复制后做少量的修改和联调就行了,估计顶多一周的时间就能搞定,加班突击一下,三四天就能弄完了。

老李说:“最多一周,如果你们急用,只要三天!”

甲方对接人觉得有些不可思议:“三天?不可能吧?你们有现成的产品?”

老李摇摇头:“没有没有,要知道我们团队的战斗力是无限的!”老李没敢说他们可以复制代码,因为怕甲方压价。

不幸的是,最终甲方把他们踢出局了,因为这个“只要三天”的说法让他们觉得匪夷所思,觉得简直是胡说八道,他们不愿意跟一个感觉不靠谱的公司合作。

对售前人员来说,如何衡量团队的战力貌似比估算甲方的接受程度要难得多。自然而然的处理方式是找到相关团队的负责人,介绍一下项目情况,然后请教大概需要多久,然后就得到了一个答复。然而,事情并没有想象得那么简单,我们来解读一下一些常见的研发答复。

答复一:你要把需求调研清楚,我才能告诉你工作量和交付日期,这个需求不明确,我无法回答你。

解读：售前不是活神仙，在售前阶段把需求弄得那么准确几乎不可能办到。对研发人员来说，讲究的是精确，玩的是"丁是丁卯是卯"，你不确定需求，让我给你算工作量，我做不到，请不要勉强我；对于售前人员来说，讲究的心理战，玩的是博弈，工作量不确定也要强估个工作量出来，偏要勉强！

答复二：这个很简单，顶多三天。

解读：有些人天生是乐观主义者，他们估出的工作时间总是比实际少得多，也许只考虑编码的工作量，不考虑设计、测试、实施的工作量。甚至在编码工作量中，也可能只考虑核心代码的工作量，而忽略掉其他看上去不重要但不可或缺的工作量。

答复三：这个需求这么复杂，怎么着也得半年吧？

解读：有些人非常谨慎，永远都不会把自己逼上绝路，喜欢给自己留下很多的机动时间，看上去三天的工作量，他一定会说一周，看上去三个月的工作量，他一定会说半年，反正说少了到时候搞不定，可能会承担责任，而说多了，自己的时间就很充足，可以优哉游哉地把项目做完，如能提前完成，还会脸上有光。

答复四：这个项目，如果你要做得很完美，需要三个月；如果只想应付甲方的需求，需要一个月。

解读：几乎所有的事情都是这个道理，"做好"比"做完"需要付出更多的代价，仅仅应付差事式地满足甲方的要求容易，而要让系统各方面都优秀就难了，需要付出多得多的时间、精力。

敲黑板

　　售前跟客户确认交期需要综合考虑多方面的因素，优先考虑客户的期望，考虑如何确定交期才能有利于成交，然后需要跟研发团队一起讨论。交期自然主要应该由研发团队确定，但研发团队必须以有利于项目成交为出发点思考问题。例如，研发团队认为需要 2 个月的时间，但客户要求必须在 1 个月之内上线，那么思考的出发点应该是：如何做才能满足 1 个月上线的要求，如何寻找新资源，如何安排人手，如何编排计划，等等。总之，要尽最大的努力创造满足客户要求的条件，不到万不得已不要轻言做不到，否则市场是无情的，这个团队迟早会被市场抛弃。

第3章

思维导图

项 目 准 备

在售前人员完成签单后,实施人员就要着手准备启动项目了。

在项目启动之前,需要从售前工作开始对项目的背景有个全面的了解,了解合同、协议的所有条款,了解售前人员是如何跟甲方沟通的,给甲方作了什么口头承诺,以及可能给当前项目挖的坑。

在启动项目之前还需要做好一些必不可少的准备工作,包括了解客户行业背景,跟这个项目相关的业务知识,熟悉对接人员等。

3.1 了解售前工作

3.1.1 研读售前文档

在售前工作过程中,甲乙双方会生成大量的文档,如立项报告、产品介绍材料、解决方案、报价单、招标书、投标书、合同、协议、调研报告、服务承诺、各种备忘录等。为了保证项目的大方向不会走偏,在项目启动之前,实施者需要积极地与售前人员做好沟通,尽可能了解售前的工作过程与成果,将售前文档搜集齐全,仔细研读,对这个项目的售前工作有个清晰的理解,从而为实施工作奠定良好的基础。

1. 项目背景

项目背景一般包括:甲方为什么会发起这个项目,他们遇到了什么问题,想从这个项目中获得什么,等等。甲方在启动项目之前,对未来多少总有些展望,例如,如何建立数字化管理体系,如何解决当前存在的管理问题,考察系统对当前工作的影响,等等。这种展望可能很具体,也可能很模糊,可能跟乙方的展望基本一致,也可能天差地别。通过对项目背景的了解,实施者需要尽可能感受甲方的展望,做到"知己知彼,百战不殆",如果甲方的展望跟乙方差别很大,就需要提前做好准备,在实施过程中,要么想办法逐渐改变甲方的期望,要么将项目引入一个可以满足甲方期望的方向。

2. 解决思路

条条大路通罗马,解决同一个问题,实现同一个目标,可以采用很多不同的方式和解决思路。售前人员在跟甲方交流时,一定已经给出了某种解决问题的思路,这个思路或具体,或粗略,可能容易实现,也可能困难重重,但不管怎样,最后成交签约一定是围绕这个思路进行的。不得不说，站在实施的角度，这个思路确实不一定是最优的，有时候甚至会让实施者哭笑不得。然而，不管售前的解决思路如何，实施者一定要知道"先入为主"的力量，售前人员已经让甲方接受这个思路了，在后来的实施工作中，如果解决思路跟售前的思路不同，必然会面临甲方的责难。

因此，在启动项目之前，实施者需要通过研读售前文档，了解售前人员提出的解决思路，不管自己是不是接受这个思路，至少要知道这是一种甲方可以接受的思路，如果违背它你就要做好充分的准备。

3. 核心需求

售前人员在洽谈业务时，免不了要跟甲方谈到一些需求，如功能需求、性能需求、硬件需求等，有些是甲方自己提出来的，有些是售前人员通过引导激发出来的。

实施者通过对售前文档的研读，可以了解甲方大概需要系统提供什么功能，如果售前人员编写了规范的售前调研文档，实施者也许还可以弄清楚这些功能是由哪些部门与人员提出来的，这样可以为接下来的需求调研工作提供有效的工作指导。

要注意的是，售前文档中写下来的需求，只是甲方或者售前人员的认定，他们认为可以通过这些需求实现某种目标，不管是否真能实现，实施者需要自己做出判断。

4. 其他

售前工作非常复杂，留下来的售前文档必定多种多样，实施者可以从中获得非常多的有用信息，远不止上面提到的几种。例如：

- 通过售前人员跟甲方的沟通记录，了解甲方的主要联系人与核心成员，以及每个核心成员的想法与期望。
- 通过功能报价单，了解不同功能在甲方或售前人员心目中的权重，以便在设计功能逻辑时对复杂程度有个提前预判。当然，这个预判不一定准确。
- 通过会议纪要，了解甲方高层（特别是一把手）对项目的重视程度。如果项目规模庞大、牵涉岗位众多，没有高层重视，项目走向会很危险。

3.1.2　理解各种协议条款

在所有售前工作的交付物中，对实施影响最大的自然是各种协议及合同了。原因很简单，其他的材料只是宣传或引导用的，协议才具有法律效力。实施是项目的售中过程，是履行协议的过程，因此，在实施过程中，实施者要非常熟悉这个项目的协议，要深刻理解那些跟实施有关的条款。

一般来说，跟实施密切相关的条款包括：采购需求、项目交期、价格、支付条件、验收方式、关系方、其他等。

1. 采购需求

对于一个规范的项目，甲乙双方总要在签订的协议中写下甲方的采购需求，也就是甲方对准备采购的产品及服务的具体要求。

由于IT项目服务内容的不确定性，系统最后交付时，不大可能完全符合协议中描述的采购需求。但实施者必须知道，协议中的采购需求是甲方对这个项目的基本要求，如果项目成果跟这个不一致，一定要有充分的理由，并做好应付甲方核查的准备，否则可能会给项目验收带来很大的麻烦，后面讲验收时还会探讨这个问题。

2. 项目交期

实施者作为项目推进人员,关注交期是不言而喻的职业素养,因此在着手启动项目之前,一定要弄清楚甲方对这个项目的交期的具体要求。

大部分项目协议都会有明确的交期要求,不过要注意的是,不同协议对交期的定义可能是不同的:一是系统上线日期,二是系统验收通过的日期。前者指系统开发完成部署,可以供甲方使用的日期,后者指系统满足了甲方的要求,通过甲方验收的日期。

对于乙方来说,通过验收的难度要远远大于系统上线的难度,上线只是开发、部署、安装完成,通过验收才算是得到了甲方的认可。做项目实施的都知道,这两者之间的差别是巨大的。

3. 价格

IT项目的价格一般包括硬件、软件、服务的价格。本书重点讲述软件实施,所以就不讨论硬件了。

协议中的价格可能包括很多价格元素,如功能、任务、工作量等,如果将项目价格看作一个函数,项目总价是因变量,这些价格元素是自变量。

1) 软件功能

有些费用是根据功能收取的,也就是将软件开发工作拆分成若干功能,然后在协议中写明每个功能多少钱。例如某ERP系统,总共包括采购、销售、库存、计划、生产、质量、财务等多个模块,乙方在销售系统时,让甲方选择使用哪些模块,每个模块都有固定的价格,甲方要买的模块越多,价格就越高。

一般在以定制开发为主的项目中,功能决定价格是很常见的,因为定制开发的成本跟功能的复杂程度息息相关,根据功能来收费显得非常合理。

2) 任务

有些费用是根据完成的任务收取的,例如,实施、数据迁移、上门服务等。

3) 工作量

有些费用是根据乙方投入的工作量收取的。在项目协议中,如果出现跟工作量相关的价格因素,一般会根据"人·月"(或"人·日")计算,例如,开发需要投入 10 个人·月,每个人·月单价 30 000 元,那么根据工作量就需要收取 300 000 元。

小知识

"人·月"或"人·日"是IT行业常用的工作量计量单位,一个"人·月"指一个人工作一个月,一个"人·日"指一个人工作一天。

4) 用户数

有些费用是根据用户数收取的,也就是根据甲方需要使用系统的用户人数确定价格。用户数一般分两种:一种是总用户数,就是甲方使用系统的总人数;另一种是并发用户数,就是可以同时使用系统的用户数。

5) 服务时长

有些费用是根据乙方提供服务的时间长度收取的。例如,很多 SaaS 软件平台,客户可以"租用"软件系统,用一个月就付一个月的钱,用一年就付一年的钱。再比如,大部分软件项目,当乙方需要收取维护费时,都会根据服务时间收取,如"每年收取项目总额的15%作为年维护费"。

例如,某项目合同的价格条款如表3-1所示。

表3-1 某项目合同中的价格条款

费用类别	费 项	金额/元	备 注
平台搭建费		20 000	包括平台搭建,基础功能部署等
功能费	个人办公	25 000	
	内部审批	12 000	
	公文管理	38 000	
	知识管理	20 000	
	办公物品管理	15 000	
	图书管理	5 000	
	档案管理	20 000	
项目实施费		30 000	根据实施顾问上门服务天数计算,2 000元/人·日,预计需要15人·日,超过部分由乙方自理
数据迁移费		10 000	将甲方原来管理系统中的档案记录、公文记录迁移到本系统
用户使用费		0	允许300个用户使用系统,超过部分,每年收取200元/人的用户使用费
维护费		40 000	提供三年的系统维护支持。验收后免费维护一年,免费维护期满后每年收取20 000元维护费
合计		235 000	

实施者在面对项目的价格时,比较容易犯两种常见的错误,在工作过程中要注意避免。

(1) 不关心价格。

实施者不关心价格,觉得自己的任务就是将项目实施完成通过验收。他们通常认为,既然价格多少都不会左右自己为甲方做好服务的心,为什么要去关心价格呢?还有些实施者认为,公司每个月给自己发固定工资,至于项目款金额多少,回款情况如何,跟自己的收入完全无关。

实施者要时刻保持清醒的头脑:自己辛辛苦苦到甲方做项目,是为了给公司挣钱的,做好项目只是你为公司挣钱的手段。明白了这个道理,自然就知道不关心价格是多么不明智了,你的工作目标就是为了完成销售实现回款,怎么能无视协议中的价格条款呢?很多时候,实施者的工作安排应该紧扣价格条款。例如前面案例中的"根据实施顾问上门服务天数计算,2 000元/(人·日),预计需要15人·日,超过部分由乙方自理",实施者看到这个条款后,就应该根据它安排自己的行程,如果在甲方那边工作超过15天了,那就尽量远程解决问题,毕竟超过15天后,甲方是不会再追加实施费的,能远程解决的问题就没必要上门服务了,何必将时间浪费在路上。

(2) 过于关心价格。

实施者过于关心价格,干什么都要围绕价格展开,将价格条款作为自己的指路明灯,对价格太过偏执。

其实在很多情况下,售前在进行报价时是有很多策略的,重要的是项目款总金额,至于具体采用哪些价格元素,要根据甲方和项目的具体情况见机行事,关键看甲方能不能接受。

报价是个心理战,售前自然希望报价方式符合甲方的期望,这样才更有可能成交,如果报价方式不对,再便宜人家也未必会买。例如,有些甲方只认工作成果,按照工作量报价,人家就不会认可;有些甲方只关心如何建立一个综合的数字化管理体系,按照功能报价,对方肯定也不能接受。

所以,实施者如果偏执地对待每一项价格元素,而不去关心售前如此报价的真正原因,有可能会弄巧成拙。

项目实施经理赵峰最近有点烦。

他在甲方那里做一个 OA 项目,其中有个用户权限角色管理的功能。甲方提出要将岗位与角色关联,岗位很多信息的变化,需要同时反映到角色以及跟角色相关联的用户中,这显然会带来很多额外的开发工作量。

赵峰查看了合同,发现售前在报价时,岗位管理功能只报了 600 元,角色管理功能一分钱都没有报。这让他很恼火,拿着合同跟甲方对接人沟通:"王总,您看看,这两个功能我们一共才收了 600 块钱,让我们干这么多工作,我们要赔死啊。"

王总:"这我不管,这个项目可不是我跟你们售前人员谈的价钱,我只负责跟你对接公司的 OA 需求。"

赵峰回来找售前老李。

老李说:"其实吧,在售前的时候我就知道他们需要做这种开发,但我还是决定将这两个功能的价格压得很低。"

赵峰气愤地说:"傻啊,反正不用你开发是吧?"

老李拍拍他的肩膀说:"别急别急,听我跟你说说道理。"

赵峰:"你说!你说!"

老李:"这是个以定制为主的项目,我们的成本主要是开发费用,所以我报价的时候主要根据工作量。"

赵峰:"那你还报个 600 块钱!你说说 600 块钱够开发什么?"

老李:"但你要知道,售前人员工作的重点是打动甲方,从各方面打动甲方,报价是其中非常重要的一环。对售前人员来说,某个功能实际值多少钱,其实远远不如甲方觉得它值多少钱来得重要。"

赵峰若有所悟。

老李继续说:"你看这种岗位管理、角色管理、用户管理、系统登录之类的功能,甲方在很多系统都见过,都大同小异。在甲方的心目中,这种功能每个软件公司都应该有现成的代码,根本不需要开发,你要报多了他们绝对无法接受,这生意也谈不成了。为了一点蝇头小利牺牲一个单子,不值得吧?"

赵峰点点头,沉默了一会:"就算这些功能都是我们现成的功能,可以不收钱,但是你收的这 600 块钱,显然也不够定制开发的啊。"

老李:"这个就牵涉报价心理了。你想想,对于他们的需求,你们一个程序员 2 天可以干完吧?"

赵峰:"嗯,大概是这个工作量。"

老李:"一个初级程序员,一天工资 300 块钱够了吧?"

赵峰:"这不对吧?账可不是这么个算法!事情又不是仅靠程序员就能做完的,还有实施、需求、测试、美工、管理人员,等等,还有社保、管理费用,这些不需要钱吗?"

老李:"是的,这些道理我很明白,但甲方看工作量时一般才不会考虑这些,他们只看到程序员的工资。"

赵峰有些困惑。

老李:"这是个非常清楚的需求,大概多少工作量甲乙双方都心中有数。可是还有很多别的不清楚的需求,究竟会产生多少工作量,甲方心中根本没底。如果你来报价,你会如何报?"

赵峰想了一会,恍然大悟道:"好家伙,够贼啊,大家都清楚工作量的需求,就将价格压得低一点,让甲方在心理上觉得我们的价格是非常实在的,然后将牺牲的价格在甲方不清楚工作量的需求上弥补回来。我说呢,怎么一个集成的工作流引擎报得那么贵。唉,我还想通过功能价格来控制需求,看来是有些幼稚了。"

4. 支付条件

支付条件就是当满足什么条件时甲方才会付款。一般项目协议中都有关于支付条件的表述,例如合同签订后支付多少钱,验收后支付多少钱之类。根据支付条件不同,可以将项目款分成几部分:

1) 预付款

在项目启动之前,甲方需要支付的款项。例如,某项目协议规定:"在协议签订 5 个工作日内,甲方需要向乙方支付项目总额的 30% 作为预付款。"

2) 进度款

项目进行过程中,甲方根据项目进度向乙方支付的款项。一般来说,有进度款的项目都是规模较大、持续时间较长的项目,甲方如果不在项目进行的过程中支付进度款,就会给乙方带来较大的风险与资金压力。

3) 结算款

项目完成后,根据项目的实际情况,结合价格条款计算出的甲方应该支付的项目余款。大部分情况下会约定在项目通过验收后支付。

4) 质保款

为了保证乙方可以提供良好的持续服务,可能会留下一小部分款项(一般为 5%~10%,延迟 1~2 年),等质保期满支付。

某项目协议中的支付条款

本项目总额 120 万元。

项目合同签订后 10 个工作日内,甲方支付项目总额的 30% 作为预付款,即 360 000 元,大写参拾陆万元整。(预付款)

乙方完成需求分析、原型设计,得到甲方的书面确认后,甲方需要在 5 个工作日内支付项目总额的 20%,即 240 000 元,大写贰拾肆万元整。(进度款)

系统上线并验收通过,双方签署项目验收单后,甲方需要在 5 个工作日内支付项目总额的 40%,即 480 000 元,大写肆拾捌万元整。如果在项目实施过程中,发生需求变更、功能增减等影响项目金额的事项,凭双方签字确认的单据一起结算。(结算款)

系统验收后进入维护期,维护期满一年后,甲方需要在 5 个工作日内支付项目尾款,即

120 000 元,大写壹拾贰万元整。(质保款)

5. 验收方法

很多项目会在协议中写明最终如何验收项目,如何组建验收团队,要不要分初验、过程验收、终验等步骤,验收的流程是什么,采用什么标准验收,填写什么验收单据,等等。一般协议中规定验收方法的项目都是比较规范的项目。

对实施者来说,有明确的验收方法,会大大降低项目的实施难度。相信做过项目的读者都清楚,项目验收是一道难关,最麻烦的是不知道应该做成什么样子才能通过验收。如果有明确的验收方法,事情就容易多了,因为有了明确的标杆,项目是不是满足要求,只看是不是符合这个标杆。甲方要是不同意验收,至少要说出乙方做出来的成果跟这个标杆的差别在哪,整改起来就可以有的放矢。

当然,也有很多奇怪的项目,明明协议中规定了验收方法,但真正到验收时,还是甲方相关人员一句话的事情,才不管协议中的什么验收标准、验收流程呢。这种没有契约精神的甲方,会让实施者非常头痛,后文讲验收时还会讲到,这里就不多说了。

6. 关系方

很多项目,签订协议的不止甲方、乙方,还有跟这个项目相关的第三方(一般称为"丙方"),甚至还有可能存在第四方或第五方。如果第三方跟这个项目只是商务关系,对项目的实施过程没有实质性的影响,那么对实施者的工作影响不大,例如,某运营商与乙方一起,跟甲方签了个三方协议,运营商负责提供网络支持,乙方负责软件开发。在这种情况下,实施者只要关注网络通不通就行了,其他事情基本就不需要考虑第三方的事情。但有的时候,第三方跟项目实施关系密切,需要深度合作才能把项目做好,例如,某物联网项目,乙、丙双方跟甲方签订了一份三方合同,乙方负责软件,丙方负责物联网感应器集成,这种项目就需要双方精诚合作,随时保持沟通才能做好,如果不注意协作,只是闷头干自己的事情,很可能会给项目带来意想不到的风险。

7. 其他

当然,实施者需要关注的协议条款并不仅仅包括上面这些,还有很多其他可能会对实施工作产生影响的条款。例如,是不是有关于现场服务的强制要求,差旅费由谁承担,是不是对数据保密有特殊要求,是不是需要甲方提供办公场所,是不是需要什么特殊的设备,是不是需要提供特殊的交付物,等等。

3.1.3 了解售前可能挖下的坑

售前不是搞实施的,对项目实施的理解未必跟实施者一样,他们在跟甲方进行沟通的过程中,难免会犯一些错误,说错一些话,提供一些错误的建议等。有些错误很小,只要跟甲方稍加沟通,一笑置之就算了;而有些错误可能会对项目实施产生重大影响,可能会让实施者头痛不已。另外,售前人员为了签下订单完成业绩,有时候不得不说些大话,承诺一些很难实现的功能,这些都有可能给项目实施带来风险。

实施者在项目启动前应该跟售前人员做深入沟通,尽可能了解售前人员给项目实施造成的潜在隐患,提前做好准备,有目的地采取一些措施,不至于让甲方产生强烈的失望情绪,最终导致项目失败。下面列举了一些常见的售前陷阱,都是笔者在工作过程中遇到过的,希望能对实施者有一定的警醒作用。

1. 让甲方怀着不切实际的幻想

售前人员在工作过程中,一般都需要跟甲方描绘使用系统后的美妙场景:能给甲方带来什么收益,可以解决什么问题,可以打造什么核心竞争力,等等。为了吸引甲方,为了强调自己优于其他竞争对手,售前人员往往会夸大其词,采用一些充满诱惑力的语句。清醒的甲方自然也知道,售前只是宣传而已,宣传跟真正实现之间是有差距的,不能太较真。但有的时候,某些售前人员确实太过分,信口开河,吹牛吹过了头。

大部分甲方并没有雇佣很厉害的 IT 专业人士,所以对 IT 系统的理解并不深刻,很难搞清楚售前人员的描述中哪些是可以真正实现的,哪些是不可能实现的。越是不懂行的甲方,越容易被那些梦幻般的言辞所吸引,最终签单的乙方很可能是最会吹牛的供应商。

在这种情况下去实施项目,无论乙方怎么努力,甲方都不会开心,因为梦幻总是非常容易被现实击碎。如果实施者发现甲方对项目的认知确实存在某种不切实际的幻想,就需要提前做好准备,在工作中一有机会就要不遗余力地给甲方灌输正确的理念,让甲方逐步接受现实,放弃幻想。

2. 提供错误的解决思路

售前工作总要阐述如何帮甲方解决问题,提供解决各种问题的思路。当然,售前工作的重点是说服甲方相信乙方可以帮他们解决问题,因此,这些思路是不是正确,对于售前来说并不重要,重要的是能不能打动甲方,能不能赢得甲方的信任。

有经验的售前人员心中都非常清楚:我只是想增强甲方的信任感,而不是让团队真去这样解决问题。因此,售前高手在谈到如何解决问题时,在某些不能肯定的关键点,一般会使用一些含糊的措辞,给实施留下足够的发挥空间。如果售前人员不明白这个道理,随便提供一些错误的思路,就会给项目实施带来麻烦。甲方有时并不计较,只要能解决问题就行,怎么干不重要,但有时甲方就会较真,甚至甲方被售前的错误思路所误导,提前布局,弄得实施人员没法收场。

项目实施经理赵峰在某工厂实施一款生产管理系统。他研究了车间的工作方式后,决定根据操作台的位置设置多个数据采集点,这样操作人员可以就近使用系统,录入数据也会更及时。

但没想到,甲方项目经理说道:"你们的售前人员小张让我们在车间专门开辟一个玻璃隔间做数据统计室,我们都装修完了,工位都排好了,你现在又让我们这么搞,什么意思啊?这说不过去吧?"

赵峰的内心是崩溃的:是有些说不过去,容我回去把小张撕碎了再来谈这个事情。

3. 引向团队不希望的方向

有些售前人员对本公司的技术、团队、优劣势等没有清楚的认知,跟甲方沟通时只会根据自己有限的经验随意发挥,给甲方留下错误的认知,给自己团队制造障碍。例如,团队研发是用.NET 开发的,却告诉甲方可以支持 Java;数据库只支持 SQL Server,却告诉甲方可以支持 MySQL;团队研发人员根本抽不开身,却告诉甲方可以驻场开发,等等。

售前人员小张刚入职不久,公司最近售前太忙抽不出人手来,有个重要的项目需要售前人员支持,就派小张去了。

交流的时候,甲方某个技术人员问乙方的服务端程序是用什么开发的,小张随口说

Python,一来觉得这门语言现在很热门,说出来很有些面子,二来觉得这事情不重要,到时候反正给你上软件,你管我是用什么语言写的呢,所以也没有跟研发团队确认。

项目实施经理赵峰并不知道售前人员跟对方说过这个(说实话,简直做梦都想不到售前人员会这么跟人家胡说,因为自家公司可从来没有用过 Python 做开发),自然不会提前做这方面的应对工作。直到系统上线验收的时候,甲方却拒绝验收,因为乙方提交的软件代码是用 Java 写的。甲方说,当初你们说用 Python 开发,我们为了这个系统,特意让我们的程序员学了好几个月的 Python,现在你们给我们用 Java 写的程序,实在不能接受。

4. 签下无法做到的条款

售前为了能打动甲方,往往会夸大系统带来的效果,例如,能够带来多少销售收入,能够将成本降低多少,能够减少多少积压资金,能够提高多少工作效率,能够节省多少资源,等等。类似的描述几乎每个供应商都会说几句的。没办法,你不说你就第一个被淘汰。一般来说甲方也不会太当真,大家都心知肚明,所谓系统带来的效果,只能说是系统对目标实现有一定的帮助,究竟能不能实现,涉及的因素太多,远远不是乙方能够完全左右的。

售前人员也许会在口头上大胆许诺,答应甲方一些不切实际的要求,但一般不会将这种许诺写在协议里。因为只要出现在协议条款中,就意味着乙方需要对其负全部责任。如果最终不能实现,甲方就有充分的理由不验收、不付款。不过售前人员有时也会犯错误,签下一些乙方无法履行的条款。

对实施者来说,在项目启动前就应该认真研读协议中的每项条款。对于那些可能不受乙方控制的条款,要及时甄别,提前做好预案。甚至有些条款是注定不可能实现的,对此实施者要尽力做通甲方工作,让甲方接受现实。

在某个项目中,售前人员李明是个人才。在跟甲方沟通的过程中,他凭着自己流利的口才、快速的反应能力、出色的解决问题的能力赢得了甲方的尊重,深得甲方老板赏识。

到了商务谈判阶段,甲方老板要求李明自己来实施项目。李明知道自己的强项在于搞售前工作,实施并非所长,而且公司现在正缺人手做售前呢,只好婉拒甲方。但甲方老板非常坚持,说跟李明有眼缘,除非他自己来实施,否则项目免谈,宁愿跟他们的竞争对手 C 公司签约。

李明跟公司领导请示,领导明知这样不妥,但为了能拿下单子,就同意了,计划到时候派其他实施经理跟李明一起去启动项目,在甲方那边作为李明名义上的助手,一旦项目启动后,就把李明撤回来做售前,工作还是由实施经理负责,李明只做个挂名项目经理。

签合同时,甲方老板坚持要把"由李明来实施项目"的要求写到合同中去。李明想反正自己是真打算来的,无所谓,写就写吧。

然而,签完合同不久,李明跟公司领导不知道什么原因闹崩了,愤然辞职,跑到竞争对手 C 公司去了。

公司只好派赵峰去实施项目,当他看到合同中有"本项目需要由李明担任项目经理"这个条款时,知道麻烦来了。

5. 随意做出口头承诺

售前随便许诺,哪怕没有写到协议条款中,也可能会给项目实施带来麻烦,因为当甲方最终发现项目的实际效果跟售前人员的描述天差地别时,会产生强烈的失望情绪,这种情绪会让项目验收极其困难。

因此，实施者在项目启动前，应该跟售前人员沟通交流，尽量了解售前跟甲方是如何沟通的，有没有做出过什么不切实际的口头承诺，提前做好应对准备。当然，售前人员很可能会因为担心被领导批评，被同事指责，未必会好好配合。

6．过度迷恋商务关系

有些售前人员跟甲方建立了一种密切的商务关系，甚至可能跟相关决策者有利益往来，所以在跟甲方沟通的过程中并不真正关心项目要实现什么，也不认真商谈、推敲合同、协议条款，总觉得反正跟甲方关系好，到时候凭私人感情就能把验收的事情搞定。

说实话，对实施者来说，实施这种项目相对要容易一些，毕竟验收的时候甲方不会要求太严，只要大概过得去，不给相关领导丢人就行。然而，这种项目却有一个巨大的风险，就是乙方搞关系的售前人员可能会离职，或者被乙方搞定的某个甲方人员会离职（也可能因为工作调动的原因不负责这件事了）。这样就非常麻烦了，由于当初在售前的时候，双方并没有好好做方案，并没有认真在合同中界定工作内容、付款方式等，一旦没有了商务关系支持，实施工作自然就会非常被动了。

7．不讲职业道德

有些售前人员，可以为了一己私利，签一些几乎不可能成功实施的项目合同，缺少基本的职业道德。例如，年底为了完成业绩指标，在某个关系好的甲方人员配合下，签一个不是为了做项目而只是为了凑数字的合同；明知是自己公司不接的项目，还是坚持跟甲方签合同；明知这个项目是团队做不了的，只想骗点预付款回来，等等。

3.2　了解甲乙双方

实施者在启动项目之前，需要尽可能了解甲乙双方跟本项目相关的信息，例如，甲方相关领域的业务知识、甲方相关领域进行数字化管理的特点、甲方的管理特点、乙方做项目是不是还有赚钱之外的目标等。

3.2.1　了解甲方

实施者在准备启动项目之前，需要尽自己所能充分了解甲方的相关信息，如组织规模、业界地位、行业业务知识、经营管理特点等。对甲方了解得越多，沟通起来就越容易。这样做有几个好处：首先，不会被甲方的各种术语弄糊涂；其次，可以更容易理解甲方的想法；最后，树立自己"懂行"的良好形象，可以提升自己的威望。如果实施者对甲方一无所知，业务不熟悉，术语听不懂，管理不清楚，人员不认识，就贸然跑过去启动项目，风险是很大的。更为重要的是，会让甲方失去对实施者的尊重。原因很简单，换位思考下，如果你是甲方人员，看到来了个小白，什么都要问，什么都不懂，一问三不知，你还会尊重他吗？作为实施者，建立自己在甲方心目中的威望是非常重要的（后文会详细讨论这个问题），如果给甲方留下糟糕的第一印象，后面想翻身的难度就大了。

1．了解甲方的行业特点

了解甲方，先从了解甲方所处的行业开始。要到某工厂实施 MES 项目，如果对相关领域的加工制造流程不了解，简直寸步难行；到政府部门实施电子政务系统，如果对政府机构的工作流程和工作习惯一无所知,就会步步荆棘;到医院实施 HIS 系统,如果对医院的业务知识知之甚少,甚至从来没有到医院正经地看过病,恐怕很难实施成功……因此,无论实施什么项目,了解跟项目相关的业务知识都是非常重要的。

所谓业务知识,就是甲方相关领域的各种专业知识。甲方人员在从事生产、经营、管理、贸易等工作的过程中,每天都在使用行业相关的各种知识,如果没有这些知识,所有的业务都不可能开展下去。实施者在甲方实施项目的过程中,需要跟甲方相关岗位的工作人员沟通交流,围绕他们的工作展开。如果对这个行业不了解,可想而知,这个沟通过程会多么痛苦。你痛苦,因为听不懂,对方痛苦,因为觉得在对牛弹琴。

作为实施者,到甲方来的主要价值就是借助 IT 技术改善甲方相关领域的管理工作,遇到那种复杂的领域,如果不懂业务,想弄明白人家是如何工作的已经非常艰难了,还怎么帮助别人改善管理呢?

实施者在启动项目之前,如果对甲方的行业不熟悉,对甲方的业务不了解,就需要先做好功课,从各方面搜集资料,向高人咨询请教,不断充实自己,至少做到能够跟甲方人员针对他们的管理工作进行无碍交流,不要让别人觉得你就是个实习生,啥也不懂,跑到这里来不是来帮助我们的,是来偷学的。要注意的是,这里所说的行业、业务,并不一定就是甲方的主营业务,而是跟这个项目相关的领域,例如,到某工厂去实施 OA 系统,就不需要去了解他们车间的生产知识,到某医院实施人力资源管理系统,就不需要了解太多的医院运作流程。

一般实施者会实施各种不同的项目,会接触各行各业,不可能对每个行业都熟悉,因此需要锻炼出快速学习与理解业务的能力,能够在短时期内了解甲方业务,这样才能适应不同项目的挑战。

随着时间的推移,实施的项目越来越多,实施者所拥有的不同行业的业务知识也会越来越多,这种经验积累,会让自己在相关领域的实施能力得到极大的发展。有些实施者专攻某特定行业的数字化管理,例如,有人专做服装行业,有人专做医疗行业,有人专做汽车行业,等等。对于这类实施者来说,由于长期浸淫在这个行业,经过多年的积累,对于这个行业的了解已经相当深入,实施项目时就会有很大的优势,这也算是这部分实施者的职场核心竞争力。对于有些业务复杂的行业,如果没有长期的经验积累,几乎不能成功实施。

2. 了解甲方行业数字化管理的特点

实施者在了解完甲方相关领域的行业特点后,还要了解在这个行业中进行数字化管理的具体特点,例如,一般会产生哪些业务数据,如何在信息系统中表达业务,有什么难点和风险等。这些知识可以为项目实施提供帮助,少走弯路,少犯错误,增加成功率。当然,这种知识不像业务知识那么容易找到,毕竟这方面的从业人数可能非常有限。实施者需要知道,不管准备实施的项目属于哪个行业,都可以找到很多耕植该领域的前辈,愿意总结经验的大有人在,只要肯检索,肯向前辈请教,总能获得一些有用的信息。

某位长期从事纺织企业信息化管理工作的实施者,对纺织企业库存信息的特点总结如下:

一般对库存信息的管理可以分物料、批次、元件三个层次,仅仅针对物料层次的库存信息管理是远远不能满足纺织企业要求的,一般要管理到批次层次,甚至要管理到元件层次。

物料层次是指对库存物料的信息管理,只要管理到物料品种,而不需要管理入库批次信息。比如对机器零件的管理,针对某一种零件,只要管理到这种零件的仓库库存数量即可,不需要管理到入库批次,因为在工作过程中认为这种零件的每一个体都具有相同的属性(不管是哪一批进货的),完全可以在机器维修的时候通用。

批次层次是指对库存物料的信息管理,需要管理到物料的不同批次。只有属性完全相同,在生产过程中可以通用的物料才可以算作同一个批次。注意,这里的批次与财务会计中需要采用某种计价方法(如先进先出)而按时间顺序进行的批次管理是有本质区别的。

以纱的管理为例。对纱的库存管理很少仅仅满足于管理到物料品种,即仅仅管理每个纱种的库存情况(例如,可以提供信息"全棉 40 支单股纱库存量 30 吨"),而是至少需要管理到纱的批次,技术人员认为相同批次的纱才可以通用。虽然是相同品种的纱(如全棉 40 支单股纱),但不同批次之间可能质量、技术指标差别很大(如强力、条干、实际粗细等),如果不在 IT 系统中区分开来,这样的库存数据对生产、计划管理来说作用极其有限。

元件层次是指对库存物料的信息管理,需要精确到每一个体,如一个筒子、一根轴、一匹布卷等,管理中认为这种物料的每一个体都是特别的,有着不同的属性。

3. 了解甲方的管理特点

在项目启动之前,实施者应该通过各种渠道(如翻阅售前文档、查看甲方官网、咨询熟悉的人员等)了解甲方的管理特点,例如,甲方的组织结构,项目相关的岗位及管理要求,各自的工作职责,等等。当然,在正式进入甲方现场启动项目之前,要获得这类信息是有些难度的,因为项目还没有启动,不大容易找到真正熟悉情况的人跟你讲解。为了尽早了解甲方的管理特点,在项目启动前,可以考虑先做一个调查问卷,让甲方对接人安排相关人员回答。

项目实施经理赵峰准备到甲方实施人力资源管理系统,项目还没有启动,为了提前了解甲方人力资源管理的相关工作,他做了一份调查问卷给甲方的人力资源部经理:

(1) 贵司包括哪些部门?请画出贵司的组织架构图,写明每个部门的主管。

(2) 人力资源部的主要工作内容包括哪些?

(3) 贵司有哪些岗位?每个岗位的职责是什么?

(4) 每个岗位的人数有多少?构成情况如何,比如学历、性别等?

(5) 每个岗位的工作需要什么信息?输出了什么信息?

(6) 每个岗位的工作任务从哪里来?发布任务者通过什么方式发布任务?

(7) 每个岗位完成工作任务时,会有明确的技术要求吗?如果有,这些技术要求是谁给的?怎么给的?

(8) 每个岗位需要对自己的工作完成情况进行汇报吗?如果需要,怎么汇报?什么时候汇报?向谁汇报?

(9) 人力资源部会产生哪些单据?简述这些单据的流动路径。

(10) 简述员工的入职流程,每个节点需要做哪些工作?

(11) 除了基本工资外,员工会有额外的薪酬(如计件工资、绩效工资、奖金、津贴等)吗?

这些薪酬发放的根据是什么？如果有计算公式，请列出详细的计算公式。

（12）贵司有员工考评机制吗？如果有，是怎么处理的？如果有计算公式，请列出详细的计算公式。

（13）针对员工的奖励机制有哪些？

（14）针对员工的惩罚机制有哪些？

4. 其他

其实，除了上面说的几点，还有很多跟甲方相关的各种事情需要提前了解。你了解的信息越多，对甲方越熟悉，去启动项目就会越自信，事情就会办得越顺利，例如：

（1）甲方规模如何？年营业额大概多少？

（2）甲方有多少员工？年龄、学历构成如何？

（3）甲方在本行业中地位如何？市场占有率大概有多少？

（4）甲方有没有做过类似的项目？

（5）甲方的信息化程度如何？有哪些在用的 IT 系统？

（6）这个系统甲方是第一次做，还是要升级原来的系统？或是要推翻旧系统？

（7）自己公司是第一次跟甲方做生意，还是有其他项目？如果有，那么其他项目的责任人对甲方有何评价？

（8）这个项目有没有第三方，第三方跟甲方是什么关系？

（9）甲方的对接人是谁？具体联系方式和主要负责的工作内容。

（10）甲方是不是最终客户？也就是说本项目是自己公司直接跟客户签的，还是被自己的甲方转包过来的？

（11）如果本项目是转包的，发包方跟客户关系如何？对验收有什么影响力？

3.2.2　了解乙方

了解乙方，这一点看上去有些奇怪，毕竟实施者是乙方的员工，有可能已经在这个公司待了好多年，还有什么不了解的呢？其实这里想说的是，在实施项目之前要了解乙方领导对这个项目的真实想法，签这个项目的目的是什么，要实现什么目标。

在很多时候，乙方跟甲方签个项目合同，并不仅仅是干活儿挣钱那么简单，有可能有其他更长远的目标，实施者在工作过程中自然不能忽视乙方的长远目标。下面这些情况都是作者在工作中遇到过的，写下来供读者参考：

（1）乙方并不想通过这个项目挣钱，只是想通过这个项目打造一款软件产品以占领市场。乙方自己没有这方面的业务专家，借这个项目可以获得用户的真实需求，这种来自一线的需求是一款管理软件产品最核心的生命力。

（2）甲方在所处的行业（或地域）有不俗的影响力，乙方希望通过这个项目打造典型案例，起到以点带面的作用，从而提高市场占有率。

（3）甲方是个规模巨大的集团公司，每年有大量的 IT 项目，乙方希望可以通过这个项目进入甲方的 IT 供应商行列，建立长久的合作关系，为源源不断的后续订单打下基础。

（4）乙方跟甲方属于合作关系，双方准备共同打造一款管理软件产品，面向的是最终用户，最终的收益来自这款产品的利润分成。在当前这个合同中，甲方只承担少部分开发成本。

（5）乙方老板欠着甲方老板的人情，做这个项目只是为了还人情，甚至连个马马虎虎的合同都没有。

（6）这个项目在某个领域内有很强的代表性，复制性很强，做完后很有推广价值。乙方不看重项目利润，看重的是可以复制推广。

（7）这个项目完全不在乙方的目标领域中，只是为了带来现金流才签的合同。乙方的目标很明确，希望做一锤子买卖，要想方设法保证这个项目利润的最大化。

第4章

思维导图

项 目 启 动

项目启动首先要组建团队,确定人员的构成、分工、职权等。

其次要制定项目实施相关的管理制度,明确在项目实施过程中如何进行工作,如何沟通,如何赏善罚恶,对一些重大事件如何决策,当意见不统一时如何拍板,等等。如果项目非常重要,规模庞大,那么建议编制一份项目章程,将相关要求明确写下来,并采用比较正规的方式发布。

再次,为了保证项目按期交付,以及统筹安排各种资源,并且在实施过程中检验工作成果,项目启动时需要制订项目计划。

如果项目非常重要,对甲方管理方式影响很大,需要参与的人很多,那么一定要召开正式的项目启动大会,这是项目启动的里程碑式事件。项目启动大会的主要目标包括:让项目组获得需要的权利,使与会人员端正对项目的态度,让与会人员对即将发生的事情有个基本预判。

4.1 组建团队

学过项目管理的读者都知道,要想实施好项目,首先得找到做项目的资源,如资金、物资、工具、人力等。对 IT 项目来说,最重要的资源就是人力资源了。项目实施者需要将获得的人力资源进行组织协调,组建成一个真正的团队,为实现共同的目标而奋斗。项目要想实施成功,需要甲乙双方相互配合,精诚团结,因此仅靠乙方人员是远远不够的,项目团队的构成应该同时包括甲方成员。

4.1.1 乙方成员

为了做好项目,需要很多岗位的人员协同工作,如需求分析师、软件开发工程师、硬件网络工程师、测试工程师、客服专员、施工人员等,这些人的技术能力与工作方式对项目的实施效果有决定性的影响。如何组织、协调这些人力资源是项目实施者必须面临的挑战。

组建团队从获得人力资源开始,不同的公司和项目,这个过程差别很大。有的时候找领导直接安排就行了,有的时候需要实施者自己物色人员,有的时候还需要动员关键人物加入自己的项目组。团队组建后,如果项目很重要,规模够大,就需要建立某种管理制度,保证项目顺利实施。管理制度一般包括成员组织架构、岗位职责、汇报方式、考评方式等。

在大部分情况下,项目组成员是临时组建的,因项目启动而生,因项目完成而散,全职的较少,兼职的多。一个人可能同时负责几个项目,你的项目重要,他就在你的项目上多花点时间;项目不重要,他就少花点时间。有的时候,你觉得一件事情非常重要而且紧急,可项目组成员却并不这样认为,坚持优先处理别的项目的事情,就是不听你的,因为你没有权力直接指挥他。

在组建团队时,实施者对自己所拥有的权力要有个清晰的认识:权力越大,事情做起来就越顺利;权力越小,受制约的因素就越多,实施的难度自然就越大。对于那种风险大的重点项目,实施者必须要获得足够的权力,权力要跟项目的重要性相称。如果项目很重要,可你的权力很小,那么实施风险会大大增加。

影响实施者权力的因素很多,例如,乙方组织方式、公司领导对项目的重视程度、乙方的工作习惯、项目特点、实施者在公司的威望与信誉等。根据对项目组成员的控制力的强弱,我们可以将实施者的权力大致分成三大类:指挥权、考核权、协调权。

1) 指挥权

所谓指挥权,就是实施者有权力直接安排项目组成员的工作,基本上不需要跟其他人商量。一般情况下,实施者是这类成员的直接或间接上级。例如,成员 A 是实施者的行政下级,他的工作都是实施者安排的,每天需要向实施者汇报工作,诸如考评、升级、调薪等一些影响到自己职场前途的关键事件,基本都由实施者决定;成员 B 是公司刚招的实习生,被安排来作为实施者的助理。

如果实施者对项目组成员都有指挥权,那么就意味着这个项目组的所有成员都是实施者的下属。在这种情况下,这些成员很可能只负责不多的几个项目,甚至只负责一个重要项目,这些项目的实施者是同一个人。这当然是非常理想的,也是很多实施者梦寐以求的事情,但这种机会可遇不可求,大部分乙方都做不到这一点。

有的公司为了给实施者提供充分的人员调动权力,提高项目实施成功率,在进行组织架构安排的时候,会放弃传统的"职能型"组织方式,而采用"任务型"组织方式。所谓"职能型"组织,就是将类似岗位的人员安排在同一部门,例如,将程序员安排在研发部,将测试人员安排在质量部,将客服人员安排在客服部。所谓"任务型"组织,就是为了完成某些任务进行组织结构的划分,将不同岗位的人安排在同一个部门,由任务负责人统一指挥。团队管理不是本书讲述的重点,故此不再赘述。

飞云科技最近正在进行组织架构的调整。

该公司大概有 100 多号人,业务部门包括销售部、售前支持部、项目管理部、产品部、研发部、质量部、客服部等。主要业务是面向政企客户的管理软件项目。一般的业务流程是,一旦销售部门签单后,合同会流转到项目管理部,项目管理部会指派一位项目经理负责项目实施,如果项目复杂,还会另外指派一个项目助理。项目经理会去找产品部的负责人,他会安排一位需求分析师配合项目经理工作。项目经理带需求分析师去甲方调研后,回来一起整理需求,设计系统,撰写设计文档,然后将设计成果给研发部,研发部负责人安排程序员开发、上线,然后质量部再安排人测试,最后,系统上线并验收通过后,实施人员会将项目相关资料移交给客服部,客服部负责项目的持续服务工作。

随着公司的发展,所签的项目越来越多,也越来越复杂,这种组织方式严重制约着项目的实施效果。因为实施者的权力太小,对各部门安排的人员没有指挥权,组织与协调非常麻烦,项目推进难度很大。而各部门的人,由于同时负责很多项目,对具体单个项目的认同感很小,只知道机械完成任务,缺少主观能动性。

领导发现这个问题后,就想进行一次公司组织架构的重组,实行项目经理负责制。也就是说,将需求分析师、程序员、测试员等按照一定的比例重新组合,成立几个项目部,由项目经理任部门主管,以后这个部门成员的所有工作就由项目经理统一安排,不管这个项目经理接了多少个项目,都由本部门处理。

这么做的好处是不言而喻的,项目经理方便调动资源,可以更有力地把握项目进度,而这些人每天在一起工作,也更容易有团队归属感,更容易形成团队向心力,更容易激发主观能动性。

当然,这么做也有一些缺点,例如,第一,各成员的工作量容易不均衡。某时间段,A很忙,B很闲,而在另一个时间段,A很闲,B很忙;第二,这种方式容易形成"作坊式"的管理方式,不利于公司的统一和规范管理;第三,团队技术能力的提升速度不如职能型的组织方式,特别是某些技术要求高的岗位,因为没有那么多同行一起切磋,或者公司的技术大拿不在本项目组,从而减缓了能力提升速度。

2)考核权

所谓考核权,是指实施者可以对项目成员做出考核评价,考核评价的结果对成员的薪资、升职、转正等有一定的影响。当然,这个影响可大可小,不同的公司有不同的处理方式。考核有很多方式,例如:

考评:实施者对项目组成员的各项表现做出评价,如工作量、工作质量、工作态度等。不同公司与团队可以根据自己的管理方式设计评价方式,常见的有打分、评级、排序等方式,一位实施高手,在做评价工作时都是非常谨慎的,会跟每位被评价者做好沟通,让他知道如此评价他的原因,以引导他按照实施者希望的方式工作。

奖励发放:公司根据项目效益发放项目奖金,由实施者在项目组成员之间进行分配。这种分配奖金的权力也算是考核的一种方式,分配奖金的数额自然代表着实施者对成员工作贡献、工作态度的认可程度。虽然这种考核方式直接跟成员的收入挂钩,但如果实施者不能很好地利用,对成员的控制力也未必比前一种方式强。设想一下,如果项目奖金占成员总收入的比例很低,如果大家拿到的奖金都非常接近平均数,如果表现好、贡献大的人并没有拿到更多的奖金,那么这种方式显然就不能发挥有效的激励作用。

口头评价:实施者对项目成员的表现做出口头评价,表达自己对成员工作表现的看法。这看上去确实算不上权力,其实不然,一切都要看实施者的评价对成员会有什么影响。如果公司在考虑调薪、升职等关系到项目成员重大利益的事项时,会去听取实施者对项目成员的口头评价,那么这个评价显然就非常重要了。

相信大家都能理解,考核权对项目组成员的控制力,要远远低于指挥权。道理很简单,如果实施者对于某成员仅拥有考核权,那么很可能这个成员属于很多项目,每个项目的实施者都会对他拥有考核权。一个人被很多人考核,意味着什么?权力被稀释了。

3)协调权

有太多的项目,实施者对绝大部分项目组成员没有任何领导权力可言,既没有指挥权,也没有考核权,实施者能做的就是协调各方资源。能协调资源,其实也是一种权力,公司委派你负责一个项目的实施,并且宣布某些人为你这个项目服务,或者公司的组织方式注定了某些人应该为你的项目服务,所以你就有了这种协调资源的权力。

很显然,协调权非常微弱,看上去对项目组成员几乎没有任何控制力,别人有空就帮你干干活儿,没空就可以对你爱答不理,看上去除了找老板告状几乎想不出别的有效办法。然而事实并不是这样的,有经验的实施者都会在工作中不断总结,提高自己的协调能力,哪怕没有指挥权、没有考核权,他也能充分协调资源,让人愿意为自己的项目做事。协调的效果是由沟通能力、领导能力、为人处世能力等共同决定的。

4.1.2 甲方成员

再次强调,IT系统的实施是甲乙双方的事情,需要双方协作和配合才能做好,如果仅靠乙方,缺少甲方的参与,是绝对不可能实施成功的。作为乙方人员,不能推卸责任,不能在实施效果不理想时就归咎于甲方,尽管根据笔者的经验,在各种导致项目实施失败的原因中,"甲方配合不力"恐怕要高居榜首。项目规模越大,对甲方相关领域的管理方式影响越大,需要重组的业务流程越多,甲方人员对项目成败的影响就越强。

既然实施工作离不开甲方,那么项目组成员就必须包括甲方人员,他们会在方向决策、需求提出、项目推进、流程重组、活动组织等各方面发挥至关重要的作用。项目组中的甲方人员一般包括以下几类:

1)甲方项目经理

项目的甲方总负责人,负责跟乙方对接,负责配合乙方推进项目,协助乙方调用资源、获得信息等。此人对项目的成败起着相当重要的作用。

2)项目发起者

项目的发起人,大多数情况下是项目相关领域的领导者,如果是个全局性的项目(如ERP之类),这个人(或几个人)很可能是高层领导,甚至就是一把手。项目组中必须包括发起者,他对这个项目至关重要,因为大多数情况下他推动这个项目的动力不逊于实施者。做实施的都知道,遇到没有动力的甲方人员,是一件相当可怕的事情,如果有人有足够的动力与权力推动这个项目,对项目实施的意义不言而喻。

3)各级决策者

跟这个项目相关的业务领导。他们是对相关领域的重要事项(如业务流程设计、工作要求确定、人员安排等)有决定权的人。如果是个全局级别的项目,那么至少应该包括公司一把手、各相关业务条线分管领导、各部门主管等。项目规模越大,牵涉的领域越多,公司一把手对项目实施的效果影响越大,例如大家耳熟能详的ERP系统,号称"一把手工程",没有一把手的直接干预,很难实施成功。

4)业务代表

本项目相关领域的部分业务骨干。他们应该对自己的业务非常精通,对如何改善这个领域的工作、如何提高工作效率、如何使用IT系统有自己的想法。在项目实施过程中,大部分业务需求都要靠业务代表提出来。

5)协调人

协调人主要负责在甲方各相关部门之间协调资源,在需要不同部门相互协作的工作中起到穿针引线的作用,如组织会议、协调人员、协助确定工作流程等。很多时候,这个角色是由甲方项目经理担当的,但也可能由其他人负责,如总经理办公室、企业管理部等部门派出的,在甲方具有一定威信的工作人员。对于实施者来说,在甲方协调资源比在乙方要难得多,所以承担这种角色的人对项目是相当重要的。

6)系统管理者

系统上线交付后,负责系统维护的人,一般都是 IT 专业人士。一般来说,其他人只需要学习跟自己工作相关的系统功能,但系统管理者需要学习系统的所有功能,至少要知道本系统是如何运作的,知道系统出了问题后应该如何处理。系统上线后,系统管理者负责系统的运维工作,如系统基础数据管理、跟乙方客服人员对接等。为了让他能履行好这项职责,实施者对他的培训就显得非常重要,如果甲方系统管理者不称职,后期的运维工作就会变得非常艰难。

7)用户代表

本系统相关领域的代表性用户。他们是本系统的关键用户。一般来说,在项目实施过程中,乙方在培训用户时,只需要培训关键用户即可,关键用户再将相关知识传授给其他普通用户。如果系统规模够大,关键用户可能也需要分级别,例如,实施者培训一级关键用户,一级关键用户再培训二级关键用户,二级关键用户再去培训最终用户。用户代表是项目组与普通用户的纽带,承担着知识传播者的作用。

> **敲黑板**
>
> 在实际工作中,很少有项目组会完全按照上述的角色类别组建团队,这跟项目规模、复杂程度、甲方管理方式、领导好恶等相关。但是,无论项目规模大小,项目组人员数量多少,上述各种角色都是存在的,只是有可能一个人会承担多种角色,或者不同人之间存在多种角色的交叉,这都是正常的。

4.2　确定管理制度

4.2.1　团队管理要求

相信对管理有一定了解的读者都知道,要想让团队为了共同的目标而奋斗,就必须要有明确的管理要求,要有相应的规章制度,没有规矩不成方圆。项目规模越大,成员越多,越难驾驭,越需要规章制度。有些规章制度非常正规,经过认真拟稿,并通过正式的途径发布,而有些规章制度可能只是口头约定,只是见诸会议记录、备忘录之类的非正规文档。实施项目的规章制度一般包括组织方式、工作要求、决策制度、奖惩制度、沟通制度等。

1. 组织方式

组织方式,指项目组包括哪些角色,以及每个角色的工作职责。注意,这里使用"角色"一词,而不是"岗位",目的是强调成员在本项目中的工作职责,而不是他在公司行政结构中的岗位职责。根据项目规模、乙方管理要求、甲方管理要求、项目特点等,不同项目可能会设置不同的角色,角色分工也会不同,需要实施者在工作中根据项目情况灵活处理。

赵峰在甲方实施一款大型数字化管理系统,在项目启动之前,赵峰(乙方项目经理)跟甲方对接人(甲方项目经理)经过深度沟通后,确定了双方各自的工作职责:

【甲方项目经理的工作职责】

（1）组织甲方团队工作。确定甲方团队成员的工作职责，组织、安排、协调相关人员协同工作，保证成员认真配合项目推进。本工作需要在乙方项目经理的协助下完成。

（2）确定项目范围。确定本项目应该完成的工作内容，包括所涉业务部门、用户需要使用的功能、需要处理的数据等。本工作由甲、乙双方项目经理共同完成。

（3）制订项目计划。制订项目实施工作计划。本工作由甲乙双方项目经理共同完成。

（4）接受培训。接受乙方项目经理组织的系统培训，学会并精通软件的每项功能。

（5）组织培训关键用户。组织甲方项目组成员与关键用户等人员接受乙方培训，保证培训顺利进行，如准备培训会议室、准备培训设备、通知并确保受训人员能够准时参加等。

（6）组织培训最终用户。组织关键用户对最终用户展开培训，确保受训者真正掌握自己在工作中所需要用到的功能。

（7）收集用户反馈。收集用户的各种需求、意见、建议，经必要的分析后整理成文档，汇总给乙方项目经理。

（8）推行。带领团队指导并敦促最终用户使用系统处理相关业务工作，收集反馈意见。本工作由甲乙双方项目经理共同完成。

（9）项目进度把控。与乙方项目经理一道控制项目进度，当发现项目进度跟计划有所偏离时，需要跟乙方项目经理讨论研究对策。

（10）验收。组织项目验收，在项目验收单上签字确认。

（11）付款。收到乙方发票后，负责协调财务付款。

【乙方项目经理的工作职责】

（1）组织乙方团队工作。确定乙方团队成员的工作职责，组织并安排成员工作，确保乙方提供的软件产品符合甲方要求。

（2）规划项目蓝图。规划项目实施完成后的远景，形成蓝图文件，向中高层管理者讲解项目蓝图。

（3）划分项目阶段。根据甲方业务特点，划分项目阶段，设置各阶段的里程碑目标，明确各阶段主要任务。

（4）制订项目计划。制订项目实施工作计划。本工作由甲乙双方项目经理共同完成。

（5）确定项目范围。确定本项目应该完成哪些工作，包括所涉业务部门，用户所需使用功能、所需要处理的数据等。本工作由甲乙双方项目经理共同完成。

（6）需求调研。跟甲方各级管理者、各条线业务代表沟通，获取用户需求，撰写需求调研报告。

（7）提供解决方案。针对甲方需要建设的数字化管理体系思路及预想去设计解决方案，针对实施过程中用户提出的各种需求提出解决方案。

（8）培训。组织培训甲方项目经理、甲方系统管理员及部分关键用户，不负责培训最终用户。

（9）项目进度把控。跟踪项目进度，当发现项目进度跟计划有所偏离时，需要跟甲方项目经理讨论研究对策。

（10）答疑。在项目实施过程中，负责解答甲方员工提出的各种相关问题。

（11）移交。将系统移交给甲方项目经理或甲方指定的系统管理员，保证接收者能够熟练地从事日常维护工作。

2. 工作要求

工作要求，指在项目实施过程中，需要处理哪些工作，工作的具体流程与步骤、所需资源、协助人员、所需单据等。如果项目规模大，实施工作纷繁复杂，为了让相关人员知道如何参与实施工作，同时也便于协调资源、调配人手，有必要对一些重要工作做出明确要求，形成正式文档，如果甲方机构层级意识较强，还可以做成正式公文下发。如果项目规模小，实施工作简单，可能只需要开会说明，群发邮件通知，甚至在聊天群里宣布下就行了。

赵峰在甲方实施的项目以定制开发为主，需求调研工作非常重要。为了保证这项工作能够顺利进行，在得到甲方相关领导批准后，赵峰发布了关于需求调研的工作要求：

- 各部门需要认真配合实施人员进行需求调研。
- 实施人员如需进行需求访谈，需要跟受访者协商确定时间，尽量不影响受访者日常工作。一般应至少提前 24 小时通知受访者，并将需要访谈的内容发送到受访者邮箱。受访者如果因工作原因不能及时安排访谈，则需及时跟实施人员反馈。
- 受访者应提前根据访谈内容准备相关材料，尽量不要在毫无准备的状态下参与访谈。
- 需求访谈地点由受访者决定，如果选在受访者办公地点，受访者需要保证访谈过程不会被频繁打扰。
- 实施人员在访谈结束后，需要将访谈结果整理成正式文档，并发送到受访者邮箱。受访者需要认真阅读，如果有异议需要及时反馈，如果没有异议需要回复确认邮件。
- 实施人员需要收集各部门当前正在使用的单据，各部门需要指定专人配合实施人员收集单据，并讲解每份单据的流转过程及填写方式等。

……

3. 决策制度

所谓项目实施的决策制度，就是指在项目实施过程中，如果有什么问题大家不能达成共识，那么应该如何做出最后的决定。对于大部分小项目来说，这个问题很简单，找找老板或相关领域一把手吧，但如果在某个大型公司，项目相关领域规模庞大，就需要某种决策制度来避免扯皮，避免项目实施进程因几方争执不休而被无谓搁置。

另外，实施 IT 项目，需要用 IT 技术来改善甲方的管理方式。既然需要改善管理，就必然会带来或大或小的变革要求：业务流程需要变革，组织方式需要变革，员工的工作方式需要变革，等等。每一项变革都会遇到阻力，变革程度越大，阻力越大。因此实施项目几乎不可避免地会遇到某些阻力，决策制度是克服这些阻力的理想措施。

4. 奖惩制度

要保证项目组成员按照要求工作，发挥主观能动性，需要有一定的激励机制，需要有某种赏罚手段。项目实施中，对于乙方成员，奖惩制度一般都是比较完备的，毕竟乙方是专业干这行的，没有合适的奖惩制度，在市场上恐怕很难坚持太久。对于甲方成员，奖惩制度一般都是薄弱环节，一来甲方很少搞 IT 项目实施（特别是那种全局性的大型 IT 系统，说不定还是自公司成立以来第一次尝试），没有太多的经验，二来这个项目未必能引起甲方领导的足够重视。

设置奖惩制度的目的是激励项目成员,激励分为正激励与负激励,奖励是正激励,惩戒是负激励。正激励一般包括口头表扬、书面表彰、发放奖金、调薪、升职等,负激励一般包括口头批评、通报批评、罚款、降薪、降职甚至开除等。奖惩制度究竟应该以正激励为主,还是以负激励为主,还是双管齐下"胡萝卜加大棒",需要根据项目特点,并结合企业文化、管理习惯、当前制度、人员构成等因素综合考虑。

5. 沟通制度

所谓沟通制度,就是设置某些沟通渠道,让参与者更容易表达自己的想法。例如,公布电话、邮箱,当有人觉得需要投诉、举报、建议时,可以通过这种联系方式反馈自己的想法。也可以采用例会制度,定期举行项目实施会议,发布工作要求,汇报工作情况,收集反馈意见。或者建立申诉机制,当项目参与者对自己的奖惩结果不满时,可以提出异议,获得重新评定的机会。

某项目组为了保证项目参与者能够进行充分及时的信息沟通,建立了项目例会制度。

【周例会】

时间:每周五 16:00。

地点:制造部 203 会议室。

参与者:乙方项目经理、甲方项目经理、各部门负责人、关键用户、IT 部所有成员、其他受邀人员。

议题:本周工作总结、困难问题汇总讨论、下周工作计划。

【月例会】

时间:每月 1 日 9:00。

地点:办公楼 305 会议室。

参与者:总经理、乙方项目经理、甲方项目经理、部门负责人、关键用户、IT 部所有成员、其他受邀人员。

议题:上月工作总结、部门之间问题协调、本月工作计划。

4.2.2　项目章程

如果项目非常重要,牵涉面较广,实施困难,需要很多甲方员工配合,那么可能需要在项目启动前编制一份叫"项目章程"的文件。项目章程是项目实施的根本纲领性文件,项目实施过程中的所有工作都需要符合项目章程的要求。

项目章程如何生效,不同公司有不同的处理方式,例如,有的公司需要由一把手签字确认后发布,有的公司需要由人事部门或行政部门发布,有的公司则是由 IT 部门直接宣布。一般来说,项目章程需要按照甲方正规流程来编制、审核、发布,其中可能有很多涉及人员调动、奖惩、权力分配之类的条款,如没有正式的官方认定手续,就很难真正执行。

这里提供一份编写项目章程的模板,仅供读者参考。

一个"项目章程"模板

```
1   项目概要
1.1   项目目的        //为什么要做这个项目
1.2   项目内容        //这个项目主要做哪些事情
```

```
1.3   项目范围        //项目的边界在哪里
……
2   项目计划
2.1   项目阶段        //项目分哪些阶段
2.2   项目任务        //项目包括哪些主要任务
2.3   里程碑          //项目包括哪些主要里程碑
……
3   成员组织
3.1   人员            //项目组成员包括哪些人
3.2   组织架构        //项目组成员的组织方式
3.3   职责            //每个人或角色的工作职责
……
4   管理要求
4.1   主要工作流程    //一些重要工作的流程
4.2   工作配合要求    //要求相关人员如何配合工作
4.3   会议制度        //有什么重要的会议要求
4.4   奖惩制度        //有什么考核机制
……
5   关系方
5.1   内部            //公司内部有哪些人或岗位跟项目相关
5.2   外部            //公司外部有哪些人或单位跟项目相关
……
6   验收方法
6.1   验收标准        //根据什么进行验收
6.2   验收流程        //按照什么流程进行验收
……
7   签发              //本章程如何生效
```

项目章程一般包括项目目的、项目内容、项目范围、项目计划、项目组人员构成、管理要求、关系方、验收方法、文件生效方式等。

（1）项目目的。为什么要发起这个项目，想得到什么成果，想解决什么问题，想达成什么目标等。

（2）项目内容。项目主要完成什么工作，如需要开发什么功能，需要实施哪些模块，需要在哪些部门推行数字化管理等。

（3）项目范围。项目范围的边界。由于 IT 项目的特点，在启动阶段还没有进行详细调研，很难对项目范围进行精准说明，这里只能进行概要性的描述。

（4）项目计划。项目分哪些阶段，每个阶段要完成哪些任务，何时开始，何时结束，责任人是谁，要达到哪些里程碑，等等。项目章程只需要描述主要任务、里程碑，不需要将计划写得过于详细，毕竟这不是项目计划书。

（5）项目组人员构成。项目组包括的人员及其组织方式，每个人的工作职责以及相应权力等。

（6）管理要求。规章制度、重要的工作流程、工作要求、奖励措施、惩罚措施分别是什么。

（7）关系方。项目实施过程中有哪些跟本项目相关的人或单位,如系统用户、供应商、客户、代加工单位、需要合作完成项目的第三方等。

（8）验收方法。验收标准是什么,有什么验收流程,哪些人负责验收,用什么方式验收等。

（9）文件生效方式：谁负责审核、签署本文件,文件如何发布,有效期如何,有效范围如何等。

4.3 制订项目计划

在启动项目前,还需要制订一份项目计划。项目计划可以明确努力目标并保证项目按期交付,也可以保证各方面的资源得到统筹安排,也是未来检验工作成果的重要参照文档。

项目计划风格迥异,有些计划非常概括,只有几个关键时间节点,例如原型设计、研发、测试、上线等关键日期。有些计划却粒度精细,精确到实施工作中的每一项微小任务,恨不得参数配置时间都计划出来。如何制订项目计划,跟项目特点、交期紧急程度、团队工作习惯、实施者的管理风格等有密切的关系,有些人喜欢将计划做得粗放简略,有些人喜欢将计划做得繁复,这其实并没有好坏之分,关键要看实施者能否通过该计划对项目进行指导与控制。

4.3.1 任务分解

制订项目计划,首先要做的是对项目进行任务分解,就是将项目分成若干阶段,每个阶段再拆分出若干子任务,每个子任务再拆分出若干小任务,以此类推,直到一个合适的粒度。学过项目管理的读者都知道吧,这就是所谓的工作分解结构（Work Breakdown Structure, WBS）。要做好 WBS,需要有丰富的经验积累——只有做得多,看得多,才知道项目应该包括哪些事情,哪些事情重要、费时久、风险大,如果没有相关经验,在项目启动前当然就弄不清楚具体需要做哪些事情才能保证这个项目成功完成。

飞云科技刚刚签了一个项目,项目经理赵峰联系了甲方对接人,准备启动实施工作。本项目没有硬件,乙方需要向甲方提供一款标准软件产品,但也有一些个性化需求,需要不少的定制开发工作。赵峰的实施思路是先将公司的标准产品部署到服务器,建立一个演示系统,让甲方用户先学习,待用户对产品有了一定程度了解之后,再围绕产品洽谈如何进行定制开发,在所有定制开发完成后安排上线工作。按照这个思路,赵峰绘制了一个简单的任务分解图,如图 4-1 所示。

4.3.2 里程碑

项目计划不能没有里程碑。里程碑是项目进程中的重大事件,代表着项目的某种状态,表示项目取得了某种成就,到了某个重要阶段。里程碑具有可实现、可衡量、可验证等鲜明特点,例如"原型评审通过""验收单签署"等。

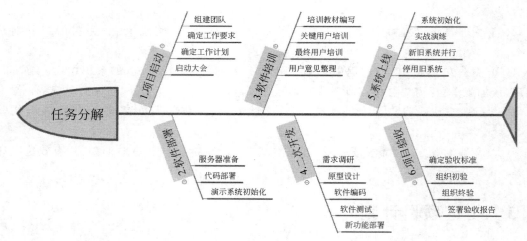

图 4-1　项目任务分解

　　通过设置里程碑,可以分解项目目标,让团队更容易把握项目进度,也更容易激发工作热情,因为小目标看得见,摸得着,努把力就能实现,不像总目标那么遥不可及。

　　通过设置里程碑,也更容易对项目状态做出真实的评价,从而为正确决策提供帮助。里程碑有没有实现一目了然,没有似是而非的混沌状态。是按计划完成了,还是延期了,延期了多久,对总计划有什么影响等,根据里程碑的状态都可以清楚明白地看出来。不像很多非里程碑的任务,看上去完成了,但还是差那么点火候,这点火候看上去很容易就能完成,但有时候会拖很久,例如,某研发任务,编码已经基本结束,但还有几个 Bug 没有解决,看上去差一点点就完成了,然而这几个 Bug 很难处理,甚至可能需要重写很多代码。

　　通过设置里程碑,可以对相关责任人的工作做出正确评价,能够执行更公平合理、让人信服的奖惩措施,从而能够激发项目组成员的责任感,提高工作积极性。

　　接上例,项目经理赵峰设置了如下里程碑:

　　(1)启动大会召开结束。

　　(2)服务器开通。服务器已经提供,可以 Ping 通,可以通过互联网访问。

　　(3)演示系统上线。客户需要的所有标准功能都已经部署到服务器上,可以演示试用。

　　(4)所有用户培训考核通过。培训用户需要考试,考试不通过不限次数补考,所有用户都考核通过表示培训完成。

　　(5)甲方确认需求调研报告。需求调研后编写调研报告,甲方项目经理组织人员审核无误后签字确认。

　　(6)原型评审通过。需求分析师根据甲方用户提出的定制需求设计原型,原型需要甲方相关人员评审,评审通过后需要签字确认。

　　(7)定制功能上线。定制开发的功能测试通过后全部部署到服务器上。

　　(8)使用新系统处理第一笔业务。

　　(9)停用旧系统。新旧系统会并行一段时间,然后停用旧系统。停用旧系统意味着用户只能用新系统处理业务,所以这是一个相当重要的里程碑事件。

　　(10)甲方签署验收报告。甲方项目经理组织人员验收系统,验收通过后,甲方项目经理需要签署验收报告。

4.3.3　计划编制

　　一份项目实施计划,可以做得非常简单,也可以做得非常复杂,可以简单得几行字就结束,也可以复杂得几乎跟一本书似的,如果项目规模很大,可能需要一个团队才能完成计划编制。不管简单还是复杂,一些要素是必不可少的:项目可以分成哪些阶段,每个阶段包括哪些任务(任务可能还会包括子任务),有什么里程碑,什么时候完成,每个任务的责任人是谁,需要什么资源等。要想把项目计划编制好,还需要一些注意事项:

　　1) 端正态度

　　很多实施者不重视项目计划,说起计划来简直嗤之以鼻,认为"计划赶不上变化",打心眼里就觉得计划没什么实质性作用。有时候不得不做个计划,目的也不是为了实施工作需要,只是给上司和客户看的,交差而已,从来就没打算真正去执行它。以这种态度匆忙搞个计划出来,可想而知,注定不会是什么好计划。

　　2) 目标合适

　　要让团队有个努力的目标,这是做项目计划的重要目的之一,但设置目标时,要注意合理性,不能随便拍脑袋决定。理想的目标,是那种可以实现但也不是很容易实现的目标,即所谓"跳一跳,够得着"的目标。制订项目计划容易犯两个错误:一是计划太理想,不考虑各种限制因素,搞成了乌托邦,根本不可能完成;二是计划太宽松,项目组成员没有丝毫紧迫感,不利于激发斗志。

　　当然,很多时候,任务有截止日期限制,跟合同、协议、乙方承诺等文件中规定的项目交期相关,只能在有限的时间内倒推每个任务必须完成的时间,如果完成的难度很大,只能想办法多努力一下了。

　　3) 全员参与

　　计划是用来指导项目团队工作的,最终需要大家一起执行,所以要尽可能让项目组成员都参与到计划制订的工作中来,如果一份计划凝聚了全项目组成员的心血,是经大家一起认真讨论推敲得来的结果,执行时一定会得到更多人的支持,也更容易发挥对项目实施工作的指导作用。如果项目组成员太多,所有人都参与制订过程就显得不太现实,那么至少应该征求重要成员的意见。总之,参与制定计划的人越多,这份计划越能得到认可,越容易得到认真执行。

　　4) 详略得当

　　做计划需要进行任务分解,任务分解需要避免两个极端倾向:一是分解得太过粗略,一个任务需要一大堆不同岗位、不同场所的责任人完成,出了问题也扯不清到底是谁的责任;二是分解得太过详细,任务粒度小得同一个人一天几乎能完成几十上百个任务,不知道是在做工作指导手册还是在做计划。

　　另外,在项目启动阶段做计划,不要试图一下子把整个项目的计划都做好(除非是那种短平快的小项目),那样做不仅难度很大,也没有必要。一般的处理方式是近详远略,近期的事情在计划中要详细一点,而长远的事情就粗略一点。可以把它理解成战略与战术的关系,长远的事情属于战略范畴,知道工作方向就行,没有必要关注太多战术细节,而近期的事情是马上要做的,属于战术范畴,需要详细一点。例如,像团队组建、启动大会、需求调研之类的事情,是立刻就要着手做的,需要将计划做得详细一点,而系统培训、上线、验收之类的事情,为期还早,有个努力方向与时间目标就行,不需要太过详细。

公司刚签了一个工厂的 ERP 定制开发项目,工期 5 个月,赵峰被任命为实施经理。他在项目启动前编制了项目计划,计划中将项目分成需求调研、软件设计、研发、测试、培训、上线、验收几个阶段,需求调研是启动后就要立即执行的,所以制订了详细计划,而后面的工作可以在项目推进过程中,根据需要逐步完善,如图 4-2 所示。

任务			里程碑	开始日期	结束日期	乙方责任人	甲方责任人
需求调研				3月1日	3月31日	赵峰(项目经理)	陆成锋(总经理)
	生产计划部需求调研			3月1日	3月15日	赵峰(项目经理)	毛海涛(计划部主管)
		搜集所有机器资料		3月1日	3月2日	赵峰(项目经理)	王婷(计划部助理)
		注塑机生产能力计算规则		3月2日	3月3日	赵峰(项目经理)	李秀玲(注塑车间调度)
		冲床生产能力计算规则		3月4日	3月4日	赵峰(项目经理)	贺正(冲压车间调度)
		装配线生产能力计算规则		3月5日	3月5日	赵峰(项目经理)	贾启航(装配车间调度)
		注塑车间计划排产方法		3月4日	3月5日	赵峰(项目经理)	李秀玲(注塑车间调度)
		冲压车间计划排产方法		3月5日	3月5日	赵峰(项目经理)	贺正(冲压车间调度)
		模具车间计划排产方法		3月6日	3月7日	赵峰(项目经理)	冯苑恒(模具车间调度)
		装配车间计划排产方法		3月7日	3月8日	赵峰(项目经理)	贾启航(装配车间调度)
		计划任务发布流程		3月9日	3月9日	赵峰(项目经理)	崔岳成(计划员)
		计划、调度功能需求		3月11日	3月13日	赵峰(项目经理)	毛海涛(计划部主管)
		生产计划部调研报告编写		3月11日	3月14日	赵峰(项目经理)	
		生产计划部调研报告审核通过	里程碑	3月15日	3月15日	赵峰(项目经理)	毛海涛(计划部主管)
	技术部需求调研			3月1日	3月20日	万华胜(需求分析师)	章源彬(技术部主管)
		工艺CAD研究		3月1日	3月5日	万华胜(需求分析师)	钱峻(技术部技术员)
		确定需要跟工艺CAD交互的数据		3月6日	3月6日	万华胜(需求分析师)	钱峻(技术部技术员)
		工艺CAD对接方案		3月6日	3月7日	万华胜(需求分析师)	白晓斌(IT部软件工程师)
		成品编码规则		3月8日	3月9日	万华胜(需求分析师)	丁静文(技术部文员)
		半成品编码规则		3月8日	3月9日	万华胜(需求分析师)	丁静文(技术部文员)
		原材料编码规则		3月8日	3月9日	万华胜(需求分析师)	丁静文(技术部文员)
		确定所有标准产品BOM		3月9日	3月12日	万华胜(需求分析师)	丁静文(技术部文员)
		确定所有标准产品工艺路径		3月13日	3月18日	万华胜(需求分析师)	段晓祥(技术部副主管)
		技术部调研报告编写		3月19日	3月19日	万华胜(需求分析师)	
		技术部调研报告审核通过	里程碑	3月20日	3月20日	赵峰(项目经理)	章源彬(技术部主管)
	制造部需求调研			3月16日	3月23日	赵峰(项目经理)	段帅(副总经理)
	物流部需求调研			3月24日	3月25日	赵峰(项目经理)	许寅(物流部主管)
	财务部需求调研			3月26日	3月31日	赵峰(项目经理)	邓学武(财务部主管)
	采购部需求调研			3月21日	3月25日	万华胜(需求分析师)	朱明祥(采购部主管)
	销售部需求调研			3月26日	3月31日	万华胜(需求分析师)	范志飞(销售部主管)
软件设计				4月1日	4月15日	万华胜(需求分析师)	
研发				4月16日	6月1日	范青松(研发经理)	
测试				6月1日	6月30日	汤树明(测试经理)	
培训				7月1日	7月15日	赵峰(项目经理)	薛志国(项目经理)
上线				7月16日	8月15日	赵峰(项目经理)	薛志国(项目经理)
验收				8月16日	8月31日	赵峰(项目经理)	薛志国(项目经理)

图 4-2　项目计划

5)不要追求过于完美的计划

项目计划是用来指导项目组工作的,只是项目实施过程中的一种管理手段,不要本末倒置,在计划编制上投入过多的精力未必明智。计划做得好不好,不在于任务编排得有多么出色,FF、FS 之类的关系有多么严丝合缝,时间路径设计得有多科学,而在于对项目实施有没有实质性帮助。另外,在项目进行过程中,计划是需要不断更新的,是需要持续维护的,一份过于复杂的项目计划,维护起来非常困难,很容易逐渐跟现实脱节,最后成为摆设。

6)抓住工作重点

做计划要抓住工作重点,要多关注困难任务、需要时间特别长的任务、风险大的任务、不可控的任务、关键的节点、重要的里程碑等,那些对项目进程影响不大的事情就应少花些精力,反正到时候可以见招拆招,不会影响项目的进程。

例如,同样是"组建乙方团队"这种任务,有些项目可能需要物色关键人物,需要等待其他项目释放资源,甚至需要招聘技术人才,那么意味着这项任务会直接影响项目进程,在做计划时就要仔细筹划,要考虑具体人员何时到位,负责什么工作,他们对其他任务的执行有何影响之类的问题;对于有些项目,可能乙方采用的是项目经理负责制,实施者带领的是个独立团队(虽然有些成员也会参与多个项目,但都受实施者领导),那么对实施者来说,"组建乙方团队"这件事显然非常轻松,做计划时只要稍提一笔即可,甚至不着一词都没有问题。

7) 确定好责任人

每一项任务都应该有明确的责任人,而且责任人越少越好。一项任务的责任人只要有两个或以上,就有"扯皮"的可能,"一个和尚挑水吃,两个和尚抬水吃,三个和尚没水吃",负责任的人太多,就没有人负责。如果一项任务需要多个责任人完成,那么往往意味着这个任务还需要进一步分解出一系列只有单独责任人的子任务,如果实在不好分解,那么至少需要确定谁是主责任人。

8) 选择合适的工具

做项目管理的工具很多,每一款项目管理软件都会提供分解任务、设置时间、设置责任人、设置里程碑等一系列用于做项目计划的功能,究竟应该用什么工具做你的项目计划,跟实施者的工作习惯、团队管理要求、项目特点相关。如果关注团队协作,那么可能需要一款专用的项目团队协作工具,如阿里巴巴的 Teambition;如果关注事务跟踪,那么可能需要一款专业的项目事务跟踪工具,如 Atlassian 公司的 JIRA;如果关注任务、时间、责任人、资源、成本等的综合管理,那么可能需要一款专业的项目管理软件,如微软的 Microsoft Project;如果只需要简单地关注任务分解的话,那么可能一款思维导图软件就足够了,如 XMind。

其实,做项目计划并非一定要专用的项目管理软件,利用常用办公软件如 Excel 甚至 Word 都能做出不错的项目计划。而且,在大部分情况下,项目计划只需一个 Excel 文件就足够了。计划做得好不好,真的跟工具关系不大,很多厉害的角色只需一支水笔和一块白板,就可以把计划做得非常出色。

4.4　启动大会

该做的准备都完成了,就要启动项目了,启动大会是个不错的宣布项目启动的方式。当然,绝不是唯一的方式,在实际工作中,宣布项目启动的方式很多,例如,领导在例会中宣布一下,公司发邮件通知一下,甚至由谁在微信群"吼"一下。具体采用的方式跟项目特点有关,如果项目非常重要,对甲方管理方式影响很大,需要参与的人很多,那么一定需要一个启动大会。如果项目很迷你,规模很小,两三个用户而已,那就犯不着召集那么多人开会,那会让人觉得你是否"拿着鸡毛当令箭"。

4.4.1　会议内容

启动大会的会议内容一般包括:介绍甲乙双方项目组的人员组成(以后需要一起工作了,相互认识是必须的),介绍大概的分工,介绍系统实施计划,宣读项目章程,以及各相关人员表态等。

某项目组发布的启动大会会议通知

请相关人员准时参加 ERP 系统启动大会，不得缺席。

时间：8 月 25 日　13：00 至 15：30

地点：制造部办公楼 3 楼 305 会议室

参与人：王总、李总(乙方总经理)、各部门负责人、所有用户代表、IT 部全体人员、乙方项目组

主持人：赵峰(乙方项目经理)

会议主题：ERP 系统启动大会

会议材料：会议 PPT(见附件，请提前学习)

议程：

13：00 至 13：10　主持人宣布会议开始，说明开会目的。

13：10 至 13：20　王总讲话。

13：20 至 13：30　李总讲话。

13：30 至 13：40　乙方项目经理介绍乙方项目组成员及工作职责。

13：40 至 14：00　IT 部钱汉林经理介绍我方项目组成员及工作职责。

14：00 至 14：15　乙方项目经理介绍工作计划。

14：15 至 14：30　IT 部负责人钱汉林经理介绍项目章程。

14：30 至 15：00　各部门负责人发言表态。

15：00 至 15：25　各用户代表发言表态。

15：25 至 15：30　主持人总结发言，宣布散会。

　　如何组织好一次项目启动大会，跟其他会议类似，需要这方面知识的读者可以另外找资料学习，这里只说三个注意点：

　　第一，要提前准备好会议材料发给与会人员，如管理要求、项目计划、项目章程等。启动大会时间有限，不可能逐字逐句地学习、解读这些材料，所以需要提前发给大家，让大家提前了解，在会上只能讲重点内容。

　　第二，一定要有项目相关业务领域内的关键领导参加，最好是一把手。启动大会的主要目的其实是向相关人员传达一个重要信息：这个项目很重要，不能敷衍了事。一把手如果不参加，这会带给大家这样的暗示：事情并没有那么重要，至少领导并没有那么关心。

　　第三，启动大会的组织工作要一丝不苟。项目团队组织启动大会，可以说是在甲方的首次正式亮相，对于大部分项目参与者来说，对项目组的第一印象就是在启动大会上形成的。如果第一印象很糟糕，会给后面的工作带来意想不到的麻烦，会让项目组的威望受损，而"威望"是决定项目实施能否成功的重要因素。

4.4.2　启动大会的目标

　　如果启动大会实现了会议目标，那么比较成功。项目启动大会一般要实现的目标为：

　　(1) 项目组获得需要的权利。项目组能够获得领导的某种授权，以后可以合理地调用资源、安排工作。这是最重要的，如果这个目标没有达成，那么只能说这个启动大会真是白开了。

（2）与会人员端正了对项目的态度。要让大家认清形势，端正态度，认定任务的重要性，跟这个项目相关的事情非常重要，不能有时间就做，没时间就不做，它至少跟你们现在手头的工作同样重要。如果大家不重视，以后遇到跟项目实施相关的任务就容易敷衍了事，如果大部分人都在敷衍了事，那对项目实施来说简直是一场灾难，几乎不可能实施成功。

（3）让与会人员对即将发生的事情有个基本预判。通过这次会议，他们应该知道这个项目大概是干什么的，会对自己未来的工作有什么影响，自己在这个项目中应该扮演什么角色，应该如何配合工作，工作职责是什么，如果做得好有什么奖励，如果做得不好会受到什么惩罚，等等。

第5章

思维导图

需求调研

项目启动后,接下来就要进行需求调研了。需求调研主要包括两方面的工作:第一,熟悉当前业务,弄清楚甲方相关领域是怎么管理的,每个岗位的人员是怎么工作的,物料是怎么流动的,信息是怎么流动的,有哪些单据,做了什么报表等;第二,获得用户对本系统的需求,了解用户希望本系统提供哪些功能,希望解决什么问题,希望如何通过系统进行工作,对本系统有什么期望等。

有些以提供标准产品为主的项目,可能在项目启动后会立即部署系统,配置演示数据,让用户学习使用,然后以这个标准产品为基础跟用户谈需求。不能不说这种实施方式是非常有效的,因为实施者可以有目的地让用户在提需求的时候围绕标准产品的思路展开,这样就可以让用户的需求更聚焦,减少不能实现的风险,降低定制成本。本书按照定制开发系统的步骤讲述实施工作,但并不代表本书的知识不适用于标准软件产品的实施,这一点相信读者是可以理解的。

5.1 熟悉当前业务

实施者在跟用户洽谈系统需求之前,一定要先熟悉甲方相关领域的业务管理方式。如果你对项目相关领域的业务一窍不通,用户提需求时你根本不知道能不能实现,是不是应该实现,实现了对用户的工作有何影响等,那么在这种状态下,你在调研过程中基本上只能记记流水账,根本不可能进行有效沟通和引导,如果遇到某些特别复杂的业务,你甚至根本听不懂别人讲的内容,又怎么能搞好需求调研呢?

当然,也存在一种特殊情况:这个系统所要处理的业务,是甲方依据这个项目设置的新业务,例如,某个企业专门成立了电商部,依托刚开发的电商系统做线上生意。如果出现这种情况,那么"熟悉当前业务"这个步骤就可以跳过了。

熟悉业务有很多方法,常见的包括使用调查问卷,分析用户正在使用的各种单据,分析用户使用的各种报表等。

5.1.1 问卷调查

通过调查问卷了解业务,是一种效率非常高的调研方法。对于调研者来说,不必跑到工作现场跟多个用户沟通,只要编写、发放问卷,通过研究答卷就可以得到大量有用的信息;

对于被调研者来说,不需要打断自己的工作,可以合理安排回答时间,可以进行更仔细的思考。

1. 如何制作调查问卷

调查问卷是由若干题目构成的,这些题目可以是封闭的(选择题),也可以是开放的(问答题)。要把这些题目编写好并不是一件容易的事情,在编写调查问卷前,最好对相关业务有一定的了解,如查阅甲方资料、找人咨询等。了解得越清楚,你的调查问卷就会编写得越具体,获得的信息也就越有价值。

如果要全面了解甲方一个业务单元(部门)的业务,应该从哪里入手呢? 实施者可以试着按这个思路设计问题:它内部是怎么管理的,跟它外部有什么工作往来,它从外部获得什么,它向外部提供什么,等等。下面列举了一些用于了解一个部门业务的问题,仅供读者参考:

(1) 部门的组织架构是什么? 请画出组织架构图,写明每个岗位的主管。

(2) 有哪些业务? 业务流程是什么?

(3) 有哪些岗位? 每个岗位的职责是什么?

(4) 每个岗位有多少人员? 人员构成情况(学历、性别等)如何?

(5) 每个岗位获得了什么物料? 生成了什么产品?

(6) 每个岗位的工作需要什么信息? 输出了什么信息?

(7) 每个岗位的工作任务从哪里来? 发布任务者通过什么方式发布任务?

(8) 每个岗位完成工作任务时,会有明确的技术要求吗? 如果有,包括哪些?

(9) 每个岗位需要对自己的工作完成情况进行汇报吗? 如果需要,怎么汇报? 什么时候汇报? 向谁汇报?

(10) 每个岗位的工作结果会有正式的检测或检查吗? 如果有,简述检测或检查的过程。

(11) 有哪些部门跟这个部门有正常工作往来? 这些工作分别是由哪些岗位负责的? 请分别列举有哪些业务。

(12) 这个部门会跟公司外部的组织发生业务往来吗? 如果有,请分别列举有哪些业务(例如,原料仓库会跟外部供应商有业务往来)。

(13) 部门内是否有物料流动? 如果有,请说明一般会有什么流动路径,并简述在物料流动的过程中做了什么处理。

(14) 每个岗位在工作过程中产生了哪些被记录下来的信息? 是如何记录的?

(15) 除了基本工资外,员工会有额外的薪酬吗(如计件工资、绩效工资、奖金、津贴等)? 这些薪酬发放的根据是什么? 如果有计算公式,请列出详细的计算过程。

(16) 部门会有员工考评机制吗? 如果有,是怎么处理的? 如果有计算公式,请列出详细的计算过程。

通过以上题目,可以从管理的角度大致了解一个部门。管理的角度一般不外乎这些方面:组织方式、考核方式、激励方式、物流、信息流、资金流、工作任务与计划、技术管理、质量管理、沟通机制等。如果把这些方面了解清楚,再去进行更详细的调研就容易多了。

赵峰在甲方实施项目,需要为甲方定制开发一个大型分销管理平台。甲方属于制造业企业,市场在国内,在全国各地有很多分公司,另外还有大量的代理商,货物会经过代理商销售出去。项目已经启动了,赵峰开始进行需求调研,为了提高工作效率,他制作了一份调查问卷给甲方项目经理,希望他能安排相关人员认真回答。

(1) 贵司采购的原材料有哪些类别？采购方式有哪些？如何结算？请分别提供一些比较有代表性的供应商。

(2) 贵司销售的商品有哪些类别？销售方式有哪些？如何结算？请分别提供一些比较有代表性的客户。

(3) 有哪些分公司是直接面向市场的？它们分别销售哪些商品？

(4) 有哪些分公司不直接面向市场,只向其他分公司提供产品？它们分别提供什么产品？如何结算？

(5) 跟代理商的业务往来过程一般是怎样的？请大致阐述处理流程。

(6) 跟代理商如何结算？信用额度是怎么设置的？

(7) 货物是如何运送到代理商手上的？平均下来,货物一般会在代理商仓库停留多久？停留的原因是什么？

(8) 当前时间点,每个代理商手头没有销售到最终客户的货物包括哪些类型？所占资金分别大概有多少？

(9) 各分公司目前有哪些仓库？请介绍这些仓库目前包括哪些货物,大概占用多少资金。

(10) 依据当前信息,能不能计算出每个仓库的库存周转率？如果可以,请计算出每个仓库的库存周转率,并描述信息来源；如果没有,请估算一下。

(11) 公司将货物运输给客户一般会采用哪些方式(公路、铁路、航空)？各自所占比例大概有多少？

(12) 有哪些物流运输公司与公司合作？它们一般运输什么货物？运输时效情况如何？

(13) 货物从完工到运送到最终客户手上,一般要经过哪些中转点？分别停留的时间大概多久？为什么会停留？

(14) 货物一般采用什么包装方式？包装方式与运输方式有什么关系吗？

(15) 如果客户对公司的货物或服务不满意,它们有哪些反馈渠道？请介绍这些渠道的处理过程。

(16) 客户一般对货物或服务的不满体现在哪些方面？各自所占比例大概有多少？

(17) 业务员的收入跟销售结果有什么关联？一般是如何计算业绩的？

(18) 公司有哪些与采购、库存、生产、运输、分销相关的岗位？这些岗位的职责是什么？

(19) 公司现在使用哪些 IT 系统？列举每个系统的功能,以及处理的数据。

2. 选择答题者

调查问卷制作完成后,需要物色合适的答题者。很多问题,如果不是相关领域的高手,是不可能回答出来的。理想的答题者应该具备这些特征：有回答问题的动力,文化程度能够胜任,有不错的文字表达能力,对业务非常精通,擅长总结概括,对数字化管理感兴趣,等等。

根据问题覆盖的业务范围,可以将调查问卷大致分成三个级别：全局级、部门级(可能还有下级部门)、员工级。对于全局级的调查问卷,最好是充当高层管理智囊团之类的部门来回答,如党政办、企业管理部、总裁办公室等；对于部门级的调查问卷,最好由部门负责人亲自作答,或者至少要亲自安排其他对部门管理工作非常熟悉的人员作答;对于员工级的调查问卷,可以由员工主管来回答,最好另外再安排几个精通业务的普通员工回答,这样有些事情可以相互验证。在实际工作中,遇到的情况要复杂得多,需要具体情况具体分析。

3. 问卷调查的局限性

问卷调查有很强的局限性,这一点在开始调查时就应该有心理准备,其局限性主要由以下这些原因产生:

1) 相关领域的业务不太容易用文字表达

有些业务内容使用文字很难表述清楚,以软件行业为例,项目经理的工作用文字描述就比较困难,而测试人员的工作相对就容易描述一些。

2) 答题者缺少认真的答题态度

有些员工对这个项目根本不当一回事,甚至还有敌对情绪,拿到调查问卷不是想如何认真回答问题,而是想如何将这件事情敷衍过去,希望能节省时间去做其他事情。在这种心态下答题,其效果可想而知。

3) 答题者没有足够的答题能力

有些员工文化程度高,文字能力强,能清晰地用文字表达自己的业务范围及体验;有些员工文化程度低,文字能力弱,通过文字很难说清楚。例如,某调查问卷中有一个题目,要求被调查者就自己的某某工作场景画出流程图,可要知道,并不是每个人都会画流程图的,搞IT的觉得画流程图很容易,可现实是,许多人根本不知道流程图是什么。

4) 调查问卷的编写质量不过关

调查问卷的编写质量也制约着这种方法的效果。实施者不可能对每个行业的业务都了解得那么清楚,如果对这个领域的业务知之甚少,那么再怎么努力,都不可能编写出高质量的调查问卷,只能泛泛而问,回答者自然也就泛泛而谈。另外,对于调查问卷来说,要想获得理想的结果,最好提供封闭式题目,让被调查者做选择题或者判断题,这样既保证了回答的准确性,又可以降低被调查者的回答难度。不过遗憾的是,对于需求调研来说,提供封闭式的调查问卷是不现实的,因为这个阶段需要了解的事情太多,使用封闭式答卷获得的信息量太少,几乎没有意义。

总体来说,你收到的答卷,十之八九都比你希望获得的答案简单得多。以笔者的微薄经验来看,通过调查问卷获得的信息一般都不会太深刻,往往浮于表面,要想更深入了解相关业务,必须使用其他方式。

5.1.2 分析单据

分析单据就是指要分析甲方当前使用的纸质或电子单据,研究这些单据所承载的信息,分析其产生及流动的方式,从而更深刻地理解当前业务。

1. 单据收集

要进行单据分析,首先需要收集单据:收集甲方在业务运营过程中使用的各种纸质或电子表单。收集单据有以下注意事项:

1) 收集的单据务必要全面

收集单据的原则是"宁可错收一把,不可放过一个",只要跟项目相关的单据都要收集,例如,对于生产管理系统,可能不仅需要收集车间生产的单据,还需要收集销售、采购、库存、财务、成本等跟项目有关联的其他各种单据。当然，也不能走极端，过犹不及，例如做一个OA系统，无须把公司车间所有的生产单据都收集一遍，这没有意义。

2）尽量跑到工作现场收集单据

收集单据不要图省事，例如，让人收集了送到你手上，或者跑到甲方的单据小仓库撕下所有的空白单据。这样看上去貌似提高了工作效率，但其实丧失了很多熟悉业务的机会。应该尽量亲自跑到工作现场，拿到单据后如有可能立即跟工作场景结合起来进行深入了解：了解这个单据在这个地方是怎么产生的，跟现在的工作有什么关系，填写者在上面填写了什么信息，根据什么填写的，等等。

3）收集的单据务必是被使用过的

收集的单据应该是被使用过的单据，因为员工在单据中填写的内容价值很大。仅仅看空白单据上的字段标题，有的时候确实很难理解，而借助填写的内容，理解起来要容易得多。例如，有时候，单据中填写的内容会体现某种逻辑关系。例如，"金额＝单价×数量"，如果只看空白单据，这种关系不容易看出来。不是所有的字段都像单价、数量、金额这么明显的，甲方一般也不会将逻辑关系印刷在空白单据上。有时候，用户会在单据的角落上（或背面，或其他空白处）写一些文字，并没有直接填写到格子里面，有时候又有一些格子是空白的并没有填写内容，这往往意味着，这份单据并没有完全按照设计者的意图在使用，有些需要的字段没有设计出来，而有些设计出来的字段却没有用。

4）每种单据要多收集几张

在收集单据时，同一种单据应该多收集几张，因为不同的岗位，在不同的业务场景下，用户可能会有不同的填写方式。如果同一单据会被不同的岗位使用，那么在每个岗位都要收集几张不同的单据。如果使用的人多，流动的岗位多，承载的信息量大，逻辑复杂，就要多收集些；如果单据简单，使用的人也少，信息量也少，可能一两张就足够了。

2. 单据分析

收集完单据后，需要对它们进行认真分析，其实这项工作在单据收集工作启动时就应该开始了。单据来自于甲方的业务运作过程，对于实施者来说，这个过程并不容易理解，而且有些工作的专业性非常强，需要你花很多时间学习，要把相关的单据都研究清楚是个相当有挑战性的工作。不过，一旦你把这项工作搞定，以后跟甲方人员沟通就会更加轻松。如果项目够大，涉及的业务够多，那么这件事可能需要一个团队协作完成。单据分析可以从以下几方面入手。

1）理清每个单据的源头

首先从每个单据的源头开始，了解这个单据是由哪个部门的哪个岗位发出的。需要注意的是，很多单据并不是由唯一一个岗位发出的，例如下面案例中的"原材料领用单"，车间、技术部、工程部等多个部门都需要填写本单据到仓库领材料。甚至有些单据，每个员工都有发起的可能，很多办公层面的单据（如请假单、办公用品领用单）就是这样的。这也是我们强调相同的单据需要收集多份的原因之一，如果只收集一份，很容易忽视这种情况。

赵峰到仓库收集单据，其中有一份"原材料领用单"，是甲车间物料管理员填写的。仓库的材料就是给车间准备的，赵峰觉得这个非常合理，于是在分析了这个单据中的信息后便认为这个单据的分析工作结束了。后来在技术部，发现了一份"原材料领用单"的存根，一问之下，才知道原来技术部也是需要去仓库领用原材料的，主要用来做技术参数的测试。赵峰发现这个问题后,觉得不能掉以轻心:还可能有别的部门需要到仓库领用原材料吗? 于是又重新到仓库针对这个单据做了详细调研,原来不但技术部会领用原材料,工程部也会领用(用于进行机器调试),采购部也会领用(用于做采购样品),等等。

2) 理清单据的流动路径

一般来说,大部分单据都会流经多个岗位。有些单据主要在部门内部流动,如某车间的生产调度单,就只在车间内部流动;有些单据会在不同的部门之间流动,如某仓库的领料单,由领料部门流向仓库;还有些单据从甲方外部流入,如供应商的送货单,由供应商流入甲方;还有些单据流向甲方外部,如销售发货单,由甲方流向他们的客户。

单据的流动方式主要有这么几种:第一种方式,由一条线单向流下去,固定由某一个岗位发起,到某一个岗位结束,如某产品加工卡,由调度人员发起,随着加工件的流动而流动,最后进入某仓库结束;第二种方式,由多个源头发起,但最终都归于同一个岗位,如某仓库领料单,很多需要领料的部门都可能发起,最终流向仓库结束;第三种方式,单据在流动的过程中会有往复的现象,即从某个岗位出去,然后又回到这个岗位,例如某车间生产时有一种生产卡片,甲岗位完成某道工序后,在卡片上填写部分内容,再将卡片随着货物移交乙岗位,乙岗位完成某道工序后,在卡片上填写部分内容,又将卡片随货物移交甲岗位做另外一道工序,这就出现了单据流动的往复;第四种方式,单据的流动会出现分支,即同一单据在某环节出现分支,流动到不同的岗位,这种现象其实很常见,你看那种一式数联的单据,基本都是这种流动方式,例如某仓库的货物验收单,供应商送货后,仓库验收货物,填写验收单,验收单一式三联,一联给供应商送货人带回,一联给仓库管理员记账,一联给财务结账,这就出现了单据流动的分支。当然,现实中单据流动的方式更为多样,某些单据的流动过程可能是这几种不同方式的组合。

3) 理清每个字段的前因后果

仅仅分析每个单据流经哪些岗位是不够的,还要分析每个岗位针对每个单据做了些什么,它们从单据中获得了哪些信息,这些信息对它们的工作有何帮助,在单据上填写了哪些信息,这些信息是在什么情况下填写的,根据是什么,等等。

要理清每个字段的前因后果,首先得弄清楚每张单据的结构。单据最常见的结构有两种,一种是单一形式,一种是主从形式。例如,请假单、生产卡之类的单据,往往都是单一形式,从软件的角度看,核心信息往往对应着数据库中一个表的一条记录;而像送货单、销售单之类的单据,往往都是主从形式,一般单据的上部是这次业务活动的总体描述,可称之为"头",如送货单位、送货日期、送货人等,而单据下边是明细信息,可称之为"行",如送货的品名、规格、数量、单价等,从软件的角度看,核心信息往往对应着数据库中的主从两个表,这两个表的关系是一对多的关系。

现实中,单据的结构不会总是这么简单,可能多种多样、五花八门,设计单据的管理人员一般是不会考虑什么主从结构、一对多这些概念的,一切以使用是否方便,是否有利于管理为出发点。很多单据非常复杂,包括各种信息块,块跟块之间有很多隐含的逻辑关系,这往往需要实施者投入大量的精力去学习研究。

分析清楚结构后,要仔细研究单据上的每个格子。每个格子中的内容都是员工在某个特定场景下填写的,是在工作中生成的,是为某个工作流程提供的必不可少的信息。有些格子填写起来非常简单,例如填写个工号、当前日期什么的,但有些就非常复杂,例如,登记某些需要经过大量测量、分析、计算才能获得的技术参数。

　　4）注意在单据边角上书写的不正规内容

　　员工在使用单据的过程中,可能会在单据的边角甚至背面填写内容,请不要放过这些没有填写在格子中的内容。很多时候,这是大家针对某种信息约定俗成的填写方式。

　　再来看看单据的生命周期。单据刚刚被设计出来时,往往是最适合业务要求的,因为设计者是根据当时的管理方式设计的。随着业务的发展,单据格式会越来越偏离业务流程与管理要求。当使用者通过这种单据无法处理业务时,自然而然会找个空白的地方书写补充信息,在单据的边角上或背面看到的信息很有可能就是这么来的。补充信息多了,往往预示着现在的管理方式跟当初设计单据时有了很大的变化,也就预示着这个单据就要走到生命尽头了,最后,管理者会根据业务要求重新设计单据以替代原来的单据。

　　在单据上填写这种补充信息是工作人员在不得已的情况下使用的变通方法,这种信息对管理很重要,有时候比格子里填写的信息还重要。分析清楚这些补充信息可以更好地把握当前的管理思路,忽略它们是不明智的。

5.1.3　分析报表

　　在甲方收集单据当然也包括收集各种报表,但报表跟单据是有本质区别的,单据是在业务处理的过程中由用户填写的,一般具有实时性,往往是一个信息采集、传递的过程,而报表则是根据一定的规则对批量数据进行检索、统计、汇总,是一个信息加工、分析的过程,一般不像单据那么实时。随着计算机的普及,虽然在业务处理过程中纸质单据还大量存在,但在纸张上直接制作报表的情况越来越少见了,即使没有 IT 系统,甲方也会使用一些常用办公工具制作,如 Excel。

　　可以考虑从这几方面来分析报表:生成报表的触发条件,报表中每个字段的信息来源,报表的制作逻辑。

1. 生成报表的触发条件

　　站在业务处理的角度看,报表生成的触发条件一般有以下几种方式:

　　(1) 领导临时有要求,相关责任人根据收集的信息制作,例如领导忽然要求统计一下今年的职工离职情况。

　　(2) 到了某个周期性的时间点,例如日报、周报、月报、季报、年报等。

　　(3) 发生了特殊事件,例如订单完成后,需要给客户出具一个与这个订单相关的分析报表。

　　站在 IT 系统的角度看,报表生成的触发条件一般有以下几种方式:

　　(1) 根据用户录入的查询条件(例如日期范围、部门等)生成报表。这种方式是最常用的一种方式,绝大部分报表都是这么生成的。

　　(2) 到了某时间点时,系统自动生成报表存储在数据库中。这种情况往往是因为需要统计、记录某时间点的实时状态(由于数据在不断变化,过了这个时间点就很难获得当时的状态)。

　　(3) 在空闲时间段发起运算,生成报表存储在数据库中。这往往是因为运算量太大,就利用系统空闲时间计算生成报表,提高运算效率。

　　(4) 当然,还有一些报表是混合型的,例如,某报表根据用户录入的查询条件生成,但其中有部分数据是系统在某时间段自动计算生成的。

分析当前使用的报表时,需要考虑如何将业务上的触发条件转换成信息系统的触发条件。对于 IT 系统而言,生成报表的触发方式与业务层面的触发方式是完全不同的。例如,"领导临时有要求"这种触发方式在业务层面相当普遍,但在系统中,根据报表需求,有可能是根据查询条件生成报表,有可能是时间点触发,有可能是空闲时间段生成;对于那种日报、周报、月报之类的报表,首先想到需要在某时间点定时计算,但如果统计的信息不需要实时性,运算量也不大,宁可采用根据查询条件生成的方式,毕竟这种方式做起来最容易,开发成本最低。

2. 生成报表的数据来源

正如分析单据一样,也需要分析报表中各元素的数据来源,使用的方法也类似于单据分析,当然也有不同之处:报表一般不需要过多考虑报表本身的流转过程,分析的重点应该在于生成报表的数据的来源。

3. 分析报表逻辑

仅仅分析报表的数据来源是远远不够的,还需要分析清楚大量的运算逻辑。有些报表逻辑简单,只是对一些数据的汇总显示罢了,有些报表逻辑却相当复杂。要理解报表逻辑,可以考虑以下这些方法:

1) 使用常识判断

有些报表比较简单,通过一些基本常识就可以判断它的运算逻辑了。例如,报表中有字段"数量""单价""金额",根据常识自然可以想到"金额＝数量×单价"这个公式。随着经验越来越丰富,所掌握的相关领域的知识越来越多,理解报表逻辑也会变得越来越容易。

2) 研习甲方文档

对于有些特别复杂的报表,甲方可能会有特定的文档进行阐述,如技术文档、管理文档、操作说明书等,需要认真收集这类文档,仔细学习。

当然,研习甲方的文档也需要留个心眼,很多甲方的管理要求都没有得到严格执行,有名无实的例子比比皆是。可以将文档中说明的算法当成入门工具,具体是不是真正如此执行,还需要更多的调研。

3) 听用户讲解

如果报表逻辑复杂,很可能需要甲方人员给你讲解。虽然甲方相关人员有义务给你讲清楚所有的运算逻辑,但要注意,一者甲方人员的讲解水平有限,二者你的理解能力有限,所以还是建议在要求甲方人员讲解前先预习一下。如果理解报表逻辑需要用到相关的专业知识,需要先花工夫学习了解。这个过程其实跟上学时听老师讲课类似,如果能够提前预习的话,就可以大大提高学习效率。

这里要特别提醒的是,听用户讲解这个过程相当重要,甲方人员可能理解你不是这个领域的行家,不了解这些逻辑理所应当,但如果他讲了很多次后,你还搞不清楚,他就会对你的能力产生怀疑,导致你在他心目中的地位逐渐下降,从而可能对后面的工作开展造成负面影响——失去威望对于实施者来说简直是一场灾难。

4) 研习电子表格公式

一般情况下,甲方会有两种介质的报表,一种是纸质报表,另一种是用电子表格(一般是Excel)做出来的电子报表。在收集报表时,如果拿到的纸质报表是从电子表格中打印出来的,那么要让甲方提供原始电子表格,因为其中很有可能嵌入了公式,这对于了解报表逻辑非常重要。比起听人讲解,直接看公式了解报表的生成方式要方便得多,也准确得多。

要分析好 Excel 中的运算逻辑,首先得熟练掌握这个工具,有些 Excel 高手设计出来的工作簿非常复杂,要分析清楚并不容易,这时候还是需要相关人员向你详细讲解这个 Excel 文件的设计思路与运算过程。

5.1.4　亲自体验

实施者可以亲自到有关部门去顶岗,做一段时间的业务工作,在实践中了解这个岗位的工作。这种方法最大的优点就是能够比较深刻地理解业务。

事实上这种方法使用得比较少,主要原因是成本太大。从学会这项工作,到自己操作,到深刻理解其中的方方面面,可能需要很长时间。如果某些岗位的业务工作实在不容易理解,而对这些业务工作的数字化对项目成败有决定性影响,可以考虑使用这种方式。

使用这种方式熟悉业务,一般发生在甲方自己做项目的情况。由于甲方是自己做项目,项目组成员都是自己的员工,这时候,可以让项目组某些成员跑到业务部门去蹲点,边学边干,直到学会了业务工作,这时候自然而然就熟悉了业务。这么处理的主要原因在于:一、因为甲方一般不大可能雇佣经验非常丰富的实施与需求分析高手,限于个人能力短期内很难掌握难度较大的业务知识,采用这种方式虽然耗时长,但确实能够解决问题;二、由于项目组成员是甲方的雇员,长期服务于本单位,深刻理解业务有助于甲方在未来持续优化数字化管理体系;三、甲方的项目组一般属于公司的服务部门,没有收入、利润之类的指标压力,多养几个人公司领导层也不会太在意,不像乙方那样需要严控成本。

5.2　获得用户需求

熟悉了相关业务后,需要进一步了解用户需求,了解哪些业务需要进行数字化管理,需要如何管理,需要系统提供哪些功能,需要实现什么业务规则,等等。

5.2.1　需求访谈

获得用户需求最直接的方式是需求访谈,也就是说跟用户进行面对面的谈话,听用户说出自己的要求,或者引导用户提出需求。访谈可以非常正式,提前约好访谈对象、访谈时间、访谈地点,准备好访谈话题与提纲等;也可以非常随意,在电梯、餐桌、车上都可以进行一次偶遇访谈。访谈也未必都需要面对面,通过电话、QQ、微信、视频聊天等方式进行的沟通,都可以归入访谈的范畴。

1. 访谈对象确定

需求访谈首先要确定访谈对象,一般情况下,访谈对象为本系统相关岗位的主管人员,另外可以再包括1~2名业务熟练的职员。当然,特殊情况很多,关键看岗位的工作性质、人员的分工、人数的多少、本系统的特点等。例如:

(1)有些岗位,员工很少,访谈对象比较清晰。例如:要做一次关于生产计划管理的访谈,全公司可能只有一位计划员;要做一次关于成本核算的访谈,而全公司可能只有一个成本会计。

（2）有些岗位，员工很多，但是工作流程简单，工作重复性强，对信息的要求不高，人员文化程度也不高。在这种情况下，就没有必要直接找基层人员，跟他们的主管谈就行。

（3）有些岗位，虽然有个名义上的主管，但其实主管对工作内容并没有想象得那么熟悉，这时候找主管谈反而没有意义。例如，某部门的主管是某某副总，但他只管大方向，几乎不过问怎么具体工作，自然就没有必要跟他谈细节的需求。

（4）有些系统，虽然涉及的岗位很多，但几乎都使用相同的功能，那么就不需要每个岗位都访谈一遍，只要访谈一些具有代表性的岗位就行了。例如，实施某 OA 系统，请假申请、办公用品领用等功能，几乎所有的岗位都会使用，就没有必要挨个访谈，跟分管部门中的某些主管人员谈就可以了，如党政办、行政部、人事部之类。

2．访谈准备

在进行访谈之前，需要先对访谈对象的相关工作有个基本的了解，例如，可以通过前面介绍的问卷调查、分析单据等方式先了解基本的工作过程，切忌不做准备就随便跑到甲方找人访谈。遇到那种专业性比较强的岗位，人家谈到需求时，必然会涉及一大堆技术术语，如果对此一无所知，肯定无法交流，浪费时间不说，还容易降低威望，增加以后的实施难度。

对访谈对象的相关工作有了一定的了解后，最好能准备一个访谈提纲，列出自己想要了解的问题，在访谈之前发给访谈对象，好让对方有所准备。访谈时未必会完全根据这个提纲进行，但至少用它来引领访谈方向，也可以让访谈对象更容易跟得上你的思路。

如果实在不了解某项工作，很难准备访谈提纲，那么至少需要先准备一些可以打破僵局的突破点，可以要求对方介绍工作职责，介绍工作中需要获得哪些信息，跟哪些岗位有业务往来，对数字化管理有什么想法，希望如何通过 IT 系统处理事情，希望系统提供什么功能等。

3．访谈预约

一次正式的访谈可能需要较长的时间，最好先预约，毕竟访谈对象有自己的业务工作，配合你做需求调研可能会搅乱他们的工作节奏。先预约后访谈，可以大幅减少对别人工作的干扰。

访谈时间的确定比较简单，一般都是征求访谈对象的意见，如果上班不是太忙，可以安排在上班时间，如果对方上班时很忙，那么只能安排在班后时间。

访谈地点的选择主要有两种方式，一是在访谈对象的工作现场，二是另外专门找个可以谈话的地方，如某某会议室或者项目部的办公场所等。

将访谈安排在访谈对象的工作场所有很多优点：首先，可以让访谈对象心态比较放松；其次，在自己熟悉的场合，看着自己的工作，不容易说漏说丢；再者，对于你自己来说，由于在访谈对象的工作现场，结合现场的工作场景、物料、单据等，可以更容易理解他说的内容；另外，可以让访谈对象更容易安排时间，有些人员的工作特殊，要他从工作现场跑开跟你谈话相当不容易；最后，在工作现场，有些可能会发现访谈对象在描述过程中漏掉的一些异常业务。

当然，在访谈对象工作现场做访谈的缺点也是非常明显的，那就是他陪你谈话时不太容易做到专心致志。由于工作现场可能打扰他的因素很多，他有时不得不中断跟你的谈话。绝大部分访谈对象都认为他现在的工作比这种谈话重要得多，自然会优先处理其他事情，极端情况下，把你晾在那里几个小时都有可能。

实际工作中,可以考虑针对不同的岗位和不同的访谈内容,采用不同的方法。如果遇到要访谈的业务需要现场观摩,或者访谈对象工作太忙不容易抽开身,以及访谈内容比较简短不需要专心思考等情况,都可以考虑放到现场访谈;对于那种需要耗费大量时间,需要访谈对象冷静思考、总结的访谈,建议约好时间专门找个地方谈话——要让他专心致志地配合你工作。

4. 访谈进行

开始访谈前,先要准备好纸笔用于记录。哪怕是一次极简单的访谈,也需要带上纸笔,一者用以记录,二者也是出于对访谈对象的一种尊重,这不仅是一种方法,也是一种态度。在访谈过程中,还需注意以下几点。

1)少用录音设备

录音可能会吓住访谈对象,不容易畅所欲言。好多需求来源于访谈对象在访谈过程中的吐槽与抱怨,比如他觉得某某流程不合理,某某绩效方式不公平,某某管理规定没意义等。一旦他知道你在录音的话,心态就完全不一样了,谁愿意冒着让领导不快的危险在你面前傻乎乎地胡言乱语呢?另外,录音设备还会让人产生依赖心理,认为仗着录音可以回放,从而导致访谈时不能专心致志,等到访谈过后再去听录音,很浪费时间。如果觉得有些问题实在太过复杂,不通过录音回放就可能会遗漏重要的内容,那么一定要明确告知对方你在录音。不要偷偷摸摸,这是一种基本的职业道德。

2)访谈要有线索

访谈时的问话一定要有条线索,如果一条线索不能涵盖你所有调研的内容就多准备几条线索,不要东一榔头西一棒槌,毫无章法。例如,去仓库做需求访谈,可以分成入库、出库、盘点、报表等几条线,具体到入库这条线,可以按照"采购计划的生成→下采购单→供应商送货→验收→入库→上货架→入账"这个顺序访谈下去。几条线问下来,基本上就涵盖了绝大部分内容了,最后再查漏补缺,询问没有涉及的内容。通过这种方式,不但可以让对方更容易思考,而且可以防止弄丢重要的需求。

3)鼓励访谈对象多说话

有些访谈对象说话不容易收得住,谈论一个话题时可能会偏离主题很远,这时候请尽量保持耐心,在合适的时候把他的话头拉回来,不要随便打断他。

如果访谈对象跟你说的内容你原本知道甚至非常精通,也尽量不要使用"这个我知道"之类的言辞,这有可能会打击对方的信心。你没有必要通过这种方式树立形象,更没有必要让对方觉得他在浪费你的时间。要知道在访谈过程中,最难处理的事情不是对方扯得太远,而是对方的话太少,遇到极端案例,只回答是或否。要想办法引导,鼓励对方多开口说话,他并不那么清楚你知道什么,被你打击多了只能点头摇头了。当对方打开话匣子后,你可以得到许多有用的信息,也许会有意想不到的收获。

4)适时给访谈对象灌输知识与观点

在访谈过程中,可以围绕访谈的内容,适时给访谈对象讲解一些跟本项目相关的IT知识,介绍你们的工作方式,提醒他们应该如何参与、配合项目实施,以减少未来的实施阻力。

访谈对象多少都会有些忐忑,因为不知道你们的系统会对他未来的工作有什么冲击,要尽量适时化解他的敌对或消极情绪。

还有些人可能对这个访谈莫名其妙,只是领导临时安排过来的,根本不知道访谈的目的是什么。你可以通过介绍未来要做的事情,让他的回答更有目的性,也更容易提出自己的需求。这个阶段,不怕对方提的需求多,就怕什么需求都没有。当然,介绍也要适可而止,当你发现说不清楚或者对方很难理解时,还是少说为妙,这毕竟不是访谈的重点,不要把一次精心准备的需求访谈搞成 IT 入门培训课。

5) 尽量避免谈论跟利益相关的话题

访谈过程中,应当尽量避免跟访谈对象谈论利益相关话题,除非你有把握让他觉得系统使用后对他确实很有好处,而且你有把握在当前阶段能将这种好处表达清楚,否则就不要过多解释为什么要使用新系统,而是把话题限制在如何实现上,"为什么"的问题已经在售前阶段说清楚了(否则甲方怎么会掏钱买系统呢),现在要解决的是"如何做"的问题。

6) 及时指出跟上级有矛盾的需求

在访谈过程中,如果访谈对象提出的需求跟他的上级(或上级的上级)有矛盾,需要及时提醒。一般情况下访谈对象会放弃这种需求,或者愿意改变处理方式以跟上级保持一致,但如果访谈对象坚持他的需求,很有可能是因为上级不熟悉他的业务工作,访谈过后需要及时跟他的上级沟通,以确定最终的需求。

考虑到这个原因,访谈应该尽量按照由上到下的顺序进行,先访谈级别高的员工,然后访谈级别低的员工。

7) 一次访谈是不够的

如果不是非常简单的项目,一般来说,仅仅一次访谈是不可能把需求谈清楚的,可能需要进行多次。一次访谈获得相关的需求后,回来消化一下,再去访谈其他的有关岗位,对若干岗位的需求有了综合了解后,对这些需求的理解会有个升华,然后再进行下一轮访谈,谈更深入的问题。通过访谈获得用户的需求,是一个螺旋上升的过程。

5.2.2　需求调研会

当需要讨论的问题牵涉的相关人员较多时,可以考虑组织需求调研会。相对于需求访谈,需求调研会参与的人员较多,需要花更多的时间做准备,对讨论过程的把握也更困难,因此本书并不推荐滥用这个方法。如果人员太多,或者准备得不够充分,对会议进程控制不好,很容易把事情搞砸,不但得不到需要的结果,还会把自己弄得威信扫地。

1. 发起会议

当出现了以下情况时,可以考虑召开需求调研会:

(1) 工作需要协同,牵涉的岗位、人员太多,不在一起开会根本说不清楚需求;

(2) 不同的人提出的需求相互矛盾,根本无法调和,只能开会谈判;

(3) 时间急迫,交期紧迫,根本来不及一个一个地去调研;

(4) 牵涉不同岗位、个人的利益,需要开会由领导拍板;

(5) 经过调研后已经有了一些结论,需要集中宣讲,同时收集反馈意见。

发起调研会之前需要精心准备这次会议的主题,一次会议未必只讨论一个主题,但主题一定要明确。确定主题后,再确定参会人员。注意,参会人员越少越好。不要让会议室中一拨人在开会,另一拨人闲待着,看上去讨论的事情跟他们没有任何关系,除非某个级别够高的领导能够压住场子,否则调研会的效果应该不会好到哪里去。

另外,发起会议时需要考虑参会人员的工作安排情况。例如,你想把会议安排在上午

9：00，可是车间里可能正在交接班，相关人员很难这个时候来开会，即使来了，可能也因为刚刚上了一夜的班，眼皮都睁不开，只是点卯而已，根本也不可能把问题谈清楚。

2. 会议材料准备

开会之前需要认真准备会议材料，将这次会议需要讨论的问题界定清楚。不管是什么形式的材料，都应该提前发给与会人员，让所有人对会议有所准备。会议材料要有很强的针对性，最好能列出需要讨论的详细条目，例如，确定某跨部门的业务流程，解决某两个岗位的需求矛盾问题，等等。

另外，会议材料准备并不限于实施者，有时候也要求其他与会人员准备一些在会议中可能用得到的材料，例如，要求他们提前整理自己的概要需求，整理某项复杂业务的处理规则等。

一次需求调研会。

会议时间：9月2日10：00

会议地点：三号楼205会议室

参会人员：王总、黄超（采购部经理）、姜联海（原材料仓库管理员）、李涛（原材料仓库会计）、张家生（财务部经理）、钱天（质量部经理）、陈远向（成本经理）、钱汉林（甲方项目经理）、赵峰（乙方项目经理）

主持人：赵峰

会议主题：讨论原材料采购与入库的信息化流程。

讨论内容：

1. 供应商的送货流程如何设计？需要采购部发通知吗？如何通知？这个通知需要同时发给仓库吗？如果没有这个通知，仓库拒绝收货吗？是针对所有的货物还是某种特殊货物？

2. 供应商如果送货送多了，仓库如何处理？需要发起什么审批流程吗？怎么审批？

3. 供应商送的货物是先入库再检测，还是先检测再入库？仓库要求先检测再入库，因为这样的话入库后可以立即打印带质量等级的标签，但检测部门要求先入库再检测，因为检测量太大，被供应商催着，很容易犯错误。

4. 如果检测不合格，仓库收货吗？如果已经收货了，是不是要退回去？这个流程怎么设计？

5. 采购部要求所有的材料都需要根据采购单入库，但仓库反映有许多零星材料并没有采购单，这种情况如何处理？

6. 财务要求仓库每月底报送纸质报表，但仓库反映报表都在系统中，财务可以自己直接查看、打印。

7. 供应商结账时需要提供什么凭证？什么时候打印？由谁签字？

8. 是不是可以将仓库的收货单与质检部的检验单合并到一张单据上？需要讨论一下格式以及设计使用的业务场景。

9. 财务需要对仓库的月末结存进行检查吗？怎么处理账实不符的情况？

10. 财务检查只是检查数量，还是需要对应到账面上的数量、库位、质量等级？

3. 会议过程控制

会议过程，跟一般开工作会议的要求差别不大，无非就是把握好中心思想，开会前有明确的目标,开会后得到明确的结论,鼓励不发言的多发言,把太离题的话题及时拉回来,支持讨论,不支持吵架,控制好开会时间,做好会议记录,等等。

4. 会议成果整理

开完会后,需要认真整理会议记录。会议记录类似于访谈结果的整理,不是简单的流水账,需要根据实施思路整理,如采用什么流程,打印什么单据,需要什么信息,需要什么软件功能,工作的业务场景等。仅仅如实记录每个人的发言是没有意义的。

然后,将整理好的会议记录发送到所有参会人员,听取他们的意见。也许有些人说的话你并没有理解对,也许有些人在会后对自己的发言感到后悔了,也许有些人在会上没有想起来但会后经过琢磨又有了相当不错的想法,这些都要认真对待。根据收集到的意见,可以考虑进行一次单独的访谈,或是再召开一次需求调研会。

5.2.3 单据中的需求

甲方相关领域在没有使用 IT 系统时,它的单据体系其实就是它的信息体系,填写单据的过程就是信息录入的过程,单据传递的过程就是信息流转的过程,最终单据被送进档案室就是信息被存放到数据库,只不过这个数据库很原始,查询、检索非常不方便。

将现在的单据体系跟用户所提的需求进行验证,很容易发现用户需求不完善的地方,毕竟用户谈需求只是针对自己的工作内容,很难进行系统化思考,甚至可能是支离破碎的。而甲方的单据体系才是真正系统化的,单据设计者在设计单据时一定对某个领域的管理体系进行了缜密的思考,这个毋庸置疑。

单据带来的需求,是甲方最基本的数字化管理需求,如果不能处理好,实施工作一定不会顺利。当然,这里并不是说数字化管理系统要完全根据原来的单据体系开发,而是想强调,在当前的单据体系中,蕴含着大量的数字化管理需求,这是实施者不能忽视的。

赵峰到仓库收集单据,其中有一张原材料验收单,包括品名、规格、单位、数量、单价、金额这些字段。他在查阅单据的时候,偶然发现在验收单的背面有人写了一些算式,心想这个公司的人也太散漫了,怎么随便拿单据给孩子做草稿纸用。但后来发现几乎每一张验收单的背面都有些算式,计算结果精确到小数点后四五位。

赵峰觉得非常奇怪,就去问仓库管理员。仓库管理员说,这是财务让他们算的,具体是干什么的她也说不清。赵峰又去找财务,才知道原来是财务要求对原材料采用移动加权平均的方式核算库存价值,这个计算出来的结果就是入库时的移动加权平均价格。赵峰觉得很庆幸,没有忽视这个重要的计算库存价值的需求。

5.2.4 报表中的需求

甲方为什么要做 IT 项目?无非是为了改善管理。IT 系统对领导来说,最有用的地方就是报表了。领导发起这个项目,领导决定验收是否通过,领导决定付款,不重视领导的需求是非常不明智的,因此一定要重视报表分析。

领导的需求有很大一部分可以从报表分析中获得。通过分析报表,可以深入理解管理脉络,弄清楚甲方管理者感兴趣的信息,可以站在管理者的角度看待 IT 系统,理解这个系统的目标,从而知道如何给各级管理者带来真正的价值。报表当然不是仅有的目标,但绝对是最重要的目标之一。

另外,通过对报表数据来源、计算规则进行刨根问底式的分析,可以获得大量的功能需求。任何一个看上去非常简单的报表,都有可能隐藏着很多功能需求。有时候,报表中一个字段非常不起眼,可一旦仔细分析下去,你可能会发现,为了这个字段,需要从若干地方采集数据,而从这些地方采集数据,又需要考虑如何将采集过程切合到业务的运行中。为了在业务运行过程中获得这个数据,需要有相应的软件功能支持,需要进行这样那样的流程重组,需要进行各种逻辑运算,等等。

赵峰在甲方实施一款人力资源管理系统。

在进行考勤功能调研的时候,甲方提供了一个现在正在使用的考勤报表,《员工考勤异常统计表》,用于统计每个部门上个月每个班次有多少员工迟到、早退、旷工。由部门的文员在月初的时候编制并报送到人力资源部。

赵峰搜集了几个部门上个月制作的报表,经过报表分析后,觉得有很多问题需要解决,而这些问题可能隐含着很多需求。

(1) 怎么定义员工的迟到、早退?

(2) 不同班次的员工,迟到、早退的规则是不是一样?是不是需要一个班次管理功能?

(3) 怎么知道员工属于哪个班次?怎么安排班次?由谁来安排班次?是不是需要一个排班的功能?

(4) 如何根据员工的打卡记录分析他是不是迟到、早退?他重复打卡了怎么办?是不是需要一个员工考勤分析功能?

(5) 外勤员工怎么办?卡坏了怎么办?忘记打卡了怎么办?是不是需要一个异常考勤处理功能?

5.3　完善用户需求

经过一番艰苦卓绝的需求调研之后,理解了甲方相关领域的业务,搞清楚了相关员工的工作方式,明白了用户对这个项目的所思所想,然后获得了大量的用户需求。但这些需求往往是非常随意的,远远达不到研发团队的开发要求,所以还需要进行完善。

完善需求至少包括两方面的重要工作,一是将随意的要求结构化,二是将目标转化成需求。

5.3.1　将随意的要求结构化

进行需求调研时,实施者需要跟甲方很多岗位的人员进行沟通,这些人基本上都是系统未来的用户,他们的知识水平、性格、职位、工作内容、工作能力各不相同,但一般都有一个相同之处:永远都不会像实施者希望的那样描述需求。他们说起自己的要求时总是非常随意的,使用日常使用的自然语言,非常不严谨,容易有歧义,可以多种解读。实施者需要将用户的这种要求结构化,使之更精准,更接近开发要求。

赵峰在甲方成品仓库做需求调研,这次需要了解如何给客户发货。仓库管理员是如此描述的:我们会根据销售合同整理当天的发货计划(发货计划中一般包括这周需要发货的所有销售合同),跟客户确认是不是需要发货,客户一般都要求发货越快越好,但特殊情况下也会要求拖几天。确定要发货后,先到成品仓库核查产品库存。如果库存足够,就发货;如果不够,就联系客户;如果客户急的话,就先发一部分过去。发货前再跟客户确认好收货地址,因为有的时候,客户会要求将不同的货物送到不同的地方,虽然合同里写了收货地址,但这个地址经常会变化。

这个描述显然蕴含了大量的用户需求,但非常模糊、不精准,需要进行结构化处理。

经过进一步询问确认后,赵峰对相关需求做了结构化的描述:

- 根据销售合同生成发货计划单,一天生成一个发货计划单,生成规则:交货期在今天以前或者在未来 7 天之内,尚未发货,并且对应商品物料有结存数量的合同。
- 一个发货计划单可以包括多个销售合同,一个销售合同可以对应多个发货计划单,发货计划单与销售合同的关系是多对多的关系。
- 销售合同支持分批发货,每一个合同的每一次发货,生成一个发货单,销售合同与发货单的关系是一对多的关系。
- 一个发货单支持多地址发货。
- 需要提供合同发货延期的功能。

5.3.2　将目标转化成需求

对于实施者来说,非常希望用户按照这种方式提出需求:我要什么功能,想处理什么数据,有什么业务规则,对界面有什么要求,等等。一句话,以研发为中心。但用户不是搞 IT 的,他们有他们的专业领域,他们只会以业务工作为中心。这就决定他们更关心自己的问题能不能解决,能不能达到某种理想状态,这是他们的目标。第 2 章讲采购需求时曾经讨论过类似的话题,这里不再赘述。

一些典型的不是需求的"需求"

(1) 我想知道我的下属每天都干了什么。

(2) 客户经常抱怨我们的售后服务,但我不知道我们哪里做错了,他们究竟在抱怨什么?

(3) 我想知道业务员的销售成绩跟绩效工资是不是有关联性,我应该给他们多少提成最合适?

(4) 经常发现仓库丢了东西,但查不到原因,甚至不知道究竟丢了多少。

(5) 车间在交班时乱糟糟的,需要持续太长时间,怎么才能让他们交班快点呢?

(6) 生产计划老是排不好,经常有些人很闲,有些人很忙。

(7) 员工平均薪酬高于同行水平,但离职率并不低。

(8) 一等品率明显低于同行平均水平。

(9) 我们要提高订单的准时交单率。

(10) 所有的工作都要用软件管起来。

在实际工作中,跟上述案例中类似的所谓的"需求"太多了。从严格意义上来讲,这些确实不能说是需求,只是用户抛出的管理问题,他们期待项目组能够解决这些问题。用了你的系统后,这些问题解决得越多,你的工作价值就越大,如果不能解决,往往说明这是个不成功的项目。

有了目标,接下来要思考的是,通过什么方法才能够帮助甲方实现这些目标呢？这个思考的过程就是将目标转化成需求的过程。有的时候可以引导用户思考,提出自己的方案,但大部分情况下,只能由实施者自己策划。

赵峰在甲方的原料仓库调研,分管仓库工作的副总说道:"我们发现仓库经常丢东西,但查不到原因,我们想知道怎么回事。"

这明显并不能算是个真正的需求,但是个非常有代表性的管理问题,甲方希望 IT 系统能够解决这个问题。

赵峰策划了这样一个方案:将仓库所有的物品进行规范编码,所有的入库与出库都需要通过系统处理,保证系统能够实时正确地反映物料的流动状况,这样至少知道了仓库中"应该"有多少东西,盘点后如果丢了东西,完全可以责成仓库管理员负责赔偿,这样可以提高仓库管理员的责任心,自然可以大大减少再丢东西的可能性。

这意味着,一个区区几十个字描述的"目标"被转换成大量具体化的软件功能需求:物料维护、入库、出库、盘点等。

第6章

项目范围确定

思维导图

项目范围管理是项目管理的重要内容,IT 项目自然也离不开项目范围管理。这是一项相当重要的工作,如果做得不好,可能会大大增加乙方的工作量,甲方还不见得满意;这也是一项相当困难的工作,需要有大量的经验积累才能把这事做好。

项目范围管理主要包括两方面的内容:一是项目范围确定,就是跟甲方达成共识,确定项目组究竟需要完成哪些工作;二是项目范围控制,就是保证乙方的工作内容不会超出已经确定的项目范围,从而将项目成本控制在合理范围之内。本章介绍如何确定项目范围,第7 章介绍如何进行项目范围控制。

需要注意的是,虽然本书用专门的章节讲述项目范围管理,但读者要知道,这项工作是贯穿项目始终的,从项目启动到验收交付,需要实施者持续不断地付出艰辛的努力,才能做好。

6.1 影响项目范围的因素

一个 IT 项目,一般在启动之前并不能完全确定这个项目需要做什么,虽然甲乙双方在签订合同、协议的过程中,售前人员已经做了很多努力,尽量将本项目需要做的事情具体化、结构化,但远远没有达到可以将项目范围完全确定下来的地步,项目范围是在实施过程中逐步确定的。

影响项目范围的因素很多,我们可以将其大致分成两大类:一类是用白纸黑字写下来的客观因素,包括合同条款、协议要求、售前方案等;另一类是主观因素,是甲乙双方人员头脑中的所思所想,包括对项目的期望、有什么担心、有什么要求等。总结下来,项目范围主要是由合同条款、甲方的期望、乙方的期望、用户需求决定的。

6.1.1 合同

在甲乙双方签订的合同中,跟工作内容相关的条款,如合同标的、采购需求、业务要求、开发要求等,是项目范围最基本的决定因素。

需要注意的是,这里所说的合同,只是一种泛指,在售前产生的各种交付物中,只要是对乙方的工作内容有约束作用的文字描述,都属于这里所说的合同范畴,例如,售前出具的解决方案,写明了乙方会提供哪些功能;售前甲乙双方签订了一份备忘录,对系统要求做了描述,等等。

赵峰在甲方实施项目。甲乙双方签订的合同非常简单,包括乙方需要提供某某系统、什么时候交付之类的内容。

但这个项目是甲方招标的,乙方中标后跟甲方签订了合同。赵峰认真研究了招标书,发现招标书的采购需求详细描述了甲方对系统的要求,如需要提供哪些功能模块、包括哪些功能、需要达到什么性能指标、需要满足哪些技术参数等内容。这明显应该被视为合同的一部分。

看来,这个招标书中的采购需求是项目范围最主要的决定因素。但是赵峰也发现,招标书中有些要求项目团队很难满足,就去问售前老李,这些问题应该怎么处理。老李解释说,虽然招标书中有要求,但我们不一定要满足所有的要求,对于那些不能满足的,我们在投标时已经在投标书中做了说明。

在这个项目中,需要将合同、招标书、投标书描述的内容综合起来考虑,才能得出最终需要履行的合同条款。

6.1.2　甲方的期望

IT 项目,需要甲乙双方通力协作才能完成,但很显然,双方的目标并不相同,毕竟一个是买家,一个是卖家。对乙方来说,目标很明确,就是履行合同,拿到项目回款,但对甲方来说,目标就比较含糊。因为,甲方可能经验有限,甚至有可能是第一次做这种项目,自然很难说清楚自己究竟想要什么,虽说是需要搭建某个领域的数字化管理体系,但至于如何搭建、搭建后能达到什么效果、能获得什么收益、对员工的工作方式有何影响,甲方并没有清楚、明确的认知。

不管甲方的目标是否明确,都一定会有某种期望在那里,这些期望会对项目范围产生重大影响。这很容易理解,如果项目效果跟甲方的期望值相距甚远,自然很难通过验收。就算你自认为已经履行了合同也不见得有用,第一,可以对合同条款进行不同的解读,第二,并不是每个甲方都那么有契约精神,不把 IT 项目合同当回事的甲方并不少见。

甲方没有太多的 IT 专业知识,而 IT 项目的交易又有着太多的不确定性,因此他们的期望是很不明确的,而且可能会随着项目的推进不断发生变化。有些项目,直到上线了,甲方都没有搞清楚自己究竟想要什么。

总之,甲方对项目的期望是模模糊糊的,是受很多因素影响的,如老总的理念、目前需要解决的问题、其他公司的实施效果、售前沟通、用户需求等。

1. 老总的理念

IT 项目需要在甲方某个业务领域建立数字化管理体系,这个领域的最高领导对这个待建体系总是有他的想法的。这种想法有可能会出现两种极端情况,一种是实在型的,觉得你只要把手头这些业务单据做到系统中,能录入、打印就行了;另一种是浪漫型的,恨不得乙方能开发一个全自动的超级智能机器人,按一下按钮搞定一切。实在型的,对项目的期望值很低,而浪漫型的,对项目的期望值就很高。当然,大多数老总的想法都是介于这两者之间的。

对实施者来说,如何在项目实施的过程中,让老总的极端想法回归理性,是个重要且困难的课题。

2. 需要解决的问题

甲方做项目的目的主要是解决管理问题。这些管理问题,自然会成为影响甲方对项目期望的重要因素。说起来挺简单的:我的期望就是你们能解决这些问题,能解决,我就认为达到了我的期望,不能解决,我就认为没有达到我的期望。但很显然,并非所有问题都是这个项目能够解决的,也并非所有问题都是这个项目应该解决的,这就需要实施者在工作过程中跟甲方相关人员做好沟通,以确定本项目将会解决哪些问题,不能解决哪些问题。

赵峰在甲方的原材料仓库实施仓储管理系统。

甲方分管领导谈了仓库管理存在的问题,希望能通过这个项目解决。

(1)账实不符:现在仓库里面究竟有多少东西,除了仓管员没有人清楚,手工做的账目根本不准,有时候生产计划员为了编排生产计划,不得不跑到仓库亲自核查某种关键物料的库存数量。

(2)丢东西:有时候,某种物料明明刚购买了足够的数量,在生产中明显没有用到那么多,但在仓库中就是找不到了,找仓管员,仓管员坚持说仓库中应该还有,可能被压在什么东西下面了,过一段时间应该就会出现,而最终往往不会出现。

(3)堆放混乱:货物在仓库中混乱堆放,除了仓管员,没人知道怎么才能找到需要的东西,有些体积小的物料,要找到简直跟大海捞针一样。

(4)货架利用率低:现在的货架利用率很低,为了防止找不到东西,仓管员都不敢在货架上堆放太多的东西,只能横七竖八地堆在地上。

(5)收货太慢:供应商送货时,仓管员不清楚什么应该收,什么不应该收,每次都要找采购、生产、计划部门的一大堆人沟通,有时候需要处理大半天才能把一车货收好,供应商意见很大。

(6)随意领料:车间领料时,填写领料单很随意,导致很多材料被多领,扔在车间中造成浪费,希望在领料时可以严格按照生产单的材料配额领料,减少材料浪费。

赵峰分析了这些管理问题,发现除了一个问题以外,其他问题都是本项目可以解决的。这个问题就是:如果要根据生产单的材料配额领料,就需要整套的生产管理系统,这明显不是本项目应该解决的问题。通过跟甲方领导沟通,对方接受了这个观点。

3. 其他公司的实施效果

甲方可能在实施项目之前了解了其他一些公司实施类似项目的效果,从而形成了某种印象,这种印象无疑会大大影响甲方的期望。例如,甲方领导到某个兄弟公司参观,发现他们在使用某管理软件,感觉效果不错,于是就联系了该软件系统的供应商,提出来需要一套相同的系统。在这种情况下,乙方在那个公司的实施效果,对甲方期望的形成有决定性影响。

4. 售前沟通

售前人员在跟甲方沟通时,自然而然会向甲方灌输一些思想,例如,描述使用本系统会给甲方带来什么收益,展望甲方使用本系统后会有什么改观,承诺能达成什么目标,等等。甲方是被售前人员说服签约的,不管他们是否相信售前人员的描述,但他们对这个项目的期望肯定会受其影响。

我们在讲售前工作的时候谈到过,售前人员为了签单,在跟甲方沟通的时候,往往会夸大项目的效果,给甲方某种不切实际的期望,这种期望会大大增加实施难度。实施者在工作过程中,需要让甲方逐步接受现实,放弃不切实际的幻想。

6.1.3　乙方的期望

乙方的期望当然是将项目交付,通过验收,拿到项目款。但除此之外,乙方可能还有其他期望,例如,乙方想通过这个项目打造一款软件产品,以进入某某市场;乙方想通过这个项目获得一些有代表性的需求,完善自己的软件产品;乙方想通过这个项目跟甲方建立长期合作关系,希望能够带来源源不断的后续订单(参见 3.2.2 节)。乙方的这些期望肯定也会影响项目范围。

赵峰在甲方实施项目,以定制开发为主。系统根据甲方领导的想法已经开发得差不多了,谁知道,当准备上线验收的时候,甲方的领导调走了,换了一个新领导。新领导的想法跟原来的领导差别很大,如果根据新领导的想法修改软件,至少要增加30%的工作量,这让赵峰非常闹心。幸运的是,在开发之前,赵峰跟原来的领导确认了需求,确认结果都是有签字盖章的。赵峰把需求确认的文件给新领导过目,新领导说,既然原来有签字盖章,我可以同意验收,但说实话,这个系统根本不是我想要的,我们是不会用的。

赵峰回公司做了汇报,公司领导研究后决定根据甲方的要求重新修改系统,首先,甲方规模很大,每年在 IT 上的投入很多,如果能与甲方建立长期的友好合作关系,必然会有源源不断的订单;其次,如果甲方真的不使用这个系统,那么每年的维护费也得不到,这也是一笔不小的损失。于是,项目范围大幅度扩张。

6.1.4　用户需求

用户需求对项目范围的影响无疑具有决定性作用,毕竟最终使用系统的是各级用户,他们需要通过这个系统获得信息、处理工作、解决业务问题。

在实际工作中,实施者在经过需求调研后获得的用户需求是多种多样的。这些需求可能很随意,可能很粗略,可能漏洞百出,可能不切实际,可能技术上实现不了,可能根本不在这个项目的范围之内……实施者应该如何面对这些用户需求呢?应该如何将用户的需求确定下来呢?

另外,我们也要明白,用户所提的需求并不能跟项目范围画等号。有些需求,并不是本项目应该做的,不能包括在项目范围中,而有些需求,并没有用户提出来,却是本项目必不可少的,需要增加到项目范围中。

在 6.2 节中,我们详细讨论这些问题。

6.2　确定需求范围

项目范围主要由用户需求决定,因此,要确定项目范围,首先需要确定用户需求范围。

要确定用户需求范围,首先要认清用户需求的本质,认清需求所代表的问题,不能机械地应对需求,需要解决问题。

面对用户提出的各种各样的需求,实施者需要加以甄别,"实现用户正确的需求"是实施者处理用户需求的基本原则,错误的需求需要从项目范围中被剔除。

很多需求,是项目必不可少的,哪怕没有用户提出来也需要实现——这些需求需要加入项目范围。

6.2.1　认清需求代表的问题

我们为甲方做项目,目标是要建立某个领域的数字化管理体系,绝不只是满足用户需求,让用户提出需求只是为了实现这个目标的手段之一。因此,面对用户需求,实施者首先要考虑的并不是满足需求,而是要厘清这个需求所代表的问题。如果问题得不到妥善解决,必然会带来源源不断的需求,导致需求范围不断扩张。这样一来,项目范围的边界自然也会不断扩张,导致项目成本不断增加。

赵峰在甲方某工厂实施生产管理系统。一位生产数据录入员提出了一个需求,希望项目组开发一个功能,用于自动识别生产卡上的数据(将生产卡上的信息录入系统是生产数据录入员的工作内容之一)。他希望的方式是:用手机将生产卡拍成照片,然后上传到系统,系统通过OCR技术自动识别生产卡上的生产数据,然后生成临时记录,经过用户编辑后转化为正式记录。这样可以大大减少录入数据的工作量。

赵峰仔细做了调研,分析了生产数据录入员的工作场景,发现生产卡上的信息基本都是通过从系统中打印获得的,工作人员填写的数据只有签名、生产时间。录入员需要录入的数据,大部分都是在系统中已经存在的数据,现在的问题根本不是数据录入快慢的问题,而是重复录入的问题。

赵峰再到车间追踪了该生产卡的流转方式,发现只要给相关操作工配置扫描枪,当这道工序完成后,用扫描枪扫描生产卡,那么录入员所要录入的数据就可以在系统中生成,也就说,录入员就不需要再录入这个生产卡的数据了。

6.2.2　剔除错误的需求

处理用户需求的基本原则是:实现用户正确的需求。用户的需求可能会漫无边际,很难全部满足,只能满足"正确"的需求。那么,什么是"正确"的需求,什么是"错误"的需求呢?

在项目范围之内,有助于建立本领域数字化管理体系,在技术上可行,在业务上可行的需求,是"正确"的需求,反之,就是"错误"的需求。错误的需求需要从项目范围中被剔除。

1. 超出项目范围的需求

乙方需要赚取利润,需要在市场上生存,漫无边际的用户需求会增加乙方的成本,让乙方无利可图,最终难以为继。因此,用户的需求不能随便扩散,所有的需求都应该在项目范围之内,不能让乙方的工作没有尽头。

赵峰在甲方实施OA项目。经过需求调研后,将甲方用户的需求做了整理,总结后大概包括这些需求点:

(1) 发布通知公告。向所有员工或部分员工发布通知公告。

(2) 发布新闻。向所有员工发布公司新闻。

（3）内部论坛。为员工建立内部讨论用的版块。

（4）内部通信。包括内部即时通信、文件传输、群聊、发送短信、发送内部邮件和内部消息实时推送。

（5）采购申请审批流程。采购单审批通过后，需要推送到现有的 ERP 系统采购模块。

（6）物品领用申请审批流程。物品领用单审批通过后，需要推送到 ERP 系统库存模块。

（7）单据报销审批流程。报销单审批通过后需要推送到现有的财务系统。

（8）请假审批流程。

（9）用车申请流程。

（10）会议室申请流程。

（11）公文管理。包括收文管理和发文管理。

（12）工作计划与工作日志。

（13）管理客户信息。包括设置拜访计划，登记拜访记录，登记客户服务日志，录入客户投诉记录。

赵峰经过分析后，向甲方领导指出：管理客户信息的需求，属于 CRM 系统的范畴，显然超出了这个 OA 项目的项目范围；将信息向 ERP 系统和财务系统推送的需求，由于不在这一期的目标中，建议先不考虑，在下一期再考虑如何整合这些不同系统的信息。甲方领导同意了这个观点。

2. 业务上不切实际的需求

一般用户对 IT 项目并没有太深刻的理解，对即将到来的数字化管理也没有长远的预见性，关于需求被实现后究竟会对自己、同事、公司的未来产生什么影响，也是一知半解。这就注定了，很多需求即使实现了，对实际工作可能也没有太大的意义，或者对应的功能根本无法投入使用，抑或需要付出很高的运营成本。

赵峰在为甲方实施生产成本管理系统过程中，在装配车间调研时遇到一个问题：该车间有一个装运工的岗位，主要工作是：将装配线需要的原材料或半成品从仓库领出，用推车运送到装配线上，将装配线完工的成品送到包装车间，那么装运工的成本如何分摊到生产任务单呢？

车间会计要求根据装运时间分摊成本，也就是说，假设某个装运工每天的人力成本是100 元，一天服务了 4 个生产任务单，用时分别是 1 小时、2 小时、3 小时、4 小时，那么分摊到这 4 个生产任务单的成本应该分别是 10、20、30、40 元。

赵峰经过分析，发现这是个得不偿失的需求，在业务上显然不现实。要知道计算成本本身是有成本的，如果计算过程需要支付的成本太大，那么将成本计算得再准确也没有意义。

想想看，车间总共只有两个装运工，一个月的人力成本也只有几千块钱，分摊到各个生产任务单的成本微乎其微，对需要根据成本数据做出的管理决策没有任何影响。可如果用这种分摊的方法计算成本，就需要记录每个装运工在每个生产任务单上花了多长时间。有时候，两个生产任务单的原材料会一起装运，这时还要考虑怎样将成本分摊到每个生产任务单，有时候两个装运工共同完成一个生产任务单，还要考虑怎样合并成本的问题，而车间每天处理的生产任务单少则十几个，多则上百个，仔细想一想，为了完成装运成本的核算，需要额外付出多少工作！这项工作显然没有意义。

这显然是个在业务上不切实际的需求。

在实际工作中,跟以上案例类似的、在业务上不切实际的、根本不值得去实现的需求相当多。有太多的软件,其功能是根据用户提出的需求开发的,但最终无人问津,被束之高阁。究其原因,多半是因为这些需求是得不偿失的需求,是在业务上不切实际的需求,使用这些功能所获得的收益,远远不能弥补付出的成本。

3. 技术上不能实现的需求

能识别技术上不能实现的需求,是对实施者的基本要求。实施者代表乙方团队跟甲方沟通,虽然不一定是技术高手,但一定要对自己所从事的这个 IT 领域的相关技术有个清晰的了解,知道哪些事情在技术上可行,哪些事情在技术上不可行,哪些事情虽然可以做但代价太大,等等。在需求调研的时候,如果发现用户所提出的需求在技术上是不能实现的,需要及时指出,如果自己没有把握,要及时跟团队的技术人员沟通。

另外,需要了解自己团队所拥有的技术。每个团队都有自己的技术边界,不存在无所不能、包治百病的团队。实施者需要知道自己的团队能做什么、不能做什么、擅长做什么、不擅长做什么、希望做什么、不希望做什么,什么能做到一流水平、什么只能做到差强人意,什么技术已经用得很成熟、什么技术还在探索期,等等。

当用户提出了某些需求,而自己的团队做不了,或不擅长做,实施者就需要进行引导,尽量使用自己团队擅长的方式实现用户需求。

赵峰在甲方做 CRM 系统,该系统包括网页端与移动端两部分。用户对移动端的功能需求是:业务员可以在手机上查看公司销售政策,获得公司发布的最新通知,录入客户拜访记录,录入每天的工作日志,获得工作任务,汇报工作任务的进展情况,获得客户欠费记录,查看收款计划。需要提供 Android 与 iOS 版的手机 App。

赵峰考虑到自己的团队在开发 iOS 版 App 方面的能力薄弱,就建议甲方使用微信公众号开发,因为团队做这方面的开发很有经验,而且这些功能需求通过微信公众号都可以很好地实现。开发后,无论 Android 手机还是 iOS 手机,都可以通过微信使用,而且现在绝大部分人手机中都安装了微信,不需要额外安装 App。

甲方采纳了赵峰的建议。

4. 其他错误需求

来陪你谈需求的用户,也许有着你意想不到的背景:有的人因为对数字化管理一无所知,根本不了解的你工作,只是为了完成领导布置的任务才来陪你做需求调研。他自己根本没有需求,只跟你东拉西扯;有的人因为害怕承担责任,不想说得太具体,喜欢闪烁其词,打打马虎眼;还有的人自认为级别不低,喜欢那种高高在上的感觉,习惯了宏大叙事的调子,只能跟你说几句抽象的工作指导,等等。

可想而知,这些需求不可避免地带着个人的烙印,可能毫无逻辑性,可能前后矛盾,可能莫名其妙,可能如梦幻般虚无缥缈……总之,一定会包含大量错误的需求,这些都需要实施者去甄别。

6.2.3　补充必要的需求

我们一再强调,到甲方实施 IT 项目,实现用户所提出的需求并不是目的,建立甲方在相关领域的数字化管理体系才是目标。有些需求并没有用户提出来,但如果没有这些需求,就无法给甲方建设好这个管理体系,或者即使勉强做出来,在实际使用时也会四处碰壁,问题不断。这些需求是建立数字化管理体系的必要条件,为了项目能够顺利实施,无论如何都是要实现的。例如,某某地方要加个参数配置,某某地方要加个接口程序,某某地方要加个数据字典,某某地方需要加个临时功能,某某地方需要有个应付极端情况的功能,某某地方需要有个处理历史数据的功能,等等。

赵峰在甲方实施一款人力资源管理系统。

这家公司有几百个考勤机,员工打卡后,系统需要将考勤打卡数据上传到管理平台服务器,管理平台根据打卡数据进行各种计算分析。由于每天有几万条打卡数据、考勤记录,导致数据库中的相关表数据增长很快,随着历史数据的积累,一段时间后,就会严重影响系统的运算效率。

用户自然没有谁会考虑这个问题,但赵峰知道,如果这个问题不解决,系统正式使用后,运行速度一定会逐渐变慢,可能一段时间后就卡得没法用了。因此,要考虑开发一些功能,将长期不用的历史数据迁移到其他数据库,并且额外开发一些功能,用于用户查看、导出这些数据。

6.2.4　需求调研报告

需求调研报告是经过需求调研并确定需求后必不可少的规范文档,一般包括调研背景、专业术语、相关资料、需求、相关数据等部分。对于不同的项目,这个文档的篇幅相差很大。一个小系统的需求调研报告可能寥寥几页就可以了,而对于一个大型系统,可能需要数百页甚至上千页。需求调研报告的格式也不需要死搬教条,不同公司、不同团队,甚至不同项目都可以根据具体情况设计符合自己要求的格式。这里给出一种需求调研报告模板,供读者参考。

"需求调研报告"模板

```
1　引言
1.1　编写目的            //为什么要编写本文档
1.2　调研背景            //简述调研过程、参与人等
1.3　专业术语            //解释本文档中用到的专业术语
……
2　相关资料              //经过整理的对以后阶段有用的资料
2.1　组织结构
2.2　用户
2.3　重要业务规则
……
3　需求                  //整理所有需求,这是本文档的核心内容
3.1　部门(模块)1        //以业务领域或软件功能为维度
3.2　部门(模块)2
……
```

```
4  数据                    //整理本系统需要处理的所有数据
4.1  销售合同
4.2  采购单
……
5  相关系统                //可能跟本项目有关系的其他软件系统
5.1  系统 A
5.2  系统 B
……
6  其他
6.1  注意事项
6.2  待定问题              //没有定论,还需要继续讨论的问题
……
```

下面根据上述模板介绍一些重要章节的撰写方法:

1. 相关资料

相关资料是指在需求调研过程中收集的、对后面的工作影响较大的资料,常见的如公司的组织结构、人员名单、重要的业务规则等。注意,这里所说的相关资料是经过整理分析的资料,而不是将用户提供的所有原始资料都贴在这里。

实施者在进行需求调研时需要搜集很多资料,甲方人员可能会以各种方式提供,如口述、手写、Excel 表格、Word 文档等。这些资料对系统的初始化、未来的工作安排、用户权限设置等会有很大的影响,因此,实施者最好设计一些规范的文档格式,用来整理这些资料。例如,如何画组织结构图,如何整理员工档案,如何表达每个人应该分配哪些权限,等等。这些资料既能够促使工作规范化,又能够给沟通带来方便。

2. 需求

在这里整理用户所提出的各种需求。需求调研的目的就是获得用户的需求,这部分自然是调研报告的核心。一般可以从两个维度描述需求,一是按照业务领域的维度,二是按照功能模块的维度。

例如,某甲方业务管理系统的需求,可以按照组织架构进行描述,从公司管理层到各个部门,再到各个岗位依次整理:总经理的需求是什么? 财务部的需求是什么? 销售部的需求是什么? 制造部的需求是什么? 也可以按照功能模块进行描述:办公管理模块的需求是什么? 库存管理模块的需求是什么? 计划管理模块的需求是什么? 生产管理模块的需求是什么?

当然,如果项目够复杂,也可以交叉描述,在每个部门下面描述对每个功能模块的需求,或在每个功能模块下面描述各部门的需求。需求描述没有一定之规,视项目的具体情况而定。

前面我们谈过,用户所提出的需求很随意、很概略,在写需求调研报告时要将它具体化、结构化。另外,对于用户的"错误"需求,在写需求调研报告时,需要跟相关人员沟通确认好,实在没有定论的可以先放到"待定问题"中,在"需求"这部分出现的内容应该都是确定的、双方已达成共识的需求。

某车间调度员的"需求"如下：

1. 需要获得计划部的生产计划，有了新的生产计划，可以发送提醒短信到手机。

2. 需要机器监控功能：需要用图形（包括柱状图、饼图、折线图）显示当前车间各个机器的运行状态，如果机器是工作状态，可以立即查看当前处理的任务。

3. 需要通过智能计算生成最优的生产任务排单建议，调度人员可以根据排单建议下生产任务（生产任务的排单规则参见"相关资料"文档）进行调度。

4. 需要根据生产任务单打印生产任务卡，需要用条码打印卡号，任务卡格式详见"报表格式"文档。

5. 当某生产任务超过预定完成时间四小时还没有完成时，系统需要发送短信提醒调度人员。

6. 当机器处于维修、保养状态时，系统中需要有醒目的标识。

7. 某生产任务单领料失败时，要及时提醒调度人员（不需要发短信，在系统中通过内部消息提醒即可）。

8. 需要一个统计分析表，统计最近一个月中所有没有按计划要求完成的生产任务，并分析其产生原因，包括四种原因：材料原因、机器原因、生产能力原因、任务安排原因。

材料原因的判断规则：……

机器原因的判断规则：……

生产能力原因的判断规则：……

任务安排原因的判断规则：……

3. 数据

这里整理本系统需要处理的所有业务数据。注意，不是设计数据字典，只要整理好本系统需要处理哪些数据项就足够了。很多情况下，数据对确定项目范围有重要的影响，假如所管理的数据中没有任何关于员工的信息，那么所有跟员工档案相关的功能明显就不应该包括在本项目的范围之内。

某采购管理系统的"数据"

供应商：供应商代号、名称、邮编、地址、联系人、联系电话、邮箱、传真

采购订单头：采购订单号、供应商、下单日期、交货日期、采购员、要求说明

采购订单行：采购物品、规格、数量、单价、备注

……

4. 相关系统

相关系统指跟本系统有关系的其他 IT 系统，一般包括：

（1）与本系统协作共同完成某些任务的系统。例如，现在需要开发采购管理系统，但采购单的审批过程是在 OA 系统中完成的。

（2）与本系统需要通过接口进行数据交互的系统。例如，现在需要开发考勤分析系统，根据班次、打卡记录分析考勤状况，但打卡数据需要从一卡通系统中获得。

（3）本系统需要依附的系统。例如，甲方使用一款复杂的生产管理系统进行车间管理，现在需要围绕它开发一套报表系统。

5. 待定问题

待定问题是指目前没有处理,但以后需要处理的问题,例如,甲乙双方意见不一致需要沟通讨论的问题、现在还不具备处理条件的问题、优先级很低没有必要现在处理的问题等。需求调研报告这个文档应该是在需求调研启动不久就着手编写的,在调研过程中,只要有待定的问题,就可以在这里记录整理,一旦经过讨论确认,就从这里清除,到最后定稿时,自然就不应该存在待定问题了。

某考勤分析系统的"待定问题"

获取一卡通打卡数据时,是从一卡通系统的数据库中直接读取数据,还是由一卡通系统通过接口将数据推送过来?

考勤分析的计算过程,是在上班后实时计算,还是在夜里定时计算?

允许员工提前多久打卡?

滞后多久打卡算迟到?

滞后多久打卡算旷工?

是指定员工在规定的考勤机上打卡?还是员工在公司的任何一台考勤机上打卡都算有效?

6.3 项目范围的表达

6.3.1 项目范围包括哪些内容

一般来说,用户需求确定后,项目组需要完成的工作也就确定大部分了。也就是说,项目范围基本就敲定了。但也要知道,项目范围不仅包括用户需求,而且包括很多其他内容。

概括来说,项目范围一般包括四方面的内容,一是覆盖哪些业务领域,二是提供什么软件产品,三是提供什么硬件产品,四是提供哪些服务。围绕这些内容,我们可以将项目范围划分为业务范围、软件功能范围、硬件范围、服务范围。硬件不是本书的重点,下面介绍另外三方面内容。

1. 业务范围

所谓业务范围,指本项目涉及哪些业务领域。有些人会有误解,觉得项目范围主要是用来界定乙方团队的开发工作量的,看甲方需要开发哪些功能就行了,至于这些功能会被应用到甲方的哪些业务领域、哪些部门、哪些岗位,根本不需要关心,因为这并不会增加开发工作量——这种想法是不对的,因为功能应用的范围越广,牵涉的领域越多,用户越多,不同的需求也越多,规则也越多,实施的难度也越大。

对于有些项目,软件本身就决定了其业务领域,确实不需要太关注业务范围,例如,销售合同管理系统,它的业务领域自然是管理销售部的销售合同,而学校的学生档案管理系统,其业务领域自然是管理本学校所有学生的档案。

有些项目就不同了,系统会应用于很多部门和领域。例如,仓储管理系统,会用到原料仓库、半成品仓库、成品仓库、辅料仓库、办公用品仓库等,就看甲方有多少仓库了。项目需要管理的仓库越多,实施的工作量肯定就越大,系统需要支持的业务逻辑自然也越复杂,因此,就需要在项目范围中明确哪些仓库需要使用本系统。某些大型、综合性业务系统(如常见的 ERP 系统），从理论上讲，可以管理企业业务的大部分领域，如财务、采购、库存、销售、计划、调度、生产、成本、质量等，实施工作量主要由需要管理哪些业务领域决定，如果不明确规定应该覆盖哪些业务领域，这个项目范围显然很难控制好。

赵峰在甲方实施一款知识管理系统。甲方是个大型集团公司，旗下有很多子公司，有好几家生产工厂、热电厂、房产公司、外贸公司等。

赵峰根据售前人员的沟通结果，跟甲方讨论业务范围，最终确定，这一期，要在与甲方主营业务相关的三家工厂以及外贸公司实施本系统。

当然，也有些项目，虽然可能涉及的业务领域很多，但对项目组的工作量确实影响不大，那就不需要在乎业务范围了。例如，某甲方的 OA 系统，虽然几乎每个员工都需要使用，但都没有什么特殊要求，只是接收通知，发起、处理一些标准的办公工作等流程。

2. 软件功能范围

软件功能范围指需要软件提供什么功能，每项功能有什么业务规则，需要处理哪些数据，对界面有什么要求等。实施者在进行需求调研时获得的用户需求，绝大部分最终都会转化成功能要求。

不同的项目，对于功能范围的重视程度并不相同。对于那种以定制开发为主的项目，功能范围决定了项目组的绝大部分工作量，因此需要认真对待；而那种提供标准软件产品的项目，由于大部分软件功能都是现成的，只是根据用户的需求部署功能，定制开发只占很小的工作量，功能范围对项目成本影响不大，就不需要太重视。

赵峰在甲方实施一款大型业务管理系统。在项目启动前仔细检查了合同，合同写明，这一期，甲方购买库存管理、采购管理、销售管理、办公管理、出货装运管理几个模块。

研发部署系统的时候，赵峰让他们将软件的其他功能模块，如生产计划管理、调度管理、成本管理、财务管理、质量管理等，都删除。

需求调研也是围绕合同条款中需要提供的功能模块进行的。最终，编写项目范围时，功能范围只写了用户需要定制开发的需求，对标准产品能够提供的、已经部署的功能并没有进行详细描述，因为这些内容对项目组的工作量影响不大。

3. 服务范围

服务范围，就是需要乙方提供的服务。从广义上讲，项目组所有的工作内容都是提供的服务，当然不可能把每项工作都写下来作为项目范围，要写下来的是那种在常规工作以外的工作。至于什么是常规工作，并没有一个统一的标准，就看甲乙双方的共识了。下面这些情况都是笔者在工作中遇到过的，供读者参考。

（1）某项目，在签约时规定好了，乙方主要提供远程支持，只上门服务 3 次。项目组在项目范围中写明只上门服务 3 次，如果超过 3 次，甲方需要额外支付服务费。

（2）某项目，甲方同意，系统的数据初始化工作由甲方自己负责，项目组在项目范围中写明乙方不负责系统数据的初始化工作。

（3）某项目，由于在很多地方需要用到 Excel 处理数据，甲方要求乙方给用户培训 Excel 的使用，项目组在项目范围中写明，除了培训本系统的使用外，另外提供 Excel 的初级培训，培训内容包括排序、筛选、数据透视表、编写公式等。

（4）某项目，需要用到一些特殊的设备，甲方希望乙方采购，费用在项目款中结算。但乙方并不情愿承担这个任务,因为自己没有人才能够从事这些设备的后续维护工作。但甲方坚持,因为乙方的软件需要跟这些设备做对接,很多参数甲方搞不清楚。最终,乙方同意采购,但要求在设备款之外收取一定的采购费用。项目组将乙方负责采购设备的工作在项目范围中写明了。

(5)某项目,甲方需要参加某个展会,时间很紧,知道项目在那个时候不可能做好,但甲方希望乙方能提前做个可以演示的系统界面,并安排人员在展会上演示。项目组将这个要求写到项目范围中。

6.3.2 项目范围说明书

如果项目规模够大或者够复杂,那么可能需要一份正式的文档来描述项目范围,作为甲乙双方在工作过程中需要共同遵守的规范。一般用来描述项目范围的文档被称为"项目范围说明书",这里提供一种编写项目范围说明书的模板,供读者在工作中参考。

"项目范围说明书"模板

1 引言
1.1 项目背景
1.2 编写目的 　　　　　　　//强调超出本文档的内容不在范围之内
1.3 名词解释
……
2 概述
2.1 项目目标 　　　　　　　//希望对管理改善达成的目标
2.2 期待解决的问题 　　　　//希望通过本项目解决的管理问题
2.3 范围简述 　　　　　　　//简要介绍本项目需要完成哪些工作
……
3 工作范围
3.1 业务范围 　　　　　　　//项目服务哪些业务领域、部门
3.2 功能范围 　　　　　　　//需要提供的软件功能
3.3 服务范围 　　　　　　　//需要提供哪些非常规服务
……
4 交付物
4.1 软件 　　　　　　　　　//需要提供哪些软件,以什么方式提供
4.2 硬件 　　　　　　　　　//需要提供哪些硬件,以什么方式提供
4.3 文档 　　　　　　　　　//需要提供哪些文档
4.4 代码 　　　　　　　　　//需要提供哪些代码,以什么方式提供
4.5 认证证书 　　　　　　　//需要提供哪些认证证书
……
5 约定
5.1 前提条件 　　　　　　　//达成某些目标的前提
5.2 非项目范围 　　　　　　//强调哪些工作内容不在项目范围之内

5.3　消除歧义　　　　　　　//澄清双方可能误解、"扯皮"的地方

……

6　验收

6.1　验收流程

6.2　验收标准

……

7　其他事项

任何团队都可以设计用来描述项目范围的文档格式——重要的不是格式,而是能否把项目范围描述清楚,能否减少"扯皮"的可能性,能否表达双方的共识。以上模板,在实际使用过程中可以根据自己团队、项目的特点进行增删,例如,如果验收很简单,就可以将验收部分删去,如果甲方强调符合某些国标标准,可以另外增加章节以描述需要符合这些标准的哪些内容,等等。下面介绍如何编写一些重要的章节。

1. 项目目标

项目目标指软件开发、实施完成后希望达成的目标,也就是说,这个项目的目的是什么,希望给甲方带来什么价值,希望达成什么指标等。不过说实话,在大多数情况下,这个目标并没有那么清晰,主要原因是目标是否实现很难评判。

在企业管理工作中,有很多常见的量化指标,如投资回报率、资金周转率、库存周转率、客户投诉率、坏账率等,只要管理规范一点,这些指标都是可以算出来的,但又有谁能够证明,这些指标的变化是因为用了某个 IT 系统?你不能说资金周转率的提高都是财务软件的功劳吧?不能说库存周转率的提高都是库存管理系统的功劳吧?对乙方而言,这些指标非常不可控,影响它们的因素太多,系统的作用可能微不足道。

在售前阶段,售前人员喜欢拿这些指标说事儿,以期打动甲方,但在实施阶段,就不能把这种自己不能控制的事情当成目标。考虑到这个原因,指标类的目标能不写就不写,写那些能实现的、项目组可控的目标,这种目标对项目组的工作才有指导意义,才能给出甲乙双方明确的努力方向。

某销售管理系统的"项目目标"

对销售部的客户拜访、签单、发货、回款相关的工作流程进行数字化管理。

业务员可以通过手机随时汇报拜访情况,领导可以通过本系统监管业务员的拜访工作。

客户可以通过网页远程下单。

对所有产品使用条码管理,发货时需要扫描条码。

发货需要根据订单的要求处理,如果客户对发货要求有变更,可以远程修改。

允许客户赊账,但不同的客户允许赊账的信用额度不一样,系统需要每个月根据客户的历史交易、回款情况自动计算信用额度。

没有按要求回款的,到了账期发送催款提醒(邮件、短信)给业务员。

每个月给每个客户生成往来对账单,自动发送邮件给客户。

计算业务员、大区经理的销售业绩。

2. 期待解决的问题

期待解决的问题,指希望通过本系统解决当前存在的管理问题,这其实可以看作项目目

标的一部分。有些项目期待解决的问题非常明确,如"为了解决信息孤岛的问题需要开发一个信息集成平台",也有些项目,就非常模糊虚妄,如"为了解决管理效率低下的问题需要采用 ERP"。

某库存管理系统"期待解决的问题"

账实不符:很多材料,仓库中明明可以看到,而在账目上却看不到,而有些材料,账目上是有的,在仓库中却找不到。

积压严重:现在仓库积压的材料越来越多,既积压了资金,又导致仓库负荷越来越重,存储空间严重不足,希望能增加原材料采购的科学性。

随意收货:有的时候,供应商并没有根据订货要求送货,仓库收货的时候也不知道应该收多少,结果经常出现这种现象:订购的材料没有送到,没有订购的材料却送来了不少。

……

3. 范围简述

简要介绍本项目需要完成哪些工作——只需要概略性描写,不需要长篇大论,毕竟,整个文档才是对项目范围的界定。

描写要尽量清楚明白,少用"尽量、争取、等等、可能"之类充满变数的、可以进行各种解释的词。例如,写成"包括销售管理、采购管理、库存管理、客户管理、财务管理五个模块",而不是写成"包括销售管理、采购管理、库存管理等模块"。

某销售管理系统的"项目范围简述"

本系统所管理的业务范围包括潜在客户拜访、客户下单、销售合同签订、销售发货、跟踪服务、市场促销——根据这个描述可知,销售部办公人员的考勤等方面的需求不在这个项目的范围之内。

本系统包括以下管理功能:潜在客户信息维护、客户档案管理、业务员基本信息维护、拜访日志录入、客户订单管理、销售合同管理、发货单管理、退货单管理、服务日志管理、投诉管理、客户建议征集、市场促销活动管理——根据这个描述可知,对销售发票、客户回款的管理不在这个项目的范围之内。

4. 工作范围

工作范围是项目范围中最重要的内容,自然也是本文档的核心内容。工作范围一般包括业务范围、功能范围、服务范围。前文已经讨论过这个问题,这里不再赘述。

工作范围中的功能范围,是指需要软件提供什么功能,处理什么数据,需要什么样的界面等。这是工作范围最重要的内容,可能需要长篇大论,项目规模大的话,可能需要几十页、几百页才能说清楚。一般情况下,这部分内容应该在"需求调研报告"中已经写清楚了,如果团队编写了"需求调研报告",就不需要在这里重复描述了,可以写上"参见'需求调研报告'"之类的文字。

某项目的"工作范围"

【业务范围】

销售部:维护客户资料、编制销售计划、销售合同管理、销售订单管理、发货管理、收款管理、退货管理、对账。

采购部：维护供应商资料、编制采购计划、采购合同管理、采购订单管理、原材料收货计划、付款管理、供应商评价。

原料仓库：收货、原材料验收、上架、发料、盘点、库存报表编制。

……

【功能范围】

本系统提供七大功能模块：采购管理、销售管理、库存管理、财务管理、生产计划管理、生产管理、质量管理。功能列表参见下表（每个功能的具体需求参见"需求调研报告"）：

……

【服务范围】

乙方实施人员提供 60 人·日的上门服务，如果超过 60 人·日，甲方需要支付上门服务费用，具体参见项目合同相关条款。

乙方负责采购本系统需要用到的以下设备：扫描枪、手持终端掌上电脑、电子秤、RFID 感应设备。甲方根据发票向乙方支付费用。

……

5. 前提条件

有些工作需要特定的前提条件，如果条件不具备，那么就无法完成，这些前提条件需要在本文档中写清楚。

某项目的"前提条件"

系统需要跟甲方现在运营的 ERP 系统做对接，要做到这一点，需要 ERP 供应商提供技术支持，甲方需要协调该供应商配合乙方工作，否则不能进行对接。

甲方提供的服务器需要连入互联网，否则无法运行。

6. 非项目范围

有些工作不在项目范围之内，但甲乙双方可能在理解上有偏差，需要预先写清楚，以消除这些理解偏差。

某项目的"非项目范围"

乙方不负责提供服务器，服务器的日常维护、安全管理等工作不属于乙方的工作范围。

乙方所负责采购的设备，只保证跟软件对接后调试通过，不负责设备的维护工作，如果设备本身出了问题，甲方需要跟设备供应商直接沟通。

乙方不负责采购本系统需要用到的这些耗材：标签打印纸、RFID 标签。

这一期不包括智能调度、成本管理模块，如果甲方需要使用相关功能，需要另外签订合同。

移动端只支持 Android 系统的手机，不支持其他操作系统的手机（包括 iOS 手机）。

所有开发基于乙方的开发平台，本平台只支持两种标准界面风格（"红色火焰"与"绿色树林"），新风格的开发不在本项目范围之内。

7. 消除歧义

消除歧义，指将某些容易产生理解歧义、容易起争执的事情提前阐述清楚，免得到项目后期"扯皮"。澄清的内容可以包括各方面的事情，如项目范围上的、技术上的、服务上的、功能上的等。只要觉得这个事情可能会因为双方的理解不同而影响项目的实施、验收、运营，就应该写下来，以消除歧义。

某销售管理系统的"消除歧义"

地图使用的是某第三方提供的免费地图，对地图的处理会受限于地图接口（详见该公司提供的"接口说明"文档）。

市场促销活动，只能进行活动的录入、维护，不能分析某次促销活动对销售的影响。

服务日志只能在本系统录入，或从 Excel 导入，不能从 QQ 中导入聊天记录。

本系统不管理销售发票与销售回款，因此也不能出具客户往来对账单。

第7章

思维导图

项目范围控制

我们已经知道了，项目范围管理包括项目范围确定与项目范围控制两方面内容。第6章讨论了如何确定项目范围，本章我们来看看如何进行项目范围控制。在实际工作中，在确定项目范围的过程中就需要进行范围控制（这一点相信读者在阅读第6章时已经有所体会），而进行范围控制的目标之一就是与甲方达成共识，从而确定双方都认可的项目范围。也就是说，这两项工作是相辅相成、交织进行的，是不能分开的，本书只是为了表述方便才将其分成两个独立的章节。

7.1　换位思考

项目范围控制最难的地方，在于甲乙双方缺少共识。对乙方来讲，只要能履行合同、协议，那么投入的成本越少越好，工作量越小越好；对甲方来讲，钱已经花出去了，收获越大越好，乙方干的活儿越多越好。也就是说，乙方希望项目范围越小越好，甲方希望项目范围越大越好。这种立场的差异性可能会导致甲乙双方发生激烈冲突，引发各种矛盾。

做管理软件项目，需要甲乙双方通力合作，这种矛盾可能会严重影响双方的合作关系，给项目带来巨大的困难与风险。为了避免或减少这种矛盾，甲乙双方首先需要在思想上达成共识，端正对待项目范围的态度，多站在对方的立场上思考问题。

7.1.1　站在甲方的立场思考

实施者是乙方人员，自然会站在乙方的立场上思考问题，但双方既然需要合作才能做好这件事，那么只想谋求自己利益的最大化显然是行不通的，需要学会为甲方着想，站在甲方的立场上思考问题。

1. 不要只想着赚钱

《基业长青》这本书中有一句话："利润不是目的，利润就像人体需要的氧气、食物、水和血液一样，这些东西不是生命的目的。但是，没有它们，就没有生命。"乙方跑到甲方来做项目，当然要赚取利润，利润是乙方团队得以生存、发展的保证，但实施者在实施项目的时候，不能把利润当成唯一的目的，不能"眼中只有钱"，要知道团队工作的价值所在，知道团队的工作对甲方的意义是什么。实施项目是为了解决甲方的管理问题，是为甲方在某领域建立数字化管理体系，不仅仅是应付合同、"挣钱闪人"这么简单。

有些实施者简单粗暴地认为,实施项目的过程就是甲方提出一堆想法,我们做完收工,少做一份工作,就节省一份成本,就多一份利润——这种思想实在要不得。

如果有这种思想,就很难跟甲方达成共识,很难在确定项目范围时跟甲方达成一致,只能在争吵、斗争中将项目进行下去(甚至根本进行不下去)。乙方跑到甲方来,是为甲方解决问题的,如果没有解决问题,那么你们在这里的意义是什么呢?你们给甲方做了一些没有意义的事情,甲方会让你们赚取利润吗?即使甲方勉强同意验收付款了,但如果问题没有得到很好的解决,数字化管理体系设计得不理想,这个系统也用不了多久,也就不能给乙方带来源源不断的服务费——这会大大降低整体利润。

2. 理解甲方的"无理"要求

有时候,甲方的要求看上去很奇怪,或者简直可以算是"无理取闹"。遇到这种情况不要轻易下结论,要知道,任何看上去"无理"的要求,背后都有它合理的逻辑。在弄清楚这个合理的逻辑之前,不要轻易下结论,也不要轻易处理这些要求,否则无论你是答应还是不答应,最后都有可能导致项目范围失控。

这种"无理"要求的背后,有很多可能的原因,例如,可能甲方只是被售前人员吊大了胃口,可能只是需要解决一个没有表达好的问题,可能甲方的决策者这段时间转变了管理思想,可能甲方使用项目的人跟谈合同的人想法完全不同,可能甲方换了负责人,可能甲方相关人员对数字化管理存在误解,等等。只有弄清楚这些"无理"要求背后的真实原因,了解了它的真实含义,才能着手解决问题——这是实施者应该养成的工作习惯。

3. 不能让无理要求泛滥成灾

乙方要为甲方着想,站在甲方的立场上思考问题,这个立场,是对建立数字化管理体系有利的立场(这才是真正为甲方着想),而不是说乙方应该无止境地提供服务,不惜大亏血本。如果乙方没有利润,生存都成问题,还怎么能服务甲方呢?

一心想少干活儿固然不对,但任由无理要求泛滥成灾更是行不通。如果不加以控制,有些用户的需求就会像脱缰的野马,恣意狂奔,要想办法给他戴上"络头"。失控的无理要求,最终只能将项目推向绝境,这其实也害了甲方,甲方乙方双输。因此,如果真正为甲方着想,就应该站在对建立数字化管理体系有利、对项目推进有利的视角看问题,而不是无止境地服务几个"难缠"的用户。

有些实施者害怕拒绝用户,用户说什么都答应,简直是个不折不扣的"老好人"。究其原因,或者因为觉得客户是"上帝",要想方设法、不计成本地服务好用户;或者纯粹是因为怕开罪客户,导致后面的工作不好开展,就自己把所有事情都扛下来;或者实在不知道如何拒绝用户,等等。

赵峰最近同时在做几个项目,实在忙不开了,就让助理小孙单独负责一个项目。小孙跟着赵峰做项目已经有一年多了,也算积累了一些工作经验。他去实施项目后,带回来大量甲方的需求,要求研发实现,赵峰审核后发现,很多需求都是明显超出项目范围的。

赵峰就问小孙:"这些需求明显超出了项目范围,你为什么不跟甲方说清楚呢?"

小孙:"我说过了,但他们坚持要做,我也没办法啊。"

赵峰:"客户要什么就给什么,要做什么就做什么,我们还怎么赚钱呢?"

小孙:"可客户是上帝啊,服务好客户是天经地义的吧?"

赵峰:"客户是上帝,但上帝也得让我们活着,你这样的服务,只能算是'自杀式'服务,赚不到钱，公司都倒闭了，还怎么服务客户？这样做不是也间接害了客户吗？客户会希望我们这样提供服务吗？"

小孙默然无语。

赵峰："你约下客户吧，我陪你去一趟，看能不能让他们为新需求追加投资。"

如果甲方用户有超出范围的需求，需要尽早指出来，越早越好，越晚越被动，最好在他刚提出来时就坚决、果断、友好地拒绝（当然，用什么方式因人而异）。另外，如果满足这些要求需要额外收费，也要尽快表明需要额外收费，并尽快给出报价，不要先让甲方以为是免费的，干完了活儿才告诉对方要收费，这样做只会把关系越弄越僵。

总之，要让用户能够即时体会到项目范围的边界之墙在哪里，当他想跨过这堵墙时能够体会到你的阻力。如果实施者面对超出范围的需求，态度暧昧、拖拖拉拉，今天说可以做，明天又说不可以做，就会让用户生疑，逐渐就会觉得你这个人"拿三架四不靠谱"，不是真心为他服务。这种想法一旦形成，就很难改变，以后你在这里的工作可能会越来越难做，你想砍掉任何一项需求都将是异常艰巨的任务。许多实施新人就是这样把自己与项目一起带入绝境的。

4. 不要机械地对待项目范围

在实施项目的时候，或多或少都会遇到一些超出项目范围的事情，有些事情甲方不承认超出范围，认为是乙方应该做的，也有些事情，甲方承认超出项目范围，但偏偏就是要乙方完成，否则项目就做不下去。总之，大多数情况下，难免有工作不在乙方认可的项目范围之内。

作为实施者，对待某些超出项目范围的工作也不需要过于纠结，要有点工作艺术，不要机械地对待项目范围。毕竟甲乙双方需要在一起工作，如果工作量在可以接受的范围之内，为了建立良好的合作关系，额外工作该做还是得做，我们不能奢望甲方的每一项要求都在项目范围之内，站在甲方的立场上想想吧，这确实太难了。其实，一个项目做下来，虽然乙方可能做了一些超出项目范围的事情，但也有可能有另外一些在项目范围之内的事情不需要做了，或者是甲方不需要了，或者即使需要，要求却比预计的降低了（也就是说，乙方实际投入的成本少了）。

我们可以假设每个功能、每项服务都有一个科学、合理的范围，有个对甲乙双方都非常公平的边界。乙方实际完成的工作，不见得每个功能、每项服务都正好踩在这个边界上，而是有些在这个边界的内侧，有些在这个边界的外侧，如果用曲线图表示，乙方实际完成的工作是围绕这个边界值上下波动的，这有点类似于经济学所说的价格围绕价值波动的理论。说白了，就是有可能在这里多干了点活儿，在那里少干了点活儿，但总体工作量是在预计范围之内的，这是双方都能接受的。

实施者进行项目范围控制，主要目标是保证整个项目投入的成本处于某个合理的范围，不必对一个又一个的小需求斤斤计较，这样有可能导致关系越来越僵，从而给项目的推进带来巨大的阻力。

7.1.2　站在乙方的立场思考

只有甲乙双方精诚团结、相互配合，才能将项目做好，因此，仅靠乙方为甲方着想，站在甲方的立场上思考问题，显然是不能处理好项目范围的问题的，还需要甲方站在乙方的立场上思考问题。

注意,虽然说甲方应该有这种态度,但这并不意味着甲方天然就明白这个道理,也不是说,如果甲方不用这种态度配合乙方工作,实施者就可以怨天尤人、推卸责任。本书的目标读者是乙方人员,因此,本小节的目的只是提醒乙方实施者,在工作过程中,要通过各种方法向甲方人员传递下面这些观点,让他们接受这种思想,只要你持之以恒、坚持不懈,甲方人员就会逐渐端正态度,然后双方才容易达成共识,才有可能一起将项目推向成功。

1. 要尊重合同

在商言商,大家都知道合同的重要性,但很多甲方对 IT 项目合同的看法,好像跟别的采购合同不一样(特别是偏软件类的),觉得除价格外的条款都不重要。虽然可能合同详细规定了需要满足哪些需求,需要开发哪些功能,需要实现哪些业务规则,等等,但到真正实施项目的时候,却毫不在乎,坚持根据现在的想法办事。出现这种情况也可以理解,毕竟甲方可能对 IT 项目并不精通,在签合同的时候对采购内容也是一知半解(也有可能是受了乙方售前花言巧语的蛊惑才签的合同),直到项目进行到一段时间才弄明白了是怎么回事,这时候如果乙方坚持根据合同办事,显然是行不通的。

但要知道乙方来做项目,最根本的依据就是合同,如何履行合同是乙方工作的核心思维。甲方需要理解软件合同的严肃性,要理解软件合同是跟购房合同、贷款合同、原材料采购合同一样,每个条款都是有法律效力的,要习惯于依据合同跟乙方沟通。

思想是可以改变的,需求是可以增减的,要求是可以变化的,但需要以合同为准绳,心中要有杆秤,明白以合同要求为基础增加了什么、减少了什么,总工作量大概会如何变化。这样双方才更容易获得共识,才更有利于项目的推进。

2. 要尊重乙方的利益

乙方跑到甲方来,当然是要赚钱的。但有些甲方人员貌似不太理解乙方的目的,或者根本不愿意站在乙方的立场上思考问题,一味要求乙方完成许多额外工作,或者不断变更需求让乙方疲于应付,导致乙方的成本远远超过合理预期。这样做的结果可想而知:乙方或者拒绝服务,或者降低服务质量。

一个项目,理想的结果应该是甲方乙方能够双赢,双方都应该能够从这个项目获得合理的收益,甲方解决了问题,乙方获得了利润。如果甲方将收益建立在乙方亏损的基础上,那么这样的收益是非常虚妄的,肯定是不会持久的。

甲方应该知道,乙方做项目是有成本的,是有预期利润的,项目的工作范围需要有个合理的边界,甲方不能无视项目范围,不能什么都想要,不能漫无边际地提要求,不能朝令夕改,让乙方疲于应付,不能让乙方无利可图甚至血本无归,否则最终只能得到"双输"的结果。这是个协作的游戏,不是零和游戏,甲乙双方或者"双赢",或者"双输",不存在"单赢"。

3. 要接受现实

俗话说,"有错买的,没有错卖的",很多情况下,在签合同之前,甲方对采购内容理解得并不那么深刻,至少远远不如乙方。因此,在售前阶段,甲方对项目的理解非常容易被乙方售前人员所左右。

要知道,几乎各行各业的售前人员都有个共同的特点:夸大效果。IT 项目的售前人员自然也不例外,为了签单,他们可能给甲方描绘了一些不切实际的未来前景,可能答应了甲方一些不可能实现的要求,可能夸大了系统的使用效果,等等。当然,乙方的售前人员也不傻,吹牛归吹牛,他们知道什么可以写在合同中,什么不可以写在合同中。

甲方人员需要明白，这是为了成交而做的宣传，跟广告类似，不能完全当真。某电视广告称，用了某香皂，"今年二十，明年十八"。你可以将广告语理解为：这款香皂用了对皮肤不错，但要是真的认为用了它会返老还童，那就有些死心眼儿了。因此，到项目实施的时候，甲方需要让自己清醒下来，实事求是地看待这个项目，用务实的态度配合乙方工作，不要纠结于乙方售前人员的种种夸大宣传，因为没有写到合同中的一切承诺都是过眼烟云，不要让它们对自己的工作态度有任何影响。

4. 要尊重 IT 行业的游戏规则

每个行业都有它的运转规则，有它的基本规范，甲方人员做 IT 项目的时候，需要对这个行业的工作方式有基本了解，正如你买房子，需要先了解房产是怎么交易的，买汽车，需要了解 4S 店是怎么卖汽车、怎么做售后的。你对这个行业了解得越多，跟乙方就越容易有共同语言，在项目实施过程中双方也就越容易合作共事。很多明智的乙方实施者，在项目启动的时候，会花大力气介绍项目组的工作步骤、工作方式，讲双方应该如何配合，其实就是让甲方了解一些 IT 行业的游戏规则，以确保后面的工作顺利开展。

有些甲方人员对 IT 行业一窍不通，还不愿意了解，喜欢发号施令，什么都要听他的，不愿意遵守这个行业的游戏规则。结果，需求越做越多，乙方成本远超预期。在这种情况下，双方根本不会有合作的基础，项目很难做成功。

赵峰到甲方做一个定制开发项目。项目启动之后，需要进行需求调研，甲方安排行政部的老王跟他对接。

老王是个软件盲，对软件开发、数字化管理之类的事情一窍不通。赵峰为他认真讲解了这个行业的工作方式、双方应该如何协同工作、工作计划是什么、需要怎样提需求等。

老王听得云里雾罩："你说的这些我一点儿都不懂，你也不要问我有什么需求，除了涨工资，我什么需求都没有。"

赵峰说："可是没有需求，我们怎么开发软件呢？"

老王说："我们签了合同，你们就要给我们东西，我们用得合适就付钱，用得不合适就不付钱，这么简单的事情，你们为什么要搞得这么复杂呢？"

赵峰说："可是你们买的不是标准产品啊，需要根据你们的想法定制开发，你们不配合需求调研，不告诉我你们的想法，让我给你们什么东西呢？"

老王："要什么东西我哪知道，当初钱总是怎么跟你们谈的？应该都写在合同中吧，一切以合同为准！"

赵峰："可是合同只写了一些功能点简介，非常简略，根本不能作为开发的依据。要不我直接去跟你们钱总谈谈？"

老王："嘿，这样最好不过了。不过他已经离职了，我不知道他是不是愿意跟你谈。"

赵峰觉得头有点大，一股寒意从后背升起。

7.2　控制项目范围的方法

为了控制项目范围，仅靠态度、立场显然是远远不够的，还需要掌握一些方法技巧。控制项目范围的方法主要包括合同控制、费用控制、管理控制、情感控制等，最常用的是合同控制与费用控制。本节介绍这些常见的方法,供实施者在工作中参考。

7.2.1 合同控制

要进行项目范围控制,首先自然从合同入手(含各种协议、招标书、投标书等)。作为一次买卖交易,合同条款中最重要的内容无非两项:甲方要买什么(或者乙方要卖什么),以及要付多少钱。项目范围是指需要乙方完成哪些具体的工作,这其实就是"甲方要买什么"。

1. 使用合同条款控制项目范围

做生意讲究契约精神,按合同办事当然是第一原则,实施者在进行项目范围控制的时候,合同是最有力的武器。为了用好这个武器,当甲方的要求偏离合同的时候,需要及时提醒甲方相关合同条款是怎么写的,现在的要求跟合同条款要求有什么出入,可能因此增加多少工作量,等等。要以合同为准绳跟甲方沟通,这样才能保证项目的总工作量跟合同要求比起来不会偏差太大,也能确保在要求甲方追加费用,或者要求甲方砍掉别的工作以保持总工作量的平衡时,有据可依,双方也更容易达成共识。

2. 合同解读

在实际工作中,有些合同会对工作内容进行详细描述,将甲方的要求说得清清楚楚,例如,需要提供什么软件功能,软件功能的主要规则是什么,对软件有什么特殊要求,对操作界面有什么特别要求,需要乙方提供什么服务,需要什么硬件设备,等等。在这种情况下,合同条款就成了项目范围最主要的决定因素,其他因素只是对合同条款进行的小修小补而已。

而有些合同对工作内容的描述是非常粗略的,可以进行多种解读。甲方是站在业务人员的立场上解读的,乙方是站在 IT 人员的立场上解读的,虽然双方读到的都是相同的文字,但想法可能并不一样。实施者在工作过程中,需要将合同中的这些描述逐渐具体化、结构化,消除二义性,做出双方都能够接受的解读。

赵峰在甲方实施 OA 系统。

合同采购需求的条款中有这样一条:"OA 系统需要跟甲方现在使用的 ERP 系统进行数据对接"。

这一条款显然过于粗略,只说需要对接,并没有说清楚究竟需要对接哪些内容。如果只是简单地做个用户的单点登录,对接的成本可以忽略不计,但如果需要对接 ERP 系统中跟 OA 工作相关的所有内容,甚至需要进行数据同步,那么对接的工作量可能非常大,需要做大量的接口在两个系统之间交换数据。

赵峰跟甲方相关人员进行了沟通,最后双方就如何对接达成了一致意见。

由于本 OA 系统的强项是通过工作流引擎推动任务的处理,以及可以支持移动办公,因此,双方确定将一些在生产、经营过程中需要审核的任务通过接口从 ERP 系统推送到 OA 系统,相关责任人在 OA 系统中审核,审核完成后 OA 系统将审核结果推送到 ERP 系统中。这样可以大大提高任务处理的及时性、便利性,因为很多有审核权的领导经常在外地出差,不经常在公司登录 ERP 系统,推送到 OA 系统后,他们就可以通过手机随时、随地处理。

3. 认清销售合同

虽说合同条款是进行项目范围控制的有力武器,但作为实施者,对 IT 项目的合同也要有个清醒的认知。

一般商品的交易过程,例如在商场卖手机,在 4S 店卖汽车,在售楼处卖房子,简单明了,要卖什么清清楚楚,一手交钱一手交货,而 IT 项目的交易过程要复杂得多。根据是否需要定制开发,我们可以将 IT 项目的销售合同大致分为以下三大类(这里只看软件部分):

第一类,出售软件产品,无定制开发。例如,甲方买一套财务软件管理公司账务,从网上下载了一套进销存软件,支付一定的授权费后用于管理公司货物的进销存,在某 SaaS 软件平台注册了一个账户付费使用系统,等等。可想而知,这种项目的范围控制工作非常简单,毕竟乙方出售的产品、服务都是确定的。这种合同对应的交易过程跟到商场购物类似。

第二类,根据甲方的要求定制开发软件。例如,根据某工厂的要求开发一套排班调度系统,根据某政府机构的要求开发一套员工考评系统,等等。这种项目,纯粹根据甲方的需求开发,甲方要做什么乙方就开发什么。

第三类,介于前两类之间,乙方出售软件产品,同时根据甲方的要求定制开发。乙方有个成型或不成型的软件产品出售给甲方,但这个软件系统并不能完全满足甲方,需要另外提供定制开发服务。大部分项目的销售合同都属于这一类,那种纯粹出售无定制标准产品,或者从头开始写代码的项目并不多见。

在实际工作中,第一类销售合同少之又少,绝大部分都是后面两类。这两类合同都有一个共同点:合同中不能完全确定乙方具体需要提供的产品与服务。大家都知道,要说清楚如何定制开发,需要有明确的用户需求,但在签合同的时候,用户需求并不十分清楚——不要说在签合同的时候了,就是项目进行了很长一段时间后,还有很多需求说不清,或者即使甲方在签合同时说清了需求,在项目实施过程中也可能会反悔。

因此,利用合同条款控制项目范围,主要是保证项目大方向不会偏离预定的轨道。如果合同中对产品、服务的要求描述很详细,偏离轨道的可能性就小,如果描述很概略,偏离轨道的可能性就大,控制项目范围的难度自然随之增大。

4. 项目可能会严重偏离合同

还有更离谱的情况:甲方对项目的要求跟合同中规定的产品或服务的内容差别巨大。也就是说,乙方根本不能按照合同的要求来实施项目。有些特殊的项目,可能甲方的需求跟合同规定的内容毫不相干。

一方面,既然签了合同,本着契约精神,双方就该根据合同要求办事;但另一方面,甲方在签合同的时候,未必真正明白自己想要什么,到实施的时候,甲方知道自己要什么了,乙方如果还硬要根据合同要求做项目,也实在说不过去。在大多数情况下,甲乙双方都知道需要保持某种微妙的平衡:项目的具体内容可以调整,但乙方的实际工作量跟履行合同需要的工作量要基本持平,也就是说,乙方的利益不会受到太大的影响。

遇到这种项目,实施者应该有一种条件反射式的防风险意识:这可能会给验收带来意想不到的麻烦。你满足了甲方的需求却没有满足合同要求,如果甲方验收的时候要看合同,你怎么办?毕竟合同是有法律效力的。

这种事要是处理不好,有可能项目组辛辛苦苦干了很久,解决了用户的所有问题,最后却因为没有满足合同要求导致项目通不过验收。

赵峰在甲方进行需求调研,几轮谈下来,发现甲方现在的想法跟签合同时有了很大的变化。合同写明的很多软件需求跟甲方现在的思想完全不同,如果根据合同做项目,很多工作都没有意义。

赵峰觉得应该根据甲方当前的想法做项目,而不是机械地完成合同,这样做的话,成本没有太大的变化,但对甲方有用得多。在跟甲方相关人员沟通后,大家就这样达成了共识。

然而,到项目验收的时候,赵峰却遇到个大麻烦。甲方有个部门叫"项目审计部",项目验收需要他们签字才行。审计人员对这个项目的前因后果一无所知,也不管双方项目组所谓的"共识",他们只负责将合同中列出的需求点跟现在的软件系统中的功能进行对照,看乙方有没有完全履行合同的要求,功能多了他们不管,功能少了就不签字。

赵峰觉得自己堕入了冰窟。

为了避免出现这种状况,实施者在实施项目的时候,需要尽快了解甲方的验收工作会如何进行,例如,有没有类似项目的验收案例,谁负责验收,验收流程是什么样的,要验收什么内容,验收标准如何,等等。根据这些信息,决定要不要提前采取一定的手段以规避验收风险,例如,提前跟验收者沟通,将沟通结果做成文档让相关负责人签字、盖章,等等。后文介绍验收的时候,还会谈到这个话题。

赵峰在某政府机构实施 OA 系统。在实施过程中,甲方提出来,原来合同中规定的"公务出行"功能现在不需要了,希望能换成"工资查询"功能。由于甲方的验收、审计过程非常严格,而且有多个部门参与,现在偏离了合同要求,到验收、审计的时候肯定会非常麻烦。因此,赵峰制作了一份"项目范围变更确认单",要求甲方责任人签字并盖章,如表 7-1 所示。

表 7-1　项目范围变更确认单

项目范围变更确认单

项目	OA 办公平台				
概述	取消原公务出行功能,增加工资查询功能,总价格不变				
范围减少	终端	功能	说明		合同价格/元
	手机端	公务出行	填写公务出行表单,提交申请,查看审批进程,查看历史记录		8 000
	PC 端	公务出行处理	根据工作流程节点审批公务出行申请,查看所有公务出行处理记录		6 000
	小计				14 000
范围增加	终端	功能	说明		评估价格/元
	手机端	工资查询	当前用户通过手机端查看每个月的工资条		5 000
	PC 端	工资管理	按月上传、维护工资单		12 000
	小计				17 000
备注	根据核算,减少的工作量计价 14 000 元,需要增加的工作量计价 17 000 元。经双方协商,乙方同意按照原来的合同价格结算				

甲方(签字盖章):

乙方(签字盖章):

日期:

日期:

7.2.2　费用控制

当甲方的需求超出项目范围,而乙方又很难拒绝的时候,该怎么办呢?大部分实施者的第一反应都是这样:可以做,但必须要另外加钱。这其实是一种非常常见的控制项目范围的方式,我们称之为"费用控制"。

一个项目,如果走上了费用控制的轨道,对实施者来说,基本上就没有范围失控的顾虑了。甲方自己考虑要不要做这些额外工作(反正他们要为自己的需求付费),也就是说,控制项目范围的事情甲方自己会处理,无须乙方操心。大概过程是这样的:甲方提出需求,乙方估算工作量,然后报价,甲方根据这个报价决定是否实现需求。对乙方来说,只要有人付款,没有什么需求是不能实现的,就当是另外一个订单;对甲方来说,无论付款金额大小,都是一种投资,自然需要考虑这笔投资是否值得。很多情况下,别看甲方人员需求不断,可一旦发现这些需求需要额外付款,他们的需求数量就会呈断崖式下跌,甚至完全消失,从控制项目范围的角度看,不得不说这是非常有效的。怎样将项目引导到可以通过费用控制项目范围,是实施工作的重要课题。

当然,费用控制也有其局限性,特别是某些范围界定不是太清楚的项目,乙方认为某需求超出了项目范围,但甲方未必承认。在这种情况下,双方容易"扯皮",公说公有理婆说婆有理,这时候,这种方法就不太有效了。

由于甲方的额外需求,带来了额外的费用,这些费用一般如何处理呢?常见的有如下几种方法:

1)在下一期处理

处理额外费用最常用的方法是将额外需求引导到下一期。也就是说,当有了超出项目范围的需求时,实施者可以跟甲方沟通,建议将这些需求暂时搁置下来,等当前这个项目做完,再补签一个合同,重启一个项目,将搁置下来的额外需求一起完成,费用在新项目中结算。这样,既不影响当前项目的实施节奏,又不会让甲方产生排斥心理。

赵峰在甲方实施项目。通过需求调研,获得了用户的需求。

赵峰研究了用户需求,发现很多需求都是超出项目范围的。这些需求有少部分跟现在的项目相关,如果不实现,项目就难以推进,但大部分都是跟现在的项目无关的。

赵峰对这些超出项目范围的需求进行了分析,计算了每一个需求对应的工作量,制作了一个成本核算表。另外,他给甲方领导写了一封建议书,大意是:项目组愿意承担那些必不可少的需求,而跟现在的项目没有关系的需求,建议暂时不做,在后面实施项目的时候,相信还会有新需求不断出现,甲方可以安排专人收集、整理这些需求,等当前项目完成后,再另外做个二期项目,一起实现这些需求。

甲方领导表示大部分内容都可以接受,只是有部分需求他认为属于当前项目范围。这些需求工作量也不大,考虑到要维持双方友好的合作关系,赵峰同意在这一期完成。

当然,这种方法也有很大的局限性。例如,甲方的需求很急,跟当前实施工作息息相关,不可能等到二期,或者甲方是个内控制度非常严格的单位,要申请二期的预算特别艰难,等等。

2)确认工作量

当甲方对项目总额的管理不是太严格的时候,可以采用确认工作量的方式处理额外费用。即使管理很严格的甲方(例如政府、事业单位),对于项目总金额的控制一般也有一定的机动性,允许少量超出合同价,例如,超出5%或10%的比例。

所谓确认工作量,就是针对甲方的额外需求,甲乙双方先确认好工作量(自然也确认了金额），然后由乙方处理，最后跟当前项目的费用一起结算。

根据甲方的管理要求、项目的特点，乙方可以采用不同的确认方式，如让甲方领导签字确认、让甲方盖章等，有的时候，甚至只要一封邮件就可以确认了。为了避免在结算的时候"扯皮"，建议在项目启动时就将确认方式规定好，如果有项目章程，一定要在章程中写清楚双方如何确认额外的工作量，最后如何结算。

3）先做后补

所谓先做后补，就是乙方同意先将超出项目范围的额外需求实现，甲方在以后通过别的项目将这些费用补偿给乙方。这看上去跟引导到二期有些类似，但有个最主要的区别，新项目可能跟当前项目没有任何关系，只是甲方相关人员用来支出费用的手段而已。

很显然，使用这种方式有很强的约束条件：首先，乙方需要跟甲方存在长期合作的关系，除了当前这个项目，甲方大概率还有别的项目让乙方承接；其次，这种方式往往都是口头承诺，甚至有些见不得光，乙方要根据承诺人的可信度决定自己是否愿意承担这种风险。说实话，做了这种承诺，以后不了了之的例子俯拾皆是。

7.2.3 沟通控制

沟通控制，就是实施者跟需求提出者进行商谈，论证他的需求是不需要的或者不合理的，说服他放弃所有或部分需求，从而达到控制项目范围的目的。这是控制项目范围的常用方式。

很多时候，超出范围的需求确实不是必须的，因为提出需求的人可能并不知道自己的需求可以通过其他方式解决，或者可能对这个项目理解不够，或者不了解需求会对工作产生什么影响，等等（也就是第6章所说的"错误的需求"），通过沟通控制的需求往往都是这种需求。

很多大型的管理软件产品，由于产品已经成型，又有大量的在用客户，很难对其进行大幅结构改造。这也就注定了，这种项目的实施不能以根据需求进行定制开发见长。在这种情况下，如果实施者不擅长通过沟通说服来控制项目范围，简直寸步难行。

不得不承认，通过沟通说服控制项目范围对实施者的要求是相当高的。要说服别人不是一件容易的事，不但需要对自己的产品、甲方的数字化管理体系有深刻的理解，还需要对需求提出人的工作背景、性格、利害关系等有个清楚的认识，当然还少不了强大的沟通说服能力。

条条大路通罗马，解决同一个问题可以有不同的方法，很多时候，这些方法并没有高下之分（至少在短时间内很难分辨），纯粹是个人的好恶而已。最终采用哪种方法，就看各人的沟通说服能力了。如果沟通不好，有时候你明知对方的想法是错误的、无理的，却无法说服他做出改变，真是徒叹奈何。

另外，要确保沟通顺利，需要逐渐积累客户对自己的信任感，客户信任你了，觉得你总是在为他着想，就更容易接受你的观点；反之，用户不信任你，总觉得你是在敷衍、逃避、偷懒、算计，就很难接受你的观点，哪怕你的观点是正确的，哪怕你确实是在为他着想。

赵峰在甲方实施生产管理系统。该公司是一家制造型企业，主要产品是一些电子产品。在处理与退货相关的业务时，赵峰遇到一个棘手的、超出项目范围的需求。

甲方现在是这样进行退货处理的：成品车间收到退货后，会根据退货原因进行不同处理，如果退货是因为质量问题，就将产品拆散，将没有质量问题的半成品送入半成品仓库；如果退货不是因为质量问题，就更换包装，然后送入成品仓库，等待二次销售。

成本控制部王经理提了一个需求，要求系统能将从退货产品中拆出的半成品归入它原来所属的退货单，这样可以更精确地计算退货成本，因为可以用退货单商品的总成本，减去拆出的有用的半成品的成本，从而得到每一个退货单的实际成本。根据王经理的想法，这件事处理起来很容易：从哪个退货单拆下的半成品，入库时就归入哪个单子，处理起来应该不复杂。

赵峰邀请王经理一起来到成品车间的退货处理组，向他认真描述了分拆退货的工作过程：负责拆散产品的工人有不同的分工（因为不同产品的分拆流程不一样，需要的工具也有差异），退货送到后，组长会根据不同的型号将它们分给不同的工人进行分拆，退货在这个时候已经混在了一起，工人并不知道自己正在分拆的产品属于哪个退货单（也就是说，在产品离开原始包装箱时，它属于哪个退货单的信息已经丢失）。并且，在分拆过程中，损伤时有发生，有时候，工人会把不同产品拆下来的某些元件合并成另外一个半成品。

很显然，王经理的这个需求在业务上不现实，即使开发出来，在实际工作中也用不下去。如果强行硬推，那么需要对退货处理组的工作流程进行重组，需要大幅增加员工的工作量，也会降低工作效率，显然得不偿失。

王经理同意放弃这个需求。

7.2.4　情感控制

情感是非常微妙、神奇的，很多时候看上去非常不起眼，但确实会对人的行为、决策方式产生巨大的影响，没有人在行动、决策的时候会脱离情感的约束。虽然实施者不是做心理学研究的，但如果在工作过程中能了解一些甲方人员的心理，对实施工作将是大有裨益的。

当甲方人员提出的要求超出项目范围时，自然也会受到心理情感的约束，很多时候，实施者可以利用这些情感因素进行项目范围控制，如内疚、同情、自尊等。

1. 内疚

如果甲方用户提了超出项目范围的额外需求会产生内疚心理的话，那么这种需求就比较容易控制了，他们的内疚心理越重，需求超出项目范围的概率就越小。要增加用户的这种内疚感，可以考虑从这些方面入手：

（1）要及时让用户知道项目范围的边界在哪里，如果他们都不知道什么是应该做的、什么是不应该做的，显然不会因为需求超出了项目范围而内疚，他们只会觉得这是乙方应该做的。

（2）在工作过程中要注意向甲方用户传达一些思想，例如，我们要按照合同办事，我们如果亏本，服务质量就会降低，超出项目范围的工作需要额外收费，等等。要让他们明白，超出项目范围的需求不是乙方应该做的，甲方如果硬要乙方实现这些需求又不愿意支付额外的费用，确实非常不妥。

（3）哪怕不得不做一些项目范围之外的工作，也要让甲方用户明确知道你们做了哪些不在项目范围之内的工作，如果有可能最好能将这些工作量化出来（如需要消耗多少人·日），这样至少可以卖个人情，可以增加他们下次提出超范围需求时的内疚感。当需要完成某些额外工作的时候,如果有可能,尽量让甲方人员签字甚至盖章,哪怕不收钱也要坚持履行这个手续,因为这样可以增加对方的内疚感。

2. 同情

人一旦起了同情心,就会有提供帮助的欲望。有时候,实施者可以在甲方人员那里装可怜,卖惨,以激发甲方人员的同情心,从而达到控制项目范围的目的。下面有一些常见的博同情的说辞,读者可以体会一下。

1)可怜的公司

"我们公司最近效益不好,做了很多项目,但都没有什么利润,项目成本太高了,老板嫌我们做项目时不会控制成本,甲方什么要求都答应,弄得公司成本居高不下,看着活儿干得不少,却天天赔钱,再不控制项目的成本,公司都不知道还能不能支撑下去了。"——当然,拿公司困境出来卖惨还是有点风险的,这个度、方式要把握好,不要让甲方认为你们公司快要倒闭了,干脆重新换个供应商,那就弄巧成拙了。

2)可怜的项目

"这个项目,不知道当初售前人员是怎么签的,价格也太低了,简直是跳楼价啊,这个项目肯定是要亏损的,只希望能少亏点。如果再让我们做这么多额外工作,简直是在逼我们'跳楼'。"——项目本来就没钱赚,你们还要让我们更加亏本,不好意思吧?

3)可怜的团队

"今年团队做了几个项目,都没有钱赚,不知道怎么回事,每个项目都有非常多的额外需求,你们就不要让我们做这么多事情了,弄得我们团队今年一点利润都没有,年终奖又要泡汤了。没有年终奖很多人都会离职的,到时候你们这个项目可能就没有人维护了。"

4)可怜的我自己

"我已经让团队帮你们做了太多额外工作了,公司领导找我谈过几次话了,说如果再这样做老好人,什么需求都答应,就不能让我实施项目了,你们就当可怜可怜我吧,不要再让我为难了。"

3. 自尊

人总是有自尊心的,有的人强一点,有的人弱一点,有时候是可以利用人的自尊心进行项目范围控制的。下面有几个小例子,是实施者利用自尊心控制项目范围的说辞,供读者参考:

(1)"这个需求可以用系统中已经有的 A 功能实现,这个功能,一车间、二车间都用得不错,你们尝试先用用看,相信你们用起来不会比他们差。"——言下之意,你如果要我们实现这个需求,就说明你们的能力不如别人。

(2)"上次开项目会议的时候,王总说我们不能什么都依赖系统,不要老想着把管理者的责任扔给系统,您这个需求是不是可以考虑采用管理规定的方式处理?"——言下之意,如果你要我们实现这个需求,就是没有理解领导的思想。

(3)"上次您提的那个需求非常好,不但解决了你们的管理问题,而且让我们的系统功能更强大了,提高了处理问题的能力,但这次这个需求,确实可以作为系统不错的补充,不过,您好像没有考虑这个功能的使用场景,您要不要再考虑一下?"——言下之意,你没有好好考虑实际情况。

7.2.5　其他控制方法

除了前面提到的控制项目范围的方式,还有很多其他方法,如管理控制、时间控制等。实施者在实际工作中需要积极思考,不断总结经验、教训,根据问题的特点、项目的特点、甲方的特点、自己的特长等因素,灵活运用各种方法。

1. 管理控制

所谓管理控制,就是通过管理手段(如管理制度、管理要求、审批流程等)对超出项目范围的需求进行控制。

例如,可以制定某种管理制度,当甲方用户提出超出项目范围的需求时,需要进行可行性论述,需要陈述必须满足这个需求的理由,需要经过一些审批流程,等等。

如果有了这类管理制度,用户在提出超范围的需求时,就需要办理若干正规手续,这样很容易将用户那种比较随性的需求控制住:首先,填表、走流程很麻烦,很多人觉得这个需求也不是那么必须的,就放弃了;其次,需要经过一些审核节点,自然也多了控制的环节。

某项目的项目章程规定了当用户的需求超出项目范围时,需要如何处理:

当需求超出范围时,需求提出者需要填写"软件需求审批单",格式见项目章程的附件。

必须认真填写需求提出的理由,主要阐述本需求能解决什么问题,以及能带来什么收益。

必须要写明有哪些用户使用,使用场景是什么。

"软件需求审批单"需要至少两名用户代表签字。

软件需求需要乙方项目经理估算工作量。

"软件需求审批单"在甲方项目经理审核后,提交总经理审批,总经理审批通过后,乙方才会制订相应的工作计划。

……

2. 时间控制

有些项目,可以使用时间节点控制项目范围,就是要求用户的需求必须在某年某月某日之前提出,过了这个截止日期就拒绝受理(或者放到下一期)。如果有这种要求,一定要在需求调研之前跟甲方相关负责人沟通好,用非常正规的方式发布出来,例如,写在某些管理文件中(如项目章程),让领导在某某项目会议上宣布,等等。

如果可以使用这种方式控制项目范围,那么往往意味着这是个对时间节点很敏感的项目——因为某种特殊要求,必须在某个时间点完成某项工作,如果过期了就会非常麻烦,甚至可能失去意义。

例如,某系统是用于管理某某运动会开幕式的,实施者跟甲方负责人协商后,宣布在开幕式之前的某个日期封闭用户需求,在这个日期之后提交的所有新需求都不予受理。

3. 总量控制

所谓总量控制,就是通过总工作量控制项目范围。说白了就是,如果甲方用户有超出项目范围的需求,那么就跟甲方沟通,是不是可以放弃其他某些在项目范围之内的、相对不重要的需求。这是控制项目范围的常用方法。

如果甲方人员通情达理,承认应该保证乙方合理的利益,那么一般还是比较容易接受这种方法的。道理很简单,既然需要乙方增加额外工作,那么,要么追加费用,要么减少其他的工作量作为补偿。

当然,这种方法的使用也是有限制条件的。首先,在项目范围之内的需求,确实有些是不重要的,是可有可无的,如果都很重要,哪一项都砍不掉,哪一项的重要性都不亚于现在提出的这个额外需求,那么显然无法使用这种方法;其次,被砍掉的需求不会影响项目的验收——如果这些看上去不重要的需求是合同中明确规定的,是需要根据合同条款验收的,那就可能会有麻烦。

4. 资源控制

资源控制,就是以有限的资源为条件,对超出项目范围的需求进行控制。这里所说的资源,一般包括人力资源、工具资源、授权资源等,如果时间也算一种资源的话,那么前面所说的时间控制也可以纳入这一类。

资源控制最常用的是人力资源控制。当甲方用户提出超出项目范围的需求时,告诉他现在工作量太大,人力资源不足,这一期不可能有时间实现,如果一定要的话,建议放到第二期,等等。

赵峰在甲方实施生产管理系统。

一车间的调度员小吴提出来要做个自动排单的功能,业务规则很复杂,工作量不小。

赵峰说:"实在对不起,您这个需求已经超出了项目范围,我实在不能同意实现这个需求。"

小吴:"我不管,如果没有这个功能,我的工作量太大了,你想让我忙死啊?"

赵峰:"你是不是可以考虑找下领导,找个助理帮你处理啊?"

小吴:"算了吧,我不知道要了多久也要不到人。"

赵峰:"你看看我们的团队吧,就这几个人驻场开发,现在手头的工作太多了,您这个需求实在插不进去。"说着给他看了项目组的工作安排情况,按现在的工作量、工作计划,如果不加班加点,肯定要延期了。

小吴:"那能不能在这一期上线后再帮我做啊?我可以坚持一段时间,但你们以后要帮我解决啊。"

赵峰:"好的,我们先把这一期做完再说吧,到时候如果确实需要,我们再聊。不过我要提醒下啊,您最好先想办法申请一些预算,这个需求我们是要收费的。"

5. 偏门控制

项目做多了,总会遇到些难缠的用户,有些属于充满感性思维的,他们不喜欢进行理性思考,甚至强词夺理,胡搅蛮缠;有些属于心里装满了自己的"小九九"的,不是想解决问题,而是想使绊子;还有些明明是项目组成员,可对项目成败得失毫不关心,关键时刻就会给你出点难题,刷刷存在感……这些用户的需求,你不回应吧,项目无法推进,总不能眼看着项目失败,你回应吧,要平添许多工作,最终还是不能让他们满意。

怎么办?如果前面介绍的方法都不管用,就可以考虑用点偏门的方法。《孙子兵法》中有句话,"以正合,以奇胜,故善出奇者,无穷如天地,不竭如江海",前面介绍的方法都属于堂堂正正之师,"以正合",如果实在不管用,恐怕就要考虑如何"以奇胜"了。

赵峰在甲方实施项目。在上线期间,上级单位的领导前来视察,本单位领导为了汇报工作,也为了显摆自己的工作成绩,就为上级领导演示了这个系统。没想到,视察的领导对信息化管理很感兴趣,在看演示的过程中提了一大堆建议,虽然甲方人员对这些建议并不以为然,但想到上级领导得罪不起,还是将这些建议整理成需求给了赵峰。

赵峰看了觉得很郁闷,这些需求实在很奇怪,对管理工作并没有多大的帮助,也严重偏离了系统的建设思想,而且都是超出项目范围的。他去跟甲方的项目经理沟通,对方说:"我也没办法,这是上面的意思。"

考虑到领导在视察过程中所提的建议可能只是脑子一热的产物,过一段时间估计谁都不会在意了,赵峰决定暂时不处理这些需求,拖下去……等领导走了,时间一久,谁还会注意这些需求呢?反正领导最后又不负责验收项目。

第8章

系统蓝图规划

思维导图

以前做建筑施工工程的工作人员在制作图纸时需要先画原图,然后描底图,最后晒蓝图,每个工程都有一大堆这种蓝色的图纸。由于蓝图既能够作为工作的指导说明,又能够展现未来的工作结果,因此衍生出"规划""前景"之类的意思。

实施IT项目,需要通过信息技术,借助于各种硬件设备、软件系统,建立甲方相关领域的数字化管理体系。我们这里所说的系统蓝图规划,就是展望这个管理体系的前景,规划当这个体系建成后,在相关领域会如何进行数字化管理,相关岗位人员将如何围绕本系统开展有关工作,不同的IT系统如何协作,等等。

8.1 建设数字化管理体系

需要实施的IT系统是为管理服务的,每个甲方的管理活动都有一套体系,怎么管理资金,怎么管理人力资源,怎么下达任务,怎么汇报工作,怎么采购,怎么生产,怎么销售,怎么提供服务,等等,这些领域盘根错节,相互影响,非常复杂。实施,需要利用各种软、硬件帮助这套体系运转,让它运转得更好、更快、更强、更有效率。实施的过程,就是帮助甲方建设相关领域的数字化管理体系的过程。

8.1.1 IT系统是管理体系的一部分

项目相关领域的数字化管理体系一旦建成,IT系统就成为这个体系不可或缺的一部分,跟这个体系融为一体。要做好系统蓝图规划,需要认真分析本系统对管理工作有何意义,跟管理体系的关系,有哪些工作需要通过系统处理等。

1. 本系统的价值

要分析本系统对管理工作有何意义,会对以后的管理带来什么益处,会对管理工作有什么影响,管理方式会因此做出什么改变,哪些方面会因之而改善,等等。虽然一开始不大可能考虑到每个管理细节,但至少要对相关业务未来的数字化管理蓝图做到胸有成竹,实现这个数字化管理体系是你的目的,通过这个体系改善管理工作是其价值所在,以后的一切实施工作,都应该向这个目标努力。

要实现本系统的价值,要习惯于系统性地分析问题,那种把业务割裂开来,做一块是一块,只顾这边不顾那边的工作方式,是一叶障目不见森林,有可能带来无穷无尽的麻烦,导致不断返工、变更、推翻、重建，给项目带来巨大的风险，很可能会令项目以失败告终。本系统的每一个功能、每一项操作都会用在管理中，会对管理过程产生影响，相关用户的工作方式会因此发生变化，如果不认真分析本系统会给管理、用户带来什么价值，显然是不可能做好实施工作的。

2. 本系统对员工工作的影响

系统一旦上线，对相关员工的工作方式会产生或多或少的影响。不同的系统，影响的程度差别巨大，有些系统，牵涉甲方管理体系的大幅变更，需要进行大量的流程重组，自然会对员工的工作产生深远的影响。而有些系统，只是对某些特定工作的简单电子化，只是使用工具的变化，对工作流程影响不大。

不同员工，受系统影响的程度也有很大区别：有些员工，主要工作就是以这个系统为基础的（例如某些数据录入员，大部分工作时间都对着这个系统），需要下功夫提高他们使用系统处理业务的效率；而有些员工，只是偶尔用一下这个系统，本系统对他们的工作影响很小（例如某些领导可能只是偶尔登录系统，查看一下数据报表），就不需要过于执着于如何提高他们使用系统的效率了。

有一点要明确，那就是 IT 系统的实施会给甲方管理带来价值，给整个组织带来收益，但并不是说给每个人都能带来收益。相反，对某些岗位的人员来说，工作系统可能还会损害他们的利益。例如，某仓库管理员，将库存账目做得乱七八糟，自己经常偷点东西带回去，领导也查不出。现在，有了仓储管理系统，他这种见不得光的收益肯定会受损。实施者要搞清楚哪些岗位、哪些人的利益可能会受到损害。每个组织都有一些既得利益者，没有人愿意放弃既得利益，因此，需要提前做好思想准备。

3. 本系统与管理体系的纽带

IT 系统是管理体系的一部分，要分析、策划用户在什么情况下会使用本系统（例如，使用系统的时间、地点、触发方式等），也就是分析本系统是如何成为管理体系的一部分的，分析本系统跟业务活动的依存关系——这是本系统与管理体系的纽带，不处理好这种关系，是不可能建设好数字化管理体系的（将在 8.3.2 节详细讨论该问题）。

4. 哪些工作通过本系统处理

无论多么强大的系统，都不可能处理在管理过程中发生的所有事情。实际上，在一般情况下，系统真正能处理的事情只占整个管理工作的一小部分。例如，某仓储管理系统，可以管理物料出入库，却不能管理仓库的清洁卫生工作。也有些事情，虽然系统可以处理，但因为种种原因管理者未必愿意使用本系统处理。例如，这款仓储管理系统可以对物料所在的仓库位置进行精确管理，但管理方认为仓库并不大，东西也不多，存放在什么地方一目了然，并不需要这方面的管理。因此，为了进行系统蓝图规划，实施者需要规划在管理过程中，哪些事情需要通过系统处理，哪些事情不需要通过系统处理。

赵峰在甲方实施库存管理系统。该公司的原材料仓库包括三种岗位——管理员、仓库会计与库工，他们的工作内容主要包括：

（1）管理员接收供应商送货，验货。

（2）管理员通知检验员进行原材料检验。

（3）管理员安排库工卸货。

（4）管理员核对送货单，制作原材料验收单。

（5）管理员安排库工将货物送到仓库指定位置。

（6）仓库会计根据验收单登记仓库材料出入库明细账。

（7）管理员接收车间、部门领料单，根据领料单将货物移交给领料人。

（8）仓库会计根据领料单登记仓库材料出入库明细账。

（9）管理员安排库工进行货物整理，如合并包装、移动位置等。

（10）管理员安排库工做好仓库清洁工作。

（11）管理员接收车间、部门的退料，存放到相应位置，制作车间退料单。

（12）仓库会计根据车间退料单登记仓库材料出入库明细账。

（13）管理员发现有质量问题的原料，通知采购部联系供应商退货。

（14）管理员制作原材料退货单，供应商取走退货。

（15）仓库会计根据原材料退货单登记仓库材料出入库明细账。

（16）管理员每周统计结存数量低于安全库存的原料，报送给采购部。

（17）仓库会计每月制作报表给财务，统计仓库结存成本、车间部门领用成本。

（18）财务人员每月进行仓库盘点，如果盘点误差超过一定额度需要追究管理员责任。

（19）仓库会计根据盘点结果进行账目调整。

（20）仓库所有人员每周开一次例会，总结一周工作的情况。

赵峰在跟甲方领导沟通、讨论后，确定了如何建立原材料仓库的数字化管理体系。在新的管理体系中，这些工作需要通过系统处理：货物入库登记、打印验收单、材料领用登记、打印领料单、退货登记、打印退货单、车间材料退回登记、打印退料单、盘点表打印、盘点结果登记、采购建议生成、月报生成。而有些工作，系统是无法处理的，如清洁卫生、货物整理等。另外有些工作，虽然软件可以处理，但管理方觉得没有这个必要，如通知供应商退货（认为不如直接打电话来得靠谱）、通知质检部检验（认为不如直接在 OA 系统中发 IM 消息来得方便）、货物的位置管理（认为不需要）等。

8.1.2　管理体系也许包含多个 IT 系统

很多情况下，甲方相关领域的数字化管理体系并不仅仅包括当前需要实施的 IT 系统，还有其他系统，这些系统都是这个体系的一部分。在进行系统蓝图规划的时候，不能不考虑各系统之间应该如何进行协作。

1. 系统联合规划

如果多个 IT 系统在业务范围上有交叉，需要相互协作完成某些工作，那么就需要进行系统联合规划。系统联合规划一般需要考虑以下这些问题：

（1）在业务范围有交叉的领域，有哪些工作在本系统中处理，哪些工作在其他系统中处理？

（2）用户在其他系统中录入了哪些数据？这些数据有没有本系统需要的？

（3）本系统需要的数据，哪些是其他系统输出的数据？

（4）有没有其他系统会直接使用本系统输出的数据？有的话，包括哪些数据？

（5）本系统上线后，会对用户使用其他系统的方式产生哪些影响？

（6）用户在本系统中录入的数据，是否需要在其他系统中重复录入？有多大的录入量？录入频次如何？占各个用户录入量的比例有多大？

（7）有没有本系统需要依附的其他系统？系统上线后跟已经存在的这个系统如何共生（例如，围绕某个已存在的系统做外挂式定制开发）？

（8）本系统跟其他系统协作处理某些事情时，应该如何分工？

（9）有没有其他系统需要跟本系统直接进行数据交互？接口如何处理？等等。

2. 系统之间缺少协作的恶果

系统之间进行协作，可能会遇到很多意想不到的困难。因为，对于本系统，实施者非常了解，在大部分情况下，团队都能控制，事情处理起来自然就容易，但一旦牵涉其他系统，因为存在很多不可控因素，很多事情需要仰仗第三方，事情处理起来自然就困难。例如，第三方的系统太过复杂，没有他们的专业培训根本理不清；第三方维护人员离职，没有人配合处理；第三方无偿配合没有报酬，嫌麻烦，敷衍了事，等等。因此，系统协作可能会非常困难甚至无法进行，从而给项目带来很多"恶果"，其中有两种最为常见，一是让用户重复录入数据，二是形成信息孤岛。

1）让用户重复录入数据

如果几个系统覆盖了某些相同的业务领域，必然会要求获得某些相同的信息，这也就意味着可能需要用户在不同系统中重复录入数据。例如，某财务部门使用两个软件，一个是财务软件，另一个是预算软件，这两个软件系统是完全独立的。当某些费用发生时，用户不得不在财务系统、预算系统中分别登记，前者用于生成记账凭证，后者用于内部预算管理。

随着甲方采购的 IT 系统越来越多，不同系统在业务领域发生交叉的可能性也越来越大，需要用户重复录入数据的可能性自然也越来越大。笔者就曾经遇到过一些甲方，用户在使用他们的系统时，需要将相同的数据录入四五个系统，真的让人无法忍受。

赵峰在甲方实施客户关系管理系统。

为了让甲方的客户可以查看到自己的订单的加工进度与质量信息，需要每天在系统中录入每个订单各道工序的完成情况以及质量检测结果。

甲方现在使用 A 公司的生产管理系统进行生产管理，所有订单的生产情况每天都会录入系统；另外使用 B 公司的质量管理系统，所有的质量检测信息每天都会录入系统。

赵峰觉得需要跟两个公司的人讨论如何协作的问题，最好能做一些数据接口，在系统之间进行数据交换，以避免用户重复录入数据。但沟通下来发现，前景不容乐观：A 公司说要配合做接口可以，但需要支付开发费，然后报了一个相当离谱的价格，明显是不想做，想用高价让人知难而退；B 公司已经倒闭了，根本找不到人。

赵峰陷入苦恼，看来重复录入的问题是避免不了了。

如果在进行系统蓝图规划的时候，不认真做好多系统协作的规划，非常有可能带来重复录入数据的风险。重复录入带来的用户体验非常糟糕，会让相关人员觉得工作没有意义，导致焦虑、烦躁，这种情绪会严重影响项目的实施工作——人毕竟是人，不是机器，不可避免会把情绪带入工作中。

2）形成信息孤岛

所谓信息孤岛，是指甲方的信息被分割成许多独立的小块，块与块之间缺少有效的数据交换、关联的手段，犹如甲方数据海洋中孤零零的岛屿。

当甲方在相关领域的管理体系中存在多个 IT 系统时，如果缺少系统之间的协作，非常有可能形成信息孤岛。信息孤岛的存在，会给数字化管理带来巨大的麻烦，例如，相同的信息，在不同系统中格式不一致，无法进行跨系统的联合处理；相同的信息，在不同系统中呈现相互矛盾的结果，无法判断哪个正确，哪个错误；一个系统需要的信息存在于另外一个系统中，却无法获取，等等。总之，信息孤岛的存在，让甲方对数据的综合分析、联合处理变得非常困难，严重制约着甲方数字化管理的发展。

要真正解决信息孤岛的问题，需要进行系统集成(8.2节会谈这个话题)，但系统集成需要第三方配合，如果条件不具备，项目组可以考虑使用一些自己可以控制的方式——算是某种补救措施吧。

首先，从一些基础数据的编码入手。有一些实施经验的读者可能都知道，在项目实施过程中，有一项重要的工作，就是考虑要不要给一些重要的基础数据建立编码规则，例如，为每个员工设置唯一的工号，为仓库的每种物料设置物料编码，等等。

某项目关于员工工号的编码规范：

本公司员工工号为8位数字，前3位为员工初进部门的编号，后5位为流水号。如某部门的编号为201，那么这个部门的员工工号为20100001、20100002、20100003，以此类推。

员工在本公司工作，工号一旦确定就不能变动。员工与工号是一对一的关系，即一个工号只能对应一个员工，一个员工只能有一个工号。

新人入职时，由人力资源部为其确定工号，工号为所入职部门的最大工号＋1，假设入职部门的最大工号为xxx00123，那么这个新员工的工号为xxx00124，再来一个新员工，工号为xxx00125……只有先编工号，才能在系统中录入跟员工相关的各项资料。

如果其他系统跟当前实施的系统在业务领域有重叠之处，那么不同系统中肯定会存在相同的业务数据。这些数据如果各自为政，没有关联的方法，自然都是信息孤岛。但如果针对那些相同的基础数据，采用相同的编码，会给未来可能需要的查询、分析、统计带来相当大的便利，例如，可以导出到Excel或Access之类的软件中处理。假设A、B两个系统中都有员工信息，当需要针对员工在不同系统中的信息进行综合分析时，如果没有统一的员工编码，程序就很难处理，因为它根本不知道A系统中的某某员工，跟B系统中的哪个员工是同一个人(仅看姓名是否相同显然是非常不严谨的)，而如果有相同的员工编码，程序就非常容易根据A系统的中员工编码，在B系统中找到对应的员工。因此，在实施的时候，如果本系统需要保存跟其他系统相同的业务数据，实施者应该优先考虑是否可以使用其他系统已经存在的编码。

其次，可以考虑在系统中增加关联字段，用于将本系统中的数据跟其他系统的相关数据进行关联。

赵峰在甲方实施仓储管理系统。

甲方的成品仓库在发货时，需要以销售合同为依据。一个发货单对应一个销售合同，一个销售合同可能会对应多次发货。也就是说，销售合同跟发货单是一对多的关系。在业务上，发货跟合同明显有非常密切的关联关系。但是，销售合同的管理并不在当前实施的仓储管理系统中进行，甲方在CRM系统中管理销售合同。

为了避免形成信息孤岛，赵峰决定在发货单中加"合同号"字段，当成品仓库的用户发货时，需要扫描从CRM系统中打印出来的合同，将合同号自动填入本字段。这样，就为将来可能需要的跨系统综合分析、统计提供了很大的便利。

最后,对于跟其他系统相同的业务数据,可以考虑采用相同的数据结构。某些相同的关联数据,不同系统设计的数据结构并不一致,例如,可能一个系统中设计的是一对多的关系,而另外一个系统中设计的是多对多的关系。要想针对这种数据进行跨系统的联合分析,几乎是不可能的。因此,为了支持未来可能需要的数据关联,应该尽量使用跟其他在用系统相同的数据结构。当然,不得不承认,一般只有定制开发的系统才有可能这样处理,如果是实施标准产品,因为牵涉历史数据、其他甲方、系统升级等原因,几乎不大可能为一个项目改变核心数据结构。

赵峰在甲方实施的 ERP 系统会用到员工信息。在本系统中,员工跟岗位的关系是多对多的关系,也就是说,一个员工可以有多个岗位,一个岗位可以有多个员工。然而,甲方的员工档案信息保存在当前正在使用的 OA 系统中,在这个系统中,岗位跟员工之间的关系是一对多的关系,也就是说,一个员工只能有一个岗位。

赵峰考虑到甲方在 OA 系统中的员工信息是他们的权威信息,于是决定在 ERP 系统中进行控制,保证一个员工只允许有一个岗位。

说实话,以上这些方法并不能真正避免信息孤岛,有时候,甚至只能算杯水车薪,为了从根本上解决问题,需要考虑系统集成。

8.2　系统集成

所谓系统集成,就是通过技术手段将各系统进行整合,作为一个有机的整体处理业务问题。最常见的集成方式是通过接口在不同系统之间交换数据。对甲方的数字化管理体系而言,它因为系统集成而避免了信息孤岛;对某个特定的系统而言,它因为集成获得了"成长"甚至"新生"。

8.2.1　系统通过集成获得"新生"

每个系统都有它的强项与弱项,通过集成可以扬长避短。例如,有的系统长于信息收集,虽然功能并不强大,但可以提供其他系统无法获得的信息;有的系统长于信息加工智能运算,但不容易获得数据来源;有的系统长于界面展示,却没有强大的软件功能,等等。通过集成,强强合作,软件可以得到跨越式提升,成为新数字化管理体系的一部分,从而获得"新生"。

A 公司给甲方(某学校)开发了一款软件——学生考勤管理系统,主要功能是根据学生的课表、打卡记录,经过计算后生成考勤结果,得到每个学生每节课的考勤状态,如迟到、正常、旷课等。上课后,系统会给旷课的学生发短信提醒,一学期累计旷课达到一定的次数后,还会给学生发送处分提醒短信。本系统的长处是能够进行考勤状态的运算,短处就是一些必须的信息不容易获得,如学生的考勤打卡记录、课表。

B 公司承接了该学校的一卡通系统(已经在用),负责提供并安装部署所有考勤机、消费 POS 机、门禁等;还有 C 公司承接了学校的教务系统,负责教务处的排课、成绩管理等。一卡通系统可以提供学生的考勤打卡记录,而教务系统可以提供学生的课表。三方通过沟通,制定了接口标准,A 公司的学生考勤管理系统可以通过接口从一卡通系统、教务系统中分别获得打卡记录与课表,从而可以通过计算生成考勤记录。

后来,又有 D 公司为甲方开发了一款手机 App,面向学校的学生用户,主要用于学生查询课表、成绩、考勤等,界面设计非常漂亮,对学生来说很有吸引力,但他们没有相关数据。

在甲方的主持下,D 公司与 A 公司、C 公司分别达成了协议,A 公司提供了获取考勤记录的数据接口,C 公司提供了获取课表、成绩的数据接口,这样 D 公司的手机 App 可以通过接口获得考勤管理系统中的考勤数据,以及教务系统中的课表、成绩数据,学生可以通过这个手机 App 随时查看自己的数据。

这是一个系统集成的典型案例,4 个系统都因为这次集成获得了"新生",大家一起变得更有效、更强大了。

8.2.2　系统集成的困难

系统集成可以带来巨大的收益,但作为实施者,也需要理智地看待问题,要认清这件事的艰巨性,了解潜在的困难。

1. 第三方不认真配合

系统集成需要第三方配合,做实施的人都知道,一旦需要第三方配合,就会给项目引入大量的不可控因素,带来很多风险。

不幸的是,大部分情况下,第三方对于系统集成并不积极,甚至可能会有排斥心理。当前项目还在实施过程中,没有上线,如果没有这个集成,项目可能很难推进下去。然而,对第三方来说,这个集成做不做一点也不影响他们的系统。例如,前面案例中 A 公司的学生考勤管理系统,如果没有 B 公司提供打卡记录,这个系统没有任何意义,可对 B 公司来说,他们的一卡通系统早就已经正式运营了,你集成也好,不集成也好,B 公司根本不关心。说不定,他们配合搞集成只是被甲方逼的,万般无奈不得不配合你们,他们非但不能从中得到任何收入,还需要花费许多额外的成本。

还有的时候,第三方不认真配合,确实是因为没有这个能力。第三方系统在甲方可能已经运营很久了,当初负责实施、开发的人员可能早就离职了,负责维护的人员可能已经换了好几拨了,甚至有可能那家供应商早就倒闭了。在这种情况下,如果需要对第三方系统进行结构性的大调整,确实非常困难。

2. 集成的成本得不到认可

甲方一般很难理解系统集成的难度,很多甲方人员看待系统集成,感觉就像在 Excel 文件中复制粘贴一批数据那么简单,其实这是对集成工作的误解,这项工作比表面看上去的工作量要大得多。

系统集成,首先需要跟第三方沟通协调,确定集成方案,解决数据传递、格式统一、数据结构转换等一系列问题。并且,同一数据源可能会被很多功能操作所改变,有很多触发这个数据发生变化的场景,例如,仓库中某物料的结存数据,入库、退货、领料、盘点这些操作都会导致它发生变化。在极端情况下,某个看似简单的数据,需要几十个接口才能应对它的变化。另外,有时候可能需要在两个系统中保持相关数据的双向同步。也就是说,任何一方的操作导致的数据变化需要同时反映到另外一个系统中,这个难度就更大了。

总之,要完成系统集成工作,需要投入大量的沟通成本、开发成本、调试成本,一般情况下，这些成本要远远超出甲方能够接受的范围。

8.2.3　系统集成的常用方法

系统集成可以采用各种方式，有的简单，有的复杂，在实际工作中用得最多的一般包括单点登录、开发数据交换接口、直连数据库、从网页抓取数据等。

1. 单点登录

所谓单点登录，指从某个系统直接登录到另外一个系统，例如，在 OA 系统中，点击某个链接，直接进入甲方的 ERP 系统。要实现单点登录，一般需要第三方配合，至少需要提供登录时进行鉴权认证的接口。

单点登录勉强算是系统集成的初级阶段，只是提供了方便进入各个系统的手段，并不能真正解决信息重复录入、信息孤岛之类的问题。

2. 开发数据交换接口

开发数据交换接口是进行系统集成最常用的方式。两方或多方讨论制定接口标准，然后根据标准编写接口，各个系统可以调用其他系统提供的接口，通过接口获得对方的数据或者向对方推送数据。本来各个系统独自运转、互不干涉，各自独享自己的数据，因为有了接口，这些信息孤岛就有了连接通道。

不过，通过接口交换数据的方式有很多麻烦：首先，通过接口交换的数据一般只能局限在小范围之内；其次，一般系统中的数据都是不断更新的，通过接口很难保证接收方数据的实时性；最后，一般系统中的数据都不是孤立的，数据跟数据之间是有关联的，如果不能处理好数据的关联关系，可能会导致数据传递出错甚至无法进行。

赵峰在甲方实施的 ERP 系统用到了员工信息。甲方目前正在使用一款 OA 系统进行办公管理，其中就包括员工信息。由于这两个系统都保存员工信息，如果员工信息有变化，需要在两个系统中同时操作，这增加了工作量不说，还非常容易导致数据不一致。

甲方提出需要进行系统集成，主要需求是：不允许在 ERP 系统中维护员工信息，员工信息在 OA 系统中维护，ERP 系统用到员工信息时，需要从 OA 系统中获得；当用户在 OA 系统中新增、编辑、删除员工时，需要在 ERP 系统中保持同步更新。

赵峰跟 OA 系统供应商沟通后，确定了解决方案：在 ERP 系统中开发接收员工信息的接口，当 OA 系统中员工信息发生变化时，由 OA 系统调用接口，将数据推送到 ERP 系统。

但集成之后，他发现了很多问题：跟员工有直接关联的还有很多其他信息，如部门、岗位等，这些信息在两个系统中并没有同步，导致员工信息同步时经常出错，例如，某员工更换了新岗位，但 ERP 系统中并没有这个岗位。为了解决这些问题，又不得不开发了另外一些接口，用于同步两个系统中的岗位、部门等。

3. 直连数据库

直接访问另外一个系统的数据库，是一种不多见的系统集成方式。也就是说，A 系统为了跟 B 系统进行数据交换，直接对 B 系统的数据库进行写操作。

这种方式一般都不太推荐，除非开发者对两个系统都非常精通，否则风险太大。系统是个有机体，数据进入系统前需要进行大量的规则验证、逻辑控制。不经过验证机制将数据直接写入数据库，缺少了系统的防护措施，风险可想而知。

4. 从网页抓取数据

从网页上直接抓取数据,也是进行系统集成的一种方式。通过技术手段直接从对方系统的网页上抓取需要的数据(当然,只对用网页开发的功能才有效),经过分析、转换后,将这些数据保存为符合本系统的结构化数据。

采用这种方式,往往是因为得不到第三方的配合,不得已而为之。这种方式很可能会面临一些麻烦:第三方系统中可能存在一些无法绕开的鉴权机制,导致某些数据无法读取;或者,由于没有第三方的合作,一旦对方的网页结构发生了变化(当然是不会通知你们的),会导致集成后的系统不稳定。

8.3 管理变更

实施系统的目的是在甲方相关领域建立数字化管理体系,这个体系需要长期运营,相关岗位的人员在工作中需要使用这个系统解决问题,他们的工作方式也因为这个体系的建成而发生变化,当然,对于不同的系统,这种变化的程度是不一样的,有些只是微调,有些可能天翻地覆。

为了保证这个体系能真正发挥作用,在系统蓝图规划期间需要对相关员工的工作方式进行重新规划。也就是说,需要预测在未来他们会如何通过本系统处理业务、他们现在的工作方式会发生什么样的变化等。

8.3.1 流程重组

甲方跟本项目相关的领域,一定运行着一套管理体系,各个岗位的工作人员在这个体系的框架中工作。一旦系统上线,必然会形成另外一套管理体系,这个体系跟原来的体系肯定有区别,根据项目的规模、影响面、重要性等的不同,这个区别可能是巨大的,也可能是微乎其微的。不管怎样,新的管理体系开始运行后,相关员工的工作方式必然会发生变化,相应的管理要求、业务流程也会变化,因此,必然会涉及业务流程重组的问题。举个耳熟能详的例子,原来人们到银行取钱的时候,到柜台填取款单,递上自己的存折或者存单,然后银行柜员将钱给你。银行使用了 ATM 系统之后,这个业务流程自然会发生巨大的变化,除了大额现金,人们取钱一般都不会去柜台办理了。再后来,手机支付越来越普及,人们几乎不取现金了。

所谓流程重组,就是通过资源整合、优化,对业务流程进行重新设计,以提高工作效率,解决管理问题,提高运营绩效。实施 IT 系统后,甲方在相关领域的管理中引入了信息技术,实现了数字化管理,流程重组自然也势在必行。

在进行系统蓝图规划的时候,需要规划如何进行业务流程重组。也就是说,需要规划系统上线后,应该对相关的工作流程做什么调整,才能改善管理、提高效率,发挥 IT 系统的作用。某些大型项目,会对甲方的管理工作带来巨大的影响,这时,甚至需要将流程重组的进程分成两大步:第一步,在系统上线之前重组,也就是说,系统虽然还没有上线,但如果按照现在的流程工作,项目很难直接上线正式运行,那么可以考虑先进行流程重组,调整现在的工作方式,为迎接新系统做好准备工作;第二步,系统上线后的重组,依托 IT 系统设计新的工作流程。

当然,实施者一般不是流程专家,对甲方的业务理解也不会那么深刻,要想独立做好流程重组工作几乎是不可能的,需要跟甲方相关人员紧密协作,需要进行大量的调研、沟通、讨论。

赵峰在甲方实施项目。甲方销售部给客户发货的流程如下:

(1) 上午上班时,销售部发货员根据销售合同的要求编写当天的发货计划草稿;

(2) 核查前一天客服人员跟客户的沟通记录,看有没有客户要求提前发货;

(3) 到成品仓库查看产品库存情况;

(4) 如果某些货物库存不足,则调整计划草稿,将相关的发货计划删除或进行调整;

(5) 如果某些货物库存不足,但已经过了交货期,则跟成品车间的调度人员沟通,如果上午能够赶工生产出来,就加到发货计划中;

(6) 根据确认的发货计划,编制发货单,如果合同中要求只能同批发货,那么就算缺少一件货品,也不能发货;

(7) 将填写的发货单交给物流部,执行取货、发货。

从这个流程中可以看出,发货员的工作中最麻烦的事情,就是需要从各个部门获得信息,如客服部的沟通信息、成品仓库的库存信息、成品车间的调度信息等。获得这些信息的过程非常困难,也非常耗时。

赵峰跟甲方相关人员讨论后,确定在系统上线后,将发货工作的流程重组如下:

(1) 每天下班前,系统根据客户要求、合同要求、成品仓库库存信息自动进行计算分析;

(2) 如果存在不能按时发货的合同,则发提醒给发货员,否则自动生成发货单;

(3) 不能发货的合同,系统自动生成加急生产通知给成品车间调度;

(4) 第二天上班,发货员根据系统生成的发货单发货。

很显然,经过流程重组后,大大提高了发货工作效率,缩短了合同交货时间。

要注意的是,流程重组需要改变管理方式,是一场变革。不管在哪个领域,大部分情况下支持变革的人总是少数,反对变革的人总是多数。项目规模越大,变革的阻力就越大,没有相应的权力几乎寸步难行。例如,在 ERP 业界就流传着这样一句话,"ERP 是一把手工程",一个重要的原因就是因为实施 ERP 系统需要对甲方的管理方式进行大面积的变更、重组,没有一把手的权力几乎不可能推动下去。

甲方可能有很多管理上的漏洞、陋习、瑕疵等,这些是管理过程中的"腐肉",这种"腐肉"长熟了就会"溃烂"。流程重组往往需要挖去这种"腐肉",如果在已经"溃烂"的时候挖去,阻力还会小点,因为所有人都知道不挖不行了,如果在还没有溃烂的时候动刀,阻力就会大得多。没有权力支持,几乎不可能实现。

当然,如果你的项目规模很小,对甲方当前的管理影响并不大,只是为了处理某些具体的事务,那么流程重组的阻力就要小得多了。

8.3.2 工作方式规划

确定新的工作流程后,需要规划各岗位人员使用系统后的具体工作过程,也就是说,围绕系统工作的具体步骤是什么,这是相当重要也相当困难的事情。甲方跟本系统相关的岗位可能有很多,每个岗位都有大量不同的工作内容,岗位跟岗位之间的工作相互关联、相互依赖,而每个岗位的工作一般都是不可分割的整体,具有系统性与连续性,要把这些岗位的所有工作都搞清楚,还要根据当前系统设计好新的工作方式,很显然是非常艰巨的。

规划工作方式主要包括规划各个岗位在什么地点、什么时间使用本系统,什么事件发生会触发用户使用本系统,用户使用本系统的工作场景是什么等。

1. 使用系统的地点

规划使用系统的地点,就是规划工作人员在什么地方使用本系统处理工作任务,在大部分情况下可以简单地理解为登录系统的计算机应该摆放在什么地方。当然,随着信息技术的迅猛发展,IT系统中可能会集成各种IT设备,仅仅考虑计算机显然是不够的。

这种规划针对不同的岗位有不同的要求。有些岗位,工作性质决定了只能在特定的地点使用系统,根本不需要做什么特别的规划,例如,办公室文员、财务会计等,天天坐在计算机前面,使用系统的地点自然就是自己的办公桌;超市收银员,除了将POS机摆放在工作台上别无选择;有些巡查岗位,需要一边巡查一边登记巡查结果,必须使用移动终端设备(如掌上电脑)随时随地记录、上传。

而有些岗位不同,需要进行特别的规划,不同的使用地点可能代表着不同的管理理念,代表着不同的工作流程,例如,某些车间操作工,可以到车间办公室偶尔使用一下计算机,也可以直接在操作台上使用计算机。在前一种情况下,设备安装方便,但意味着操作方式是一批工作完成后去办公室统一汇报,会导致数据汇报不及时;在后一种情况下,设备安装麻烦(操作台有没有空间、环境是否适合等都是问题),这种情况对操作工要求更高,但能保证数据汇报及时——这些都需要根据管理要求预先做好规划。

另外,由于物联网的普及,越来越多的IT系统通过感应设备(如烟雾探测器、空气污染监测仪、气压传感器等)直接采集数据,发出控制信息,这些物联网感应设备应该如何安装,当然也是在系统蓝图规划阶段不能忽视的问题。

例如,很多现代化车间使用RFID技术进行数据采集:给货物贴上RFID标签,当货物经过某感应器附近的时候,信号会被自动接收,从而实时记录货物的移动信息。可想而知,在这种情况下,需要仔细规划好货物的移动路线,根据货物移动路线中的关键地点(如车间出入口)设计感应器的安装位置,因为每一次信号的抓取就预示着某种工序的开始或结束,或者预示着某种管理责任的转移,等等。

2. 使用系统的时间

对于使用系统时间的规划,不同的功能有不同的要求。有些功能是刚上班时用的,如考勤打卡功能;有些功能是下班时用的,如每日工作汇报功能;还有一些功能是每周、每月、每季度、每年用的,如各种区间报表。当然,除了一些定期自动执行的功能(如每月最后一天的12:00自动生成月报),一般情况下,系统的使用跟具体时间点并没有直接的关系。这里最重要的关注点是,要对系统的运算压力、网络传输压力等提前做好预案。

例如,某学校的一卡通系统,需要处理学生的三种刷卡数据,上课考勤刷卡、用餐刷卡、超市购物刷卡,考虑到系统使用时间的问题,很明显,这三种刷卡方式对系统性能的要求差别很大。上课刷卡,成千上万的学生在上课前几分钟同时刷卡,系统压力很大;而用餐刷卡,持续时间较长,压力相对要小些;在超市购物的刷卡,一般不会有那种井喷式的刷卡过程,所以运算压力、网络传输压力的问题可以忽略不计。

3. 使用系统的触发事件

规划使用系统的触发事件，就是针对不同的岗位，规划当发生什么事情时，用户需要使用系统，以及具体需要用到什么功能。注意，这里所说的"触发事件"，跟我们在软件开发时常说的触发事件，如双击鼠标、拖动鼠标、按下回车键等，是完全不同的。

例如，某原材料仓库，当供应商送来货物，并且经过质检部检验合格时，会触发仓库管理员使用仓储管理系统的采购入库功能；当车间有人领料时，会触发仓库管理员使用系统中的"发料出库"功能。

有些触发事件很简单，例如，上班时的考勤刷卡，员工上班来到公司时自然就触发他使用刷卡功能；有些触发事件就很复杂，例如，计划人员为了完成一份生产周计划，需要用到系统中很多功能，当想了解车间生产情况时，需要用到生产进度分析功能，当想了解原料库存情况时，需要用到"库存查询"功能，当想了解生产能力负荷情况时，需要用到"机器负载分析"功能，等等。

赵峰在甲方的工厂实施生产管理系统。

装配车间有个岗位叫配货员，主要工作如下：每过 1～2 小时到车间巡查一遍，安排装运工将已经完工的产品用手推车运送到成品仓库，并记录送货信息；巡查时如果发现装配线上原料不足了，就安排装运工将原料送到装配线，并记录发料信息；每天早晨到原材料仓库领料，将当天装配线需要的原料送到车间，存放在车间中转区。偶尔也会出现去原材料仓库补领材料的情况；每周会对材料中转区进行一次盘点，将多领的原料退回原材料仓库。

根据配货员的工作特点，赵峰规划了这个岗位使用系统的主要触发事件及处理方式：

（1）配货员每天早晨刚上班时，通过系统查询今天的生产任务，分析今天需要领用的原料数量，在系统中填写原材料申领单、半成品申领单。

（2）配货员在巡查时发现装配线原料不足，通过系统查询该装配线的生产任务，根据后面的加工任务准备原料，在系统中录入班组材料发放单。

（3）装配组长发现某种材料多发，通知配货员。配货员通过系统确认该材料是否确实多发，如果确实多发了，就在系统中录入班组退料单，否则通知技术部门核查。

（4）配货员发现车间中转区某种原料不足。通过系统查询今天的生产任务，分析今天需要补领的原料数量，在系统中录入原材料申领单。

（5）配货员周末对车间材料中转区进行盘点后，如果发现某种原料多领了，就在系统中录入退料申请单，如果少领了，就录入原材料申领单。

（6）装运工将完工的成品装上手推车，准备运送到成品仓库之前，配货员需要在系统中登记生产任务完成情况，录入成品入库申请单。

（7）配货员每天下班前，在系统中生成报表，统计当天每个装配线的生产任务完成与领料情况，发送邮件给车间主任，并抄送每个装配组长。

（8）装配组长发现生产任务统计有问题，跟配货员沟通。配货员在系统中查询该装配组的任务完成统计记录，与收货时给装配组的签字记录核对，找到问题所在。

4. 使用系统工作的场景

规划使用系统的工作场景，也就是规划使用系统处理事情的过程。一件事，原来是怎么处理的，数字化管理体系建成后应该怎么处理，经历哪些步骤，在处理过程中，人需要做什么,系统需要做什么,怎么进行人机交互。

有些工作,使用系统处理会非常简单。例如,办公室文员在使用软件给全公司员工发布一则公告时,无非就是打开发布公告的功能,录入公告内容,选择接收人员,然后发布。但有些工作,使用系统处理会非常复杂,需要跟甲方相关人员充分沟通,认真、仔细地做好规划。例如,成本经理做下一年的成本预算,需要通过系统检索生产、库存、成本、财务、计划、技术等各种相关信息,进行各种成本数据计算。对于这种工作,与其说规划工作场景,倒不如说规划系统需要提供哪些信息给用户,由用户根据工作要求自由决定如何使用。实施者没有必要,或者根本没有能力进行具体的工作场景规划。当然,这个例子有些极端,对于绝大部分工作,实施者都是可以做好场景规划的。

赵峰在甲方实施仓储管理系统。

成品仓库有大量的立体货架,货物都存放在货架上,以前对货物存放的具体位置并没有进行正式管理,管理员只是对货架进行了大概的区分——按照产品系列分配货架。

当货架全空的时候,成品入库,同一批次的货物全部被放置在同一货架上。然而,发货是根据销售合同进行的,一般不会整批同时发货,而是零零星星不定量、不定期发货的。入库、出库的过程不断进行,会出现越来越多的"碎片空间",碎片空间的增多自然会影响货物的存放。仓库管理员每隔一段时间会进行一次整理,通过移动货物将这些碎片空间合并成大空间,好让新的货物可以入库上架,这有些类似于计算机中的磁盘碎片整理。

以前整理货架的工作场景是这样的:当管理员发现货架上的零星货物太多后,会将这些零星货物统一放在新的位置,由于库存账目并不记录货架信息,这个整理过程比较随意,也比较麻烦,仓库管理员需要花费较多的时间。

赵峰跟仓库管理员沟通、讨论后,规划了关于货架整理的新工作场景:

(1)用户执行系统中的货架分析功能;

(2)系统根据货架的大小、货物的尺寸(长、宽、高)、发货频率等进行运算,给出货架整理建议;

(3)用户调整系统给出的整理建议,确认开始货架整理;

(4)用户移动货物,持掌上电脑扫描条码,先扫描货架条码,再扫描货物包装条码,持续这个过程直到货物移动完成;

(5)系统自动记录货物移动结果;

(6)用户在计算机端查看刚才货物移动的结果以及货架的货物分布示意图;

(7)系统生成这次货架整理的总结报告;

(8)用户确认这次货架整理完成。

第9章

思维导图

系 统 建 设

- -

数字化管理系统由两大部分构成，一是硬件，二是软件。

硬件通常包括服务器、交换机、路由器、PC终端、移动终端、扫描仪、摄像头、感应设备、显示屏、音箱和麦克风等。随着科学技术的加速发展，物联网、AI技术越来越普及，各种新兴的IT设备层出不穷，如各种智能穿戴设备、智能家居设备、智能传感设备等。

软件通常分为两类：一类是产品化的软件，另一类是根据甲方要求定制开发的软件。产品化的软件，其代码是现成的，不需要开发就可以直接部署上线；而定制化的软件，需要根据甲方的需求开发，需要完成一系列研发工作，如设计、编码、测试等。

从广义上讲，从项目启动到系统交付，所有工作内容都是为系统建设服务的，都属于系统建设的范畴；从狭义上讲，系统建设包括两大类工作，一类是与硬件相关的工作，如采购、安装、调试等，另一类是与软件相关的工作，如开发、测试、安装、部署等。对于软硬件集合比较复杂的项目，软件与硬件的集成、联调也是一件非常重要的工作。本章所说的系统建设，是狭义上的。

系统建设的目标，是将本项目需要的硬件设备安装到位，将软件开发（或复制）完成，并部署上线，完成硬件、软件集成，为甲方提供数字化管理系统。

本书的重点是软件实施，如何建设系统并不是本书的重点，但我们需要知道，实施者如果不了解系统建设的过程，是不可能做好实施工作的。因此，本章简单介绍软件系统的建设过程，以及如何优化软件系统。

9.1　软件系统的建设过程

乙方向甲方提供软件系统的方式主要有两种，一是根据甲方的需求定制开发全新的软件，这种系统往往充满着甲方的个性化特征；二是提供标准产品，配置一些参数后，上线投入使用。

9.1.1　根据需求定制开发

如果需要为甲方定制开发软件，那么系统建设一般包括需求分析、系统设计、开发、测试、部署上线等工作。这些内容不是本书的重点，这里只做简单介绍。

需求分析：分析用户的需求，策划采用何种方式让软件系统满足用户的需求。

系统设计：设计系统包括哪些功能，每一项功能应该如何实现。一般包括功能设计、数据库设计、交互设计等。想详细了解需求分析、系统设计的读者，可以参考笔者的另一部作品《软件需求分析实战》。

　　开发：根据设计成果编写代码，实现软件功能。这个过程一般需要很多岗位协同工作，如系统分析师、系统架构师、研发经理、网页开发工程师、手机开发工程师等。

　　测试：检查开发成果在功能上、性能上是否符合设计要求。一般涉及编写测试用例、单元测试、联合测试、回归测试等步骤。当然，并不是每个乙方的管理都是这么规范的，有些可能只是简单地运行一下功能就算测试过了，甚至有些乙方都没有专职的测试人员，程序员自己运行一遍代码就算测试了。

　　部署上线：将代码部署到服务器，或者制成安装包，生成可以供用户使用的系统。不同软件系统的部署上线的方式是不同的。对于 B/S 架构的系统，只需要将代码部署到服务器，用户通过浏览器使用软件；对于 C/S 架构的系统，不但需要部署服务器代码，而且要单独制作客户端安装包，供用户安装。随着移动办公的普及，制作手机安装包成为大部分项目必不可少的工作，如果支持 iOS 系统，还需要在苹果的 App Store 中上架，有时候这个周期较长，可能会影响到项目交付日期。实施人员在做项目进度控制的时候，不能忽视这个时间。

　　虽然系统建设不是实施的工作内容，但很显然，系统建设是项目实施的前提，实施者作为项目的推进人、协调人，不可能置之不理，多多少少、或深或浅总要参与其中的部分工作。

　　下面通过一个完整的案例看看定制开发项目的一般实施过程，读者可以感受一下在这个项目中，实施者是如何参与系统建设的。

　　乙方跟甲方（某水利部门）签订了一份软件开发合同，需要开发一套"河流水质监测系统"，用于对甲方辖区内的主要河流进行水质监测，发现水质异常后需要提醒相关责任人，并生成整改任务，跟踪任务完成情况。每月末，系统自动生成每条河流的监测报告，并针对相关责任人生成考评报告。水质数据主要有两个来源，一是通过传感器实时检测水质，获得检测数据，并通过网络将数据自动上传到平台；二是通过人工对抽样水质进行检测，将检测数据手工录入系统。

　　乙方委派赵峰为本项目的实施经理，以下内容节选自他的项目日志：

　　5 月 26 日。跟甲方对接人孙科长通了电话，确定 6 月 2 日到他们单位启动项目，开始需求调研。

　　5 月 27 日。跟销售小周、售前人员老李做了深入的沟通，了解了本项目从发起到落单的整个过程，询问他们在售前工作中是如何跟甲方沟通的，有没有做过超出合同范围的承诺。

　　5 月 28 日。仔细研究了合同条款、甲方需求，虽然我们曾经做过类似的项目，但跟这个项目的需求相差很远，看来需要定制开发了。

　　6 月 2 日。带需求分析师小钱到甲方跟孙科长对接，上午孙科长把相关人员组织起来开了个小型的项目启动会，下午我们开始需求调研，今天主要搜集了相关的单据、报表。

　　6 月 3 日。对十几位用户做了访谈，晚上整理了访谈纪要。

　　6 月 4 日。上午跟几位需求比较模糊的用户确认了一些疑点，下午开了一次需求调研会，将一些有矛盾的需求协调清楚了，调研完成。

6月5日。根据调研的结果,规划在未来甲方如何使用系统处理相关业务,跟孙科长讨论后做了一些调整。

6月6日。回公司。小钱根据用户需求进行软件设计。

6月7日。绘制甲方辖区内所有河流的分布图,标注需要安装水质检测传感器的位置(如闸口、桥梁等),发给孙科长,孙科长确认无误。

6月8日。联系传感器设备供应商,敲定了需要采购的设备,并从供应商技术支持人员那里找到了软件和硬件对接接口规范(给研发开发接口做准备)。将需要采购的设备名称、型号、数量发给孙科长。

6月12日。孙科长通知说设备已经下单,因为有些模块需要定制,预计月底才能到货。

6月18日。小钱完成了软件设计,画好了原型。

6月19日。一整天都在研究小钱的设计成果,发现了一些问题,整理了一张问题清单给他,并给出了一些优化建议。

6月20日。小钱修改了原型,我觉得没有问题了,联系孙科长确定明天去甲方确认设计成果。

6月21日。到甲方。孙科长召集了相关人员参与需求确认会,小钱演示了原型,并阐述了设计思想。有人对原型提了一些意见。

6月22日。回公司。小钱修改了原型,将设计成果交给研发部门。

6月23日。研发团队开始开发。

6月30日。孙科长通知,传感设备安装完成,检测数据已经可以在供应商的数据平台上查看了。

7月15日。开发完成。

7月16日。准备一些测试数据,用于内部验收。

7月22日。测试团队完成测试。

7月23日。完成测试系统的数据初始化,使用测试数据验证系统,发现了一些问题,内部验收不通过。

7月24日。研发团队解决问题,内部验收通过。

7月25日。将软件系统部署到甲方提供的云服务器上,根据甲方的安全管理需要,在服务器上配置了安全组,并申请了SSL证书。

7月26日。联系孙科长,确定明天到甲方培训。在系统中配置了几个用于培训、学习的试用账号,做了一个培训用的PPT。

7月27日。上午培训用户,下午根据甲方的工作要求配置用户并分配了权限。

7月28日。上午指导用户开始试用系统,下午回公司。

8月2日。搜集整理了用户发现的问题,提交给研发人员。研发人员处理了部分问题,但有些问题是检测设备的问题导致的(如数据不能及时上传,感应器元件故障等),没有办法解决。

8月3日。联系设备供应商的技术支持人员,约好明天到甲方现场检查设备。

8月4日。孙科长通知说供应商技术人员到甲方检查了设备,发现是因为某些设备的参数没有设置好,问题已经解决了。

8月6日。联系孙科长,建议正式使用系统。孙科长跟分管领导汇报了此情况,领导要求等月底报表出来再决定是否正式使用。一来,要看新系统能不能真正信任;二来,这个月数据不全,如果要月底出报表还要补数据,工作量不小。

8月7日。查了合同,工期条款规定,在合同签订后3个月内完成,如果到月底正式使用的话,就延期了,要负违约责任。联系孙科长,孙科长说系统已经上线了,他们就认为已经交付了,没有正式使用不怪我们。

8月25日。孙科长发来一个问题清单,都是试用期间他们发现的问题,还有几个是新需求。跟孙科长电话沟通了一下,系统问题我们同意免费修改,但有几个新需求工作量很大,明显超出了合同的范围,建议他申请预算重新做一期。

8月30日。研发人员通知,所有问题都已经处理,验证无误后通知了孙科长。

9月1日。到甲方,甲方停止了原来的工作方式,开始正式使用本系统处理相关业务。

9月2日。系统正式使用还算顺利,没有遇到什么大问题。还没有遇到过这么顺利上线的项目,可能因为试用时间比较久吧,出现的问题都已经解决了。

9月3日。上午做了验收单给孙科长,但他不同意现在签字,说要等这个月报表出来后,确认没有问题才同意验收。下午回公司。

9月30日。联系孙科长问是否可以签验收单,他说要等国庆之后。

10月8日。国庆期间一直盯着系统,确保没有问题。

10月9日。收到了孙科长寄过来的验收单。

10月12日。查了合同中的支付条款:在合同签订后10个工作日内,甲方需要向乙方支付项目款总额的30%作为预付款,验收通过后10个工作日内,甲方需要向乙方支付项目款总额的60%,余下的10%在验收一年后支付。通知财务开具了项目款总额60%的增值税专用发票。

10月15日。财务通知收到了甲方支付的项目款。

在本案例中,实施者在系统建设中的参与方式,主要包括需求分析及系统设计成果的审核与优化、为研发寻找技术资料、配合系统测试和云服务器管理等。

根据乙方的工作方式、管理要求的不同,实施者在系统建设过程中的参与方式有可能跟这个案例中描述的完全不同。有些乙方,实施者几乎不需要参与系统建设过程,只需要了解工作进度就行。而有些乙方,实施者需要深度参与。笔者就见过很多团队,实施者不但需要亲自设计软件,还需要测试、部署。在有些小公司,一些牛人身兼数职,实施、设计、编码、测试、部署、服务器管理等,一个人全部搞定——这种例子也不少见。

9.1.2　提供标准产品

如果提供标准软件产品给甲方,不需要新开发软件,系统建设的工作内容相对而言就简单多了,主要包括需求分析、系统部署、参数配置、系统变更等工作。

需求分析:无论是提供定制开发的软件,还是提供标准产品,需求分析都是必不可少的。只不过,标准产品项目的需求分析,主要研究如何通过现有的功能满足甲方的要求,以及是否需要进行系统变更,如何变更。

系统部署:将标准产品部署上线。由于是标准产品,代码是现成的,很多团队在项目启动时就会将产品部署好,供甲方用户学习、试用,提前熟悉。

参数配置:配置软件产品提供的参数,让系统满足用户要求。标准的软件产品因为需要兼容不同甲方的需求,一般需要采用更灵活的开发方式,提供大量的参数配置开关是提高软件产品灵活性的常用方法。用户通过配置参数,可以自己决定一些工作流程、运算逻辑、显示方式等。很多大型管理软件产品,会提供大量的配置参数,要完全掌握需要下苦功。对这类软件产品来说,没有配置参数的系统只算得上软件半成品,只有配置完成,符合甲方的要求,才算是最终的系统。

系统变更:对系统的部分功能做少量修改,以满足甲方要求。很少有管理软件的标准产品不需要做任何修改就能满足甲方的要求,多多少少总会要修改部分代码。如果需要系统变更,免不了需要设计、编码、测试这些环节,当然这种开发跟定制开发新系统是有很大区别的,因为这种开发的重点是如何修改当前系统。对标准产品的修改,从表面上看可能工作量不大,但因为功能之间存在关联,牵一发动全身,有很多潜在的风险。因此,系统变更的工作量比看上去可能要大得多。除此之外,标准产品一旦变更,还有可能给后来的维护、升级带来不小的麻烦。

实施者如果没有很好地掌握参数配置的要领,不能灵活地借助已有的软件功能解决问题,在实施过程中往往会过于依赖系统变更,毕竟根据甲方要求直接修改系统是最容易想到的解决方式,不过这样会大大提高系统建设的成本。

我们通过另外一个完整的案例看看标准产品项目的一般实施过程,读者可以感受一下在这个项目中,实施者是如何参与系统建设的。

乙方跟甲方签订了一份 OA 项目合同,需要给甲方提供一套协同办公系统,包括通讯录、通知公告、内部邮件、短信平台、公文流转、知识库、会议管理、办公用品管理、日程安排、考勤打卡、请假申请、报修申请、人员调动申请、离职申请、转正申请等功能。

乙方任命赵峰为本项目的实施经理,以下内容节选自他的项目日志:

3月22日。上午跟售前人员老李做了沟通,拿到了所有跟本项目相关的售前资料(解决方案、报价单、合同等)。下午研究了本项目的概要需求,得出结论:这是个标准 OA 项目,公司的 OA 产品应该可以满足大部分需求,只有几个工作流需要根据流程节点、分支做少量定制开发。

3月23日。设计了一个用于收集基础资料的 Excel 文件,供甲方整理组织架构、岗位、员工、办公用品清单、班次等。

3月24日。跟甲方项目负责人周经理做了沟通,将收集基础资料的 Excel 文件发给了他,需要他安排相关人员整理基础资料。

3月25日。将服务器的配置要求发给了周经理,让他准备服务器(甲方要求将系统部署在他们自己机房的服务器上)。

3月28日。周经理告知服务器已经准备好,包括一台应用服务器、一台数据服务器和一台备份服务器。

3月29日。通知研发人员将我们的 OA 标准产品通过互联网远程部署到甲方的服务器上。

3月30日。周经理将收集的基础资料发来了,我在系统中做了初始化。跟周经理沟通后,确定后天到甲方培训系统的使用方法。

4月1日。到甲方跟周经理商量培训事宜。考虑到公司员工众多,几乎每个人都需要用到 OA 系统,一起组织起来进行培训并不现实,决定采用分级培训的方式:每个部门指定一名关键用户,接受培训后,再回去培训自己部门的其他员工。

4月2日。由于有几个工作流的审批方式没有确定,与财务、人力资源、行政等部门的相关人员进行沟通,确定了每个流程涉及的节点以及审批规则。

4月3日。回公司。研究了几个工作流程,有两个流程(用车申请、用印申请)的逻辑、页面比较简单,可以用系统自带的流程引擎配置出来,其他流程需要定制开发。

4月4日。绘制了请假申请、人员调动申请、转正申请的流程图,设计了申请表单。将设计成果上传到公司定制开发申请平台,研发人员回复需要一周的时间。

4月8日。周经理发来一个问题清单,整理了他们这几天试用系统的一些问题。都是功能使用不熟悉的问题,不需要研发人员处理。跟周经理做了解释,有两个问题远程说不清楚,确定等下次上门的时候当面解释。

4月10日。研发人员通知定制流程已经开发完成,验证通过。联系周经理,确定明天到甲方处理正式上线事宜。

4月11日。到甲方。周经理召集所有部门的关键用户开会,宣布从明天开始正式使用系统,同时停止使用原来的相关管理方式,如考勤登记、申请审批、公文流转等。

4月12日。甲方用户正式使用系统,发现很多用户在培训的时候并没有认真学习,不得不针对一些特殊问题做了一次专题培训。

4月13日。做了个疑难解答文档,整理了有代表性的问题以及处理方法,发给了周经理。

4月14日。周经理在验收单上签了字,下午回公司。

4月15日。让财务开发票快递给周经理。

4月20日。项目款到账。

在本案例中,实施者在系统建设中的参与方式主要包括工作流配置、定制功能设计、定制功能验证等。可以看出,在这个项目中,系统建设的工作内容很少,与定制开发项目相比,这方面的工作量要少得多,这也是使用标准产品的重要优势之一。

9.1.3 两种方式的关系

提供标准产品也好,定制开发也好,目的都是帮助甲方在某个领域建立数字化管理体系。这两种方式各有优缺点,对应的使用场景并不相同。

1. 两种方式各有优缺点

提供定制开发的项目,由于是根据用户的需求开发的,对甲方当前的工作方式适应性很强,用户容易接受,但所有代码都需要从头编写,需要承担设计、开发、测试等工作,系统建设的成本高,风险也大。而标准产品项目的代码是现成的,虽然可能也需要修改,但工作量相对而言要小得多,系统建设成本也低得多。

定制开发的项目,由于代码是第一次被使用,即使经过了专业团队的严格测试,代码质量也不容易得到保证。如果质量控制工作不过关,甚至根本没有专业的质量管理团队来负责质量控制,那代码质量就更难保证了。而标准产品项目的软件代码,已经由其他甲方使用过了,甚至可能已经被成千上万的甲方使用过了,千锤百炼,不知道有多少问题、多少 Bug 已经被发现并解决了,质量自然更容易得到保障。

2．两种方式适用于不同的项目

站在甲方的立场看，如果自己的需求比较常见，有标准产品能够满足自己的需求，自然应该优先考虑采用标准产品，毕竟标准产品系统建设成本低，质量也更能得到保障。而如果自己的需求特别，或者业务规则特殊，缺少行业通用性，那么自然应该优先考虑定制开发。

很多情况下，乙方有那种似是而非的产品，看上去具有很多通用功能，能覆盖甲方的很多需求，但实际上跟甲方的需求相差甚远，需要进行大幅修改。这时，甲方就要做个权衡，如果需要修改的地方太多，伤筋动骨，已经失去了标准产品的优势，那么还不如直接定制开发。同样是满足甲方的需求，市面上能提供标准产品的乙方很可能没有几家，可能够提供定制开发服务的乙方就太多了，可选择性大大增加。

3．混合方式最普遍

在实际工作中，纯粹提供标准产品或者纯粹从头开始写代码定制开发的项目都很少见，大部分项目都是以这两种方式混合的形式完成的。提供标准产品的，可能需要另外提供大量的定制开发服务，提供定制开发服务的，可能也会提供很多标准功能，或者，至少有很多是现成的代码，可以直接复制过来使用。

首先，甲方的需求可能很复杂，哪怕是完全相同的行业、完全相同的业务，管理者的管理思想也会有很大的不同。越是有想法的管理者，对个性化的要求越高，因此，很少有乙方的标准产品能够完全满足甲方的需求，必须额外提供一些定制开发服务才能做好项目。有些大型软件产品，甚至附带了定制开发工具，支持具有一定专业知识、经过培训的用户自己定制开发，从而更灵活地满足甲方的个性化要求。例如，某ERP产品提供的报表开发工具，某OA产品提供的工作流开发引擎，等等。

其次，乙方随着业务的发展，做的项目越来越多，哪怕是那种以提供定制开发服务为主的团队，也会逐步积累大量通用性强的代码，这些代码可以在很多其他项目中重用。很多团队会根据这些积累的代码，建立自己的开发平台，将一些个性化不强的底层代码（如资源分配、消息推送、鉴权机制等）、通用的功能（如用户管理、权限分配等）集成到平台中。当需要给甲方定制开发软件系统时，直接在已有的平台上开发符合当前甲方个性化要求的代码，而对于那些通用功能，就直接使用平台提供的标准功能。这种开发平台，其实也可以说是某种产品，不过，在通常情况下，甲方无法直接使用，需要另外定制开发应用层面的功能，算是个半成品吧。乙方的工作是从"半成品"开始的，而不是从"原材料"开始的，这样自然就可以大大提高开发效率，提高产品质量。

某乙方的开发平台白皮书（节选）

本开发平台为我司的核心技术平台，它是面向企业、政府部门信息化建设的综合应用定制服务平台，其目标是满足企业、政府部门日益增长的数字化管理需求。与传统的B/S产品不同的是，它是一个模块自选、界面自定义、业务逻辑自定义、具有高度灵活性的定制开发平台。它提供了快速定制各类信息应用所需的应用模块组件、数据中心组件，以及一系列业务流程自定义引擎。

平台有效整合了我司多年积累的、经过长期运营的、通用的功能模块，支持企业管理、电子政务、云办公、政府门户内容管理等在线服务，有效解决了多种信息系统统一在一个平台下的难题。

4．两种方式相互演变

无论是标准产品，还是定制开发的软件，在发展过程中都可能发生转化，定制开发产品可以演变成标准产品，标准产品也可以演变成定制开发产品。

1）定制开发产品演变成标准产品

面向公众（to C）的软件产品，一般源于产品经理的市场调查、分析，或者只是某人头脑中的灵光一闪，但面向甲方（to B）的管理软件产品，很少是这样产生的。在大部分情况下，它们的诞生过程是这样的：先有一个做得还算成功的定制开发项目，后来又有了类似的项目，于是就把前一个项目的代码复制到另外一个项目中，修修补补，做完第二个项目……这样，类似的项目越做越多，几个、几十个后，满足的需求越来越多，功能越聚越多，产品就这样逐渐诞生。

做过软件开发的读者应该知道，开发软件的时候，根据需求定制开发的思路，跟做标准产品的思路是完全不同的。定制开发，主要强调满足当前需求，不太强调软件的灵活性、可扩展性。开发标准产品，因为需要尽量兼容不同甲方的不同需求，需要将软件设计得更有柔性和兼容性，这样自然大大增加了开发成本。

因此，当乙方计划通过修改另外一个项目的代码以满足当前项目时，需要做出一个非常重要的抉择，是用向产品转化的思路修改代码，还是只根据当前项目的需求修改代码，这是两种不同的设计思路，前者至少需要考虑兼容所有以前项目的需求，后者只要考虑当前项目的需求就行了，两者的开发成本是不同的。

当然，哪怕目标是将定制开发的软件产品发展成标准产品，乙方还有一种思路，那就是做项目的时候，只是考虑当前项目的需求，怎么方便就怎么改，积累到一定的程度，产品经理综合考虑以前这些项目的需求，重新策划一个标准产品。很显然，在这种情况下，如果不是类似的项目做得够多，乙方是不会启动这件事的，一旦启动，就说明各个项目的用户需求已经积累到一定的程度，对这个领域的用户需求领悟得足够透彻，对这个市场有了信心，有一定的把握收回产品开发成本并盈利。

2）标准产品演变成定制开发产品

很多团队是这样做项目的：他们有某些标准产品，当有了相应的项目之后，会将标准产品部署到这个项目，以后就作为一份独立的代码管理。需要修改的时候，就按照定制开发的思路改，只要考虑当前项目的需求就行了，不考虑能否兼容其他项目。一段时间后，产品经理根据收集到的新需求，安排对标准产品进行升级，但升级的代码跟以前的项目并不兼容，只能用到后面的新项目中。

在这种情况下，每个项目其实都可以算作定制开发项目，只不过它们是从产品演化来的。这种方法的优势是，既能够复制使用标准产品的大量代码，降低了系统建设的工作量，又容易满足甲方需求，改动起来很灵活。当然，该方法也有它的劣势，由于定制开发离不开原来产品的框架，可能并不能完全让甲方满意。另外，由于缺少了标准产品的兼容性，以后进行产品升级的时候，以前的项目不能一起升级（主要是因为历史数据跟新产品可能不兼容），这自然增加了维护成本。

9.2 软件系统优化

实施项目需要借助IT系统解决甲方的管理问题，软件作为这个系统的核心组成部分，是实施者赖以实现目标的重要工具。软件的优劣对实施工作的影响是巨大的,实施的工作难度、工作成果跟软件本身有直接关系。"工欲善其事,必先利其器",实施者为了改善实施效果,需要推动这个工具不断优化,这也是实施人员不可推卸的责任之一。

通过优化,可以让系统给甲方管理带来更大的改善,让软件功能更强大,让性能更优越,让系统更稳定,让质量更有保障,让界面更美观,让用户跟系统的交互体验更好,等等。

对于实施项目来说,这些都很重要,任何一方面的欠缺,都有可能给项目带来致命伤害。然而,术业有专攻,实施者不可能对每个领域都精通,每个人的专业背景不同,精通的领域也不同。有些人是从业务岗转做实施的,可能对解决甲方问题精通一些;有些人是从研发岗转做实施的,可能对功能、性能改善精通一些;有些人是从设计岗转做实施的,可能对界面美观、人机交互精通一些。抛开专业背景不谈,一个合格的实施者至少应该精通两方面的软件系统优化知识,能够达到专业水准:一是让软件尽可能改善甲方的管理流程,本书有很大一部分篇幅在谈这个问题,这里就不多说了;二是让用户使用系统时的交互体验更好。

软件的交互体验,就是用户对操作方式的感受。实施者需要花费大量的时间跟软件的最终用户打交道,因此,在整个IT团队中,应该是最熟悉用户的人,也应该是最能体会用户操作软件感受的人,自然应该精通如何优化软件系统,从而改善这种感受。

交互体验对项目实施的影响巨大。若体验好,用户愿意使用你的系统,实施起来自然就容易;若体验差,用户用起来觉得难受,对你的系统就会有很强的排斥心理,实施起来自然就难。

本节从四方面讨论如何提升管理软件的交互体验:一是如何让软件更容易学习,二是让用户处理事情更高效,三是让软件更健壮,四是让软件更友好。

当然,我们也要清楚,一般情况下,管理软件对交互体验的追求,远远不及面向公众的软件,毕竟管理软件是为管理服务的,决定是否采用这个系统的不是最终用户,而是管理方,如果在这方面投入过高的成本,很可能会得不偿失。

9.2.1　让软件更容易学习

要提高软件的交互体验,首先要让软件更容易学习,让新手可以更快上手。很显然,越是容易学习的软件,项目团队需要在培训上下的功夫越少,实施成本也就越低。最理想的状态是,不需要做任何培训,用户通过自学就能够掌握。当然,管理软件一般逻辑复杂,大部分情况下,要想让用户完全自学是不现实的。

我们可以从以下几方面考虑如何让软件更容易学习。

1. 提炼核心功能

有时候,某个功能非常复杂,界面元素很多,有一大堆业务规则、异常情况需要处理。可以考虑对这种功能做一些提炼,将其中最常用的部分作为核心功能提炼出来。对一般用户来说,核心功能已经可以用于处理大部分业务了,剩下的让用户在用得着的时候再学也不晚。一般来说,提炼出来的核心功能操作简单,自然非常容易学习。用户一旦掌握了核心功能,并熟练使用一段时间后再学习其他的功能,比同时学习所有功能要容易得多,交互体验要好得多。用户可以循序渐进地学习,难度小,因此更容易产生学习兴趣。

例如,很多软件提供的"向导"功能,相信大部分读者都使用过,就是一个通过提炼核心功能让软件更容易掌握的典型事例。"向导"的核心思想,就是分步骤指导用户如何操作,同时搜集需要的信息,让用户在按序操作的过程中依次录入信息,逐步做出选择,这样就大大降低了学习难度。"向导"提供的功能可以应对核心需求,让用户轻松入门,当用户遇到"向导"不能处理的异常情况时,再投入精力额外学习其他需要的功能,这样比直接学习所有功能要容易得多。

2. 追随主流软件

主流软件有海量用户,很多操作习惯早已深入人心,模仿这些软件的操作方式可以让用户容易适应,降低学习难度。

例如,使用 Ctrl＋C 作为复制所选内容的快捷键组合,是主流软件都采用的做法,大部分使用软件的用户都是知道的。如果你的软件也使用这个快捷方式,用户就不需要学习,但如果使用其他快捷键组合复制,如 Ctrl＋F,用户就需要一个学习、记忆的过程。想想这些操作系统和软件吧:Windows、Office、Android、iOS、微信、QQ、支付宝……它们的用户太多了,无论用户体验是好是差,用习惯了都会觉得天经地义。你采用与它们不同的方式显然是不明智的,这不但增加了用户的学习成本,有时候还会被人嫌弃。

3. 统一操作习惯

让软件中类似的功能,在界面风格、功能入口、操作方式、处理规范等方面尽量保持一致,不要让用户在遇到每一个新功能时,都需要从头学起。

界面布局、组件选用、组件的排放方式、按钮的标题、处理的习惯,甚至提示消息等,都要有一定的统一性,让用户看到之后对界面背后的功能可以有个合理的预判,这样自然大大降低了学习难度。例如,同样是保存数据,不要这个地方叫"保存",那个地方叫"提交",另一个地方又叫"确定";同样是删除记录,不要这个地方有警示提醒,另一个地方没有提醒;同样是"修改参数"开关,不要在这个地方改变参数后,系统会直接提交,在另一个地方改变参数后,需要用户点"提交"按钮才能提交。

某团队为了让软件容易学习,对一些常用操作做了规范性要求。

新增:打开一个空白窗口,一般会在用户录入内容点击"保存"后生成一条新记录。

保存:保存新建或编辑的信息,如果是弹出框,保存完后关闭当前窗口,回到主页面。

关闭:关闭当前弹出窗口,不保存任何信息。

编辑:打开对应记录,为可编辑状态。

删除:删除选中的信息(逻辑删除,只是隐藏起来让用户看不到),如果用户需要,还可以恢复。

彻底删除:删除所选中的信息(物理删除,用 delete 语句从数据库中清除),删除后不能恢复。

批量删除:删除用户在列表中选中的多条记录(逻辑删除)。

查询:根据条件检索信息,返回符合条件的结果。按钮标题统一为"查询",不要使用"检索""搜索"之类的同义词。

重置:清空所有查询条件录入框中的内容。

Tab 键:每个表单,按 Tab 键时,光标需要按从左到右、从上到下的顺序移动。

必填项:在文本框后加＊,表示该字段为必填字段。

导入:把 Excel 文件中的数据导入系统。在导入之前需要验证待导入数据是否正确,只要文件中存在不正确的数据,所有数据都不允许导入。

导出：根据查询条件将符合条件的信息导出到 Excel。

……

4. 减少用户干预

在程序运行过程中，减少用户干预，减少交互，也是让软件更容易学习的一种方法。用户在系统中的每一次操作，都有个思考、决策的过程。对于简单的操作，这个过程很容易，对于复杂的操作，用户就需要先学习然后才能处理。总之，新手用户每一次录入数据，每一次点击按钮，每一次点击链接……都有个必不可少的学习过程。减少交互，自然就降低了用户的学习成本。

学过驾驶的读者应该知道，小汽车自动挡跟手动挡的区别：驾驶自动挡汽车时，加速时踩油门就行了，不像手动挡还需要考虑离合、换挡这些事情。用户不需要干预汽车动力系统的工作，交互少了，学起来自然就容易了。

当然，要知道的是，减少用户干预，往往需要付出相当大的代价。因为既然不让用户干预，就意味着需要让系统代替人决策，需要系统根据当前场景进行自动判断。如果系统不能帮助用户做好决策，那么用户干预还是不能少的。否则，容易学习的目的是达到了，但不能正确处理问题，那有什么用呢？敢造自动挡汽车，那是因为自动变速箱的表现还算令人满意，敢造傻瓜相机，那是因为傻瓜相机的拍照效果还算过得去，否则，垃圾产品能卖给谁呢？

5. 让用户边操作边学

为了让用户容易学习，可以考虑让用户在使用软件的过程中边操作边学，在操作过程中随时学习一些零碎的知识片段。例如，当用户填写数据时，显示对数据格式的要求；当用户操作功能时，显示相关操作的小技巧；当用户出错时，告诉用户出错的原因以及正确的处理方法；在用户使用软件的过程中，显示指导操作的演示动画，等等。这些小知识跟正在处理的工作息息相关，理解起来比较直观，用户更容易接受。

这种方式，可以让用户在使用系统的时候，通过界面上的一些小提示快速学习。解决了一个问题，就学会了一个知识点，每天进步一点点，很快就熟练了。显然，这种方式不适用于需要系统性学习的情况，但在有些情况下确实是非常有用的，例如，使用的功能跟其他功能关联性不强，操作不会对其他功能产生影响；用户已经掌握了原来的系统，现在系统升级了，那么用户只要学会有变化的部分就可以了；用户犯的小错误，只要稍加指点，很容易改正，等等。

9.2.2 让用户处理事情更高效

实施项目需要用 IT 系统帮助甲方改善管理，研究如何提高员工的办事效率自然是不可或缺的环节。在软件操作层面，为了提高用户处理事情的效率，需要考虑如何让用户更快捷、更方便地录入数据或操作功能。

1. 给常用功能提供多种入口方式

系统提供给用户调用功能的方式，被称作功能入口，常见的功能入口方式可以分成两大类，一是键盘调用，一是鼠标调用。随着科技的发展，入口方式也越来越多了，如通过触摸屏、声音、动作等调用功能，甚至还有通过视觉信号、大脑神经信号之类的方式调用的。

给同一个功能提供多种入口，可以让用户处理事情更容易、更方便。例如，我们使用 MS Word 软件进行文字处理，当需要复制一段文字时，可以选择多种入口方式：一，选中文字后,在键盘上按 Ctrl＋C；二,选中文字后点击鼠标右键,在弹出的菜单中选择"复制";三,选中文字后点击功能区中的"复制"按钮。Word 针对"复制"功能提供多种不同的入口方式,允许用户根据自己的习惯、使用场景,选择最方便的方式,如果你是熟手,快捷键组合记得滚瓜烂熟,自然喜欢用 Ctrl＋C,如果你不知道这种快捷键组合,自然会在菜单中使用相关功能,虽然效率没有直接使用快捷键组合高,但至少可以把事情处理下去。

用户使用任何一个软件功能都会有相应的业务场景,提供多入口的目的,就是让用户在不同的业务场景下都可以方便调用同一功能。

2. 让工作容易处理

让用户的工作在系统中更容易处理,是进行软件优化需要重点考虑的事情。为了让工作更容易处理,可以考虑根据用户的工作方式安排界面,让界面元素尽量贴近实际工作,让用户操作软件的步骤接近处理实际业务的步骤,或者将完成同一件事需要的功能安排在一起,以减少用户在界面之间来回切换的次数。

赵峰在甲方的工厂实施生产管理系统。他发现车间的调度员在安排生产任务的时候,需要从系统中检索大量的信息,包括原材料库存、半成品库存、产能、当前任务的执行情况、生产计划、机器保养计划等。为了做好生产任务的编排工作,调度员需要切换很多界面,调用很多功能,大量的时间被浪费在切换界面的过程中。

赵峰决定专门给调度员做一个任务编排界面,将他们在编排生产任务时需要用到的功能排在一起,这样就可以大大减少来回切换界面的麻烦,提高了工作效率。

当然了,用户需要使用系统的场景千变万化,软件界面编排得再好,也不可能覆盖用户的所有使用场景。为了让用户的工作容易处理,我们需要结合工作方式的规划做出判断,用户使用本系统工作时,哪些场景是最常见的,哪些场景是花时间最多的,优先考虑出现频率高的、花时间多的场景。

赵峰在甲方实施一款外勤管理系统,该系统用于管理销售人员的外勤工作。该系统有PC 端和手机端。手机端包括销售政策查询、客户查询、客户联系人通讯录、拜访任务管理、拜访记录录入、合理化建议、知识分享等功能。

交互设计人员设计的手机端首页为九宫格格式,用户打开手机 App 登录后,系统会显示所有功能按钮,用户根据需要点击相应的按钮。

赵峰研究了用户使用手机 App 的工作场景。根据公司规定,销售人员拜访客户后需要立即通过 App 录入拜访记录,这是他们的日常工作。App 是给销售人员使用的,他们登录后,执行的绝大多数操作是查看、录入客户拜访记录,而对于政策查询等其他功能,他们的使用频率非常低。

因此,赵峰建议采用另外一种方式设计 App 首页:用户登录后,在首页显示历史拜访记录,用户可以在首页直接新增拜访记录。将其他功能按钮放到"更多"中。

3. 减少用户录入

让用户通过界面录入信息是必不可少的,这是系统的主要信息来源,不过,对于每一项数据的录入,我们都应该反复推敲这几个问题:

(1) 用户录入的每个数据元素都是必不可少的吗？有些数据,用户辛辛苦苦录入了,可没有任何地方用到,那何必让用户做无用功呢？

（2）用户录入的数据可以通过系统自动生成吗？例如，某功能需要用户录入当前日期，可系统明明可以根据服务器时间自动载入日期。

（3）用户录入的数据可以从外部文件导入吗？例如，某功能需要用户录入大批量数据，可明明可以从已经存在的 Excel 文件中导入。

（4）用户录入的数据可以通过 IT 设备采集吗？例如，某功能需要用户录入身份证上面的身份证号码、住址等信息，那么是否可以考虑使用身份证读卡器自动识别这些信息。

手工录入数据是个非常费时的事情，有的时候，哪怕让用户少录一个字段都会大大提高工作效率。

另外，用户使用系统时，时间主要花费在四方面：浏览信息、录入信息、操作功能、等待响应。虽然对大部分用户来说，浏览信息占用了大部分时间，但用户往往认为，录入、编辑信息才是劳动，因此，减少用户录入，不仅节约了用户时间，还可以大大改善用户的心理感受。

赵峰在甲方实施 CRM 系统，其中手机端有一个录入客户拜访记录的功能。销售人员拜访客户后，需要打开该功能，选择刚刚拜访的客户，然后录入拜访的情况，拍照上传客户现场的照片。

赵峰分析了销售人员使用该功能的场景。由于甲方要求销售人员必须在客户现场拍照上传，这意味着用户是在拜访地点附近录入拜访记录的。而系统保存的客户资料，已经存储了每个客户的地理位置（经纬度）。这就意味着，可以通过手机的当前位置找出离用户最近的客户，这就是他需要录入拜访记录的客户，这样用户就不需要手工录入（或选择）客户名称，当然，如果找出的客户不正确，用户也完全可以更改。通过这种方式，可以降低用户的录入工作量。

4. 减少击键次数

减少击键次数一般包括两方面，一是减少用户敲击键盘的次数，二是减少用户点击鼠标的次数。

用户在使用某银行 ATM 系统时，在插入银行卡后需要输入 6 位数字的密码。对于录入密码的过程，可以考虑两种处理方案。

方案一：用户录入密码，完成后单击"提交"按钮，系统验证密码是否正确。

方案二：用户录入密码，系统判断已经录入的密码长度，如果达到了 6 位，就自动验证该密码是否正确（银行卡密码的定长为 6 位），不需要用户单击"提交"按钮。

方案一的优势在于，用户录入后可以核查一下，然后再提交，减少了犯错的可能，提高了软件的健壮性，但由于密码显示的是星号（＊），这个核查过程没有意义；方案二减少了用户的击键次数，提高了用户处理事情的效率。

5. 减少在键盘与鼠标之间的切换

用户通过软件处理一件事情时，假如需要来回使用键盘与鼠标，对一个熟练的用户来说，是一种非常不愉快的体验，因为会影响操作的流畅性，将时间浪费在来回切换的过程中。一般来说，新手更愿意使用鼠标，因为鼠标点击的过程容易学习，老手更愿意使用键盘，因为键盘操作快速、流畅。很多管理软件的 PC 端支持用户在键盘上完成绝大部分操作，目的就是保持用户操作系统的流畅性，让用户（特别是老手用户）体验更好，并提高了工作效率。

敲黑板

　　　如果要提高用户使用软件处理事情的效率,让操作更方便、快捷,对不同的功能要有不同的处理方式,要把主要精力、资源放在那种使用频率高、使用时间长的功能上。那种用户会长期、不停地使用的功能,一个操作哪怕节约 0.1 秒,长期积累下来也会节约很多时间。例如,某个参数配置的界面,只会在系统初始化时使用一次,以后没有特殊情况几乎不会有人去操作,对于这种界面,不需要过多考虑操作方便、快捷的问题,只要能处理问题,使用起来麻烦一点也无所谓;而对于某个生产记录汇报界面,数据录入人员几乎每时每刻在用它,因此需要仔细推敲用户的每一步操作。哪怕可以少击键一次,少使用一次鼠标,少在键盘和鼠标之间切换一次,对用户来说都有非常重要的意义。

9.2.3　让系统更健壮

　　所谓健壮,是指系统有很强的容错性,可以帮助用户少犯错误,犯了错误可以纠正,可以"反悔",让用户在使用系统的过程中没有心理负担。在这里,"健壮"的反义词是"脆弱"。对于脆弱的系统,用户使用时需要小心翼翼,神经绷得紧紧的:数据不能录错,记录不能删错,操作顺序不能颠倒,不该点的按钮不能乱点,不该打开的界面不能随便打开,等等。如果一不小心犯了错误,就会面临一大堆麻烦,需要付出很大的精力处理。总之,系统仿佛布满了"地雷",一不小心就会踩上,被炸得"头破血流"。

　　为了提高软件的健壮性,一般可以从这几方面逐层思考。

1. 不让用户犯错误

　　有很多用户可能犯的错误,系统是可以提前预判的,通过控制、约束可以避免用户犯错。例如,某字段"职工生日",只能容纳日期型数据,在用户输入时,系统完全可以做到不允许用户输入不是日期的内容,以及特别离谱的日期,这样用户就不会在输入时犯低级错误。

2. 让用户少犯错误

　　有些错误系统无法做出预判,但可以通过一定的方法将用户犯错的可能性降低。例如,当用户需要删除记录时,绝大部分系统都会弹出对话框,提醒用户确认是否真的要删除。对于系统而言,它并不清楚当前用户是有目的地执行这个删除操作,还是在无意之中错点了按钮,因此让用户慎重确认一次,以避免无意之中的手误。通过这种方式当然不可能完全避免用户犯错,但确实可以大大降低用户的犯错率。

3. 让用户容易发现错误

　　错误发生后,可以让用户尽早发现错误。相信每个读者都明白这个道理,错误发现得越早,可以纠正的可能性越大,纠正起来也越容易。

　　某库存管理系统有个盘点功能,用户对仓库进行盘点后录入盘点结果,录入完成后,系统生成盘点结果核对单。用户可以打印出来核对,确认无误后再确定盘点结果,系统这时候才生成正式的盘点记录。

　　这种核对单可以让用户尽早发现错误,并及时更正。如果错误不能被及时发现,那么确认盘点记录后,客户会订货,系统会发货、生成领料单、生成财务凭证等,那时候再想纠正错误就难了。

4. 允许用户纠正错误

提供修改错误的功能,允许用户"反悔"自己的某些操作,或者做某些弥补工作。最常见的反悔功能恐怕非 Ctrl+Z 不可了,几乎每个用过 Microsoft Office 的人都知道这个用于撤销操作的快捷键组合吧?

在管理软件的操作中,最常见的难以"反悔"的操作应该是物理删除记录,一个 delete 语句下去,一切都无法挽回(除非能从备份数据中恢复部分数据),因此在删除记录时,开发者都会优先考虑使用逻辑删除。这样一来,当用户发现删除错误时,可以通过一定的方式将记录恢复,这就是允许用户纠正错误——纠正自己所犯的"删除了不该删除的记录"这个错误。

不过,并不是所有错误都可以"反悔",有些错误一旦发生就无力回天。

某库存管理系统。仓库的 A 用户在系统中录入了一条入库记录,车间的 B 用户根据这条入库记录开出了出库单,成本会计 C 用户又根据出库单生成的出库记录生成了成本核算记录,最后,财务会计 D 用户又根据成本核算记录生成了记账凭证。这种错误,你要想反悔,要想撤销,就太难了。

对于这种无法"反悔"的错误,一个健壮的软件会提供某些异常处理功能(如"调账""红冲"等),避免因为用户的某些错误让系统难以运行,导致大批相关联的业务无法被处理。

5. 降低用户错误的影响面

人再仔细,功能再健壮,也不可能完全避免犯错,大量的错误一旦发生就不可逆转,面对用户随时随地可能出现的失误,必须守住最后一道关卡:让错误的影响面降低到最小,不能出现多米诺骨牌效应,让一个错误导致一大批数据出现问题,甚至让整个系统崩溃。

在某 OA 系统中,A 用户不小心删除了某个子公司,由于数据关联,子公司下的所有部门都无法显示了,从而导致子公司中的所有岗位都无法显示了,进而导致所有岗位下的所有员工都无法显示了,进一步导致该子公司所属员工相关的所有业务信息都无法显示了。一个健壮的软件不应该出现这种多米诺骨牌效应。

9.2.4　让系统更友好

当用户在界面上操作时,一个友好的系统会将相关的执行情况根据需要及时反馈给用户,有时候反馈程序执行的进度,如显示进度条;有时候反馈程序执行的结果,如保存数据后提醒用户保存成功;有时候需要接受用户的额外指令,如让用户确认是否删除的提示消息,等等。系统反馈给用户的信息,可以通过各种方式显示出来,如弹出消息框、在某固定区域显示消息、写入日志文件等,有时候也会通过组件形状变化、位置变化、颜色变化、文字字体变化、声音、动画、影像之类的方式向用户反馈。

1. 重要操作需要确认

很多用户操作会对系统产生重大影响,或者虽然影响不大却无法"反悔",或者即使可以"反悔"也非常困难,或者一旦执行会占用很大的资源。这些操作在提交之前都应该让用户确认,避免用户误操作,确认的过程就是一个让用户再次思考的过程,经过这个过程后,误操作的可能性会大大降低。

2. 不要让用户有石沉大海的感觉

用户执行某一操作后,程序开始运行,运行完成后,需要将消息反馈给用户,告诉用户程序运行结束(或者成功,或者失败)。另外,如果程序运行需要较长的时间,那么在执行过程中,需要将进度信息反馈给用户。对用户来说,如果执行了一个操作之后,在界面上看不到系统的任何反馈,就会产生一种石沉大海的感觉,不知道是操作执行成功了,还是根本就没有执行,还是系统卡住了,从而产生焦虑情绪。

3. 消息是给用户看的,不是给程序员看的

系统向外界反馈的信息,需要注意消息的措辞,因为阅读者一般都是系统的普通用户,不是程序员,不要出现诸如"XX 函数返回值错误""XX 数据不符合数据库唯一性约束"之类太过技术化的描述。对一个没有 IT 专业知识的人来说,这跟天书一般费解。

4. 消息需要精准

给用户反馈的消息,要明确具体,特别是那些提示出错的消息,要指出错误所在,并尽量给出解决方法,为用户解决问题创造便利。

例如,用户从 Excel 文件中导入数据,系统验证 Excel 中的数据后,发现有些数据不符合要求,于是报错。比较一下这两种报错方式:第一种,"Excel 中的数据有误,不能导入";第二种,"第 25 行,工号在系统中不存在,不能导入"。相信读者一眼就可以看出哪种方式对用户更友好。

5. 交互要适可而止

系统跟用户交互要有一个度,适可而止,反馈给用户太多的消息未必是好事。

首先,要尽量减少软件运行过程中用户的干预频率。最理想的情况是,用户打开一个界面,很方便地录入一些信息,提交后,系统自动执行需要完成的某一项工作,不需要用户在执行过程中频繁干预。

其次,非常容易撤销的操作,不需要确认。有些操作,虽然也很重要,但软件提供了撤销该操作结果的功能,可以非常方便地让系统回到操作之前的状态,这时候就不一定需要用户确认,因为用户如果发现了操作错误,可以非常容易地纠正错误。

最后,不要过度重复反馈消息。例如,用户删除了某个记录,这条记录已经从界面上消失了,就无须再弹出对话框提醒用户删除成功了;用户拖动某个组件后,界面已经显示该组件被挪到了新位置,就无须再提示用户移动成功了。

6. 不要滥用弹出框

弹出框是一种比较霸道的消息机制,弹出后,用户如果不响应这个消息框就不能执行其他操作,它绑架了用户的注意力。因此,不要滥用弹出框。弹出框频繁出现会影响用户操作软件的流畅性,引起用户反感。这里的建议是,只针对比较重要的或者没有用户干预就不能执行的消息使用弹出框,如提醒用户发生了某种错误,需要用户确认某种选项等,一般情况下,完全可以通过其他方式来反馈消息,例如,在某消息窗口显示文字描述,表明某表格中的记录发生了增减,某组件位置发生了变化,某标签颜色发生了变化,某文字字体发生了变化,某个图片发生了变化,某个小动画被激活,等等。这些都可以视作系统给用户的一种反馈。

第10章

知 识 转 移

- -

思维导图

做IT项目实施,我们可以将工作大致分成两大阶段。第一阶段,提供软硬件产品,建立IT系统,被称作系统上线;第二阶段,让甲方的业务在新系统中跑起来,建立数字化管理体系,被称作业务上线。

业务上线时,需要让甲方用户使用本系统处理相关领域的业务,并且停止使用原来的处理方式。为此,首先需要让用户学会使用系统,掌握相关知识,这是业务上线的必要条件。实施者帮助用户掌握这些知识的过程被称作"知识转移"。将知识从项目团队转移到用户的手中、脑中、心中。

知识转移分为两步:首先,需要让用户学会如何操作当前系统,学会各种功能的使用方式、执行逻辑等(当然是需要用到的部分);其次,需要让用户学会使用系统处理自己的相关工作,能够解决使用系统时遇到的问题。一般情况下,这项工作其实在很久之前就开始了,特别是对实施标准产品的项目来说,有可能在项目刚刚启动时,乙方就已经部署了一个学习系统,让用户提早熟悉。

10.1　培训

一般来说,用户学会使用系统的方式不外乎以下几种:

(1)经过乙方的专业培训。这种方式,虽然看上去是最正规、最合理的学习方式,但事实上,用户通过正儿八经的培训学会使用系统的比例其实并不高。

(2)请教已经学会的同事、同行、朋友等。大家相互切磋,在融洽的气氛中共同提高、进步,这是用户学会使用系统的重要方式。

(3)自己阅读相关资料,如操作手册、使用说明书、培训材料等。随着大家的受教育程度普遍提高,愿意采用这种方式学习的用户越来越多了,如果项目团队能够提供完善的、系统性的学习资料,让学习更加容易,就会有更多的用户愿意采用这种方式学习。

(4)直接操作系统,结合自己使用其他系统的经验,通过系统给出的提示信息进行学习。在操作的过程中,用户会遇到一个又一个壁垒、一个又一个"拦路虎",当打破了所有壁垒,战胜了所有"拦路虎",自然就学会了。

根据学习习惯、受教育程度、性格、经验等的不同,不同的人喜欢采用的方式也不同。有些动手能力强的人,自己登录系统,经过不断试错,很快就能学得七七八八;有些自学能力强的，喜欢自己看文档学习；有些人喜欢让其他人先讲解，然后跟着模拟操作（对于那些对IT系统甚至计算机都非常生疏的用户，这几乎是唯一的学习方式）；有些人喜欢向愿意与人沟通的、跟同事关系融洽的用户寻求帮助，喜欢找同事指导。

概括下来，无外乎两种方式，一是用户自学，二是实施者提供专业培训。显然，对于乙方来说，用户自学占比越高越好，因为自学占比高了，需要乙方提供的培训就少了，培训成本就降低了，项目利润就增加了。要达到这个目的，有两个主要的努力方向：一是将系统设计得容易学习（第9章已经讨论过这个问题了）；二是采用知识管理的思想管理相关知识，为用户自学提供方便（后文还会详细讨论这个问题）。

不过，实施者需要明白，管理系统跟面向公众的软件是不同的，想让用户不经过培训，全靠自学就能学会几乎是不可能的（除非是那种功能特别简单的系统）。为什么面向公众的软件容易自学（也只能自学），而管理软件难以自学呢？

第一，面向公众的软件使用人数巨大，容易形成相互学习的氛围，而管理系统只是在一个小圈子内使用，有些定制开发的系统甚至可能只有一两个用户使用，很难形成那种浓厚的、相互交流的学习氛围。

第二，当用户需要学习面向公众的软件时，都是发自内心地去努力学会，因为你如果学不会就买不了东西，刷不了视频，读不了文章，听不了音乐，等等，有内驱力自然学习效率就高，而管理软件，用户学习往往都是因为工作需要，因为领导要求，大部分都是不情不愿地被逼着学习。这种学习方式与主动学习相比，效率不可同日而语。

第三，面向公众的软件，功能相对简单，解决的问题比较单一，如有些只用于社交，有些只用于看视频，有些只用于购物，其逻辑、规则没那么复杂，自然容易学会。而管理软件牵涉的业务面宽广、逻辑复杂、规则繁多、操作关联性强，不那么容易学会。

因此，做IT项目实施，在绝大部分情况下，培训用户的工作是必不可少的。当然，不同的项目，不同的系统，培训工作量相差巨大。如果你实施的系统功能简单，操作容易，易学性强，牵涉的业务面窄，那么培训的工作量可能就很少，反之，如果你实施的系统功能复杂，操作困难，牵涉的业务面很宽，易学性弱，那么可能需要在培训方面投入大量精力。

如果系统牵涉很多岗位，用户数量庞大，要让这些用户都学会使用系统是一件非常艰巨的任务。为了高效地完成这项工作，实施人员需要掌握一些培训技巧，例如，将用户划分成不同的类别，针对不同类别的用户使用不同的培训方式，制订好培训计划，保证每一次培训的效果，等等。

10.1.1　划分用户级别

培训时，可以将用户划分成不同级别，不同级别的用户，对系统掌握程度的要求在深度、广度上是不同的，应该采用不同的培训方式。在通常情况下，可以考虑将用户分为普通用户、关键用户、系统管理员以及技术人员这些级别。当然，不同项目的划分的方法可能不同，有些项目可能没有系统管理员，有些项目可能也不需要甲方的技术人员参与等，需要实施者根据项目的具体情况决定采用哪种划分方法。

1. 普通用户

普通用户是系统最主要、最直接的使用者，他们会成年累月地使用系统处理自己的工作，他们能不能学会使用系统直接关系到项目实施的效果。而这部分用户的数量可能非常庞大。有时候,哪怕是一个不起眼的小项目,普通用户都会非常多。例如,某甲方使用 OA 系统,功能虽然不复杂,可绝大多数甲方员工会用到这个系统,普通用户有几千人,要培训所有这些普通用户,需要付出大量的时间和精力。为了提高培训效率,一般可以考虑下面这些方法:

1) 分类培训

由于普通用户隶属不同的部门、岗位,主要使用的功能模块可能并不相同,可以按照不同的部门、岗位、工作小组等,进行侧重点不同的培训,或者将使用功能模块相似的用户集中在一起培训,这样可以提高培训效率,降低培训成本。

2) 提供有针对性的学习资料

可以根据普通用户的类别,提供不同的学习资料,供用户自学。如针对某岗位提供专门的系统操作手册、培训视频,针对某角色在试用系统中开设专用的学习测试账号,等等。这种学习资料应该紧扣用户的使用场景,尽量简单明了,让用户容易理解,降低学习难度。

3) 分级培训

可以考虑根据不同的部门、岗位等设置关键用户,实施者主要负责培训关键用户,由关键用户再负责培训普通用户。这样可以大大降低实施者花在培训上的时间和精力。

2. 关键用户

一般在项目启动之初,组建项目团队的时候,就要确定好关键用户。关键用户,又被称作用户代表,他们每个人代表某一类别的用户处理跟这个项目相关的事情,跟项目组进行沟通。例如,某个部门安排一位关键用户代表这个部门提需求,某个岗位安排一位关键用户代表这个岗位上的所有员工汇总各种疑难问题,所有中层干部安排一位关键用户代表中层管理者跟实施者一起规划管理方式,等等。

在项目知识转移的过程中,关键用户在项目组跟普通用户之间,起着重要的桥梁作用。关键用户人数比普通用户少得多,而且相对而言,关键用户的 IT 素养、对业务理解的深刻程度,比普通用户要高。因此,平均下来,培训关键用户也容易得多。不过,由于关键用户需要将知识继续转移给普通用户,也就是说,需要依靠他们继续培训普通用户,对他们的要求显然要远远高于普通用户,要通过培训让他们对自己相关领域的数字化管理方式有深刻的理解,将相关知识融会贯通,否则他们不可能充当知识转移的桥梁,不可能培训好普通用户。

3. 系统管理员

系统管理员是甲方安排的,在 IT 系统运维期间,在应用层面对系统进行综合管理的用户。乙方在甲方做项目,随着项目完成,系统进入运维期,乙方的项目组会解散、撤回(当然,也有乙方人员常驻甲方的项目,但毕竟是极少数),这时候需要甲方安排系统管理员对系统的运营负责。对于不同的项目,系统管理员的职责不尽相同,一般包括:对影响到系统全局的基础数据进行维护,根据要求对一些配置参数进行修改、调整,解决普通用户遇到的问题,将不能解决的问题反馈给乙方售后服务人员,汇总用户的新需求然后跟乙方沟通,等等。

系统管理员对系统应该了如指掌,因此,对他们的培训应该是最全面、最深入的。如果实施的系统非常复杂,掌握起来难度巨大,那么对系统管理员的培训不应该从系统上线开始,应该从项目启动之初就着手进行,可以让他们跟项目组一起工作,熟悉整个项目的每一阶段,了解项目的发展进程,理解相关领域的数字化管理体系是如何运作的,清楚各种细节问题。总之,应该让系统管理员与项目一起成长,如果有可能,最好让他们在实施期间充当实施者的副手,边实施边学习,这样才能对这个系统的方方面面融会贯通,从而可以在未来顺利地履行自己的职责。

4. 技术人员

有时候,甲方是有 IT 团队的,包括各种 IT 技术人才。甲方可能会安排这些技术人员跟乙方一起做项目,让这些技术人员逐渐熟悉并精通跟系统相关的技术工作,很多时候是为了防止在系统运营期间过于依赖乙方。

根据项目的不同,甲方技术人员负责的工作也不同:有的可能只需要利用系统提供的某些工具做一些简单的配置工作,如配置报表、查询、工作流等;有的可能需要围绕系统做一些二次开发工作;而有的可能需要完全接管系统代码的维护工作,在运维期间基本就不需要乙方参与了。

甲方需要采购乙方的软件产品,同时需要乙方围绕这款产品提供定制开发服务。在售前阶段,双方约定,乙方交付系统时需要同时交付定制开发的源代码。甲方技术人员以后自己维护这些代码,并可以根据自己的需求修改代码。双方签订了合同,关于源代码在合同中做了如下约定:

(1) 双方确认标准产品部分的版权归乙方所有,定制部分的版权归双方共有。

(2) 乙方将源代码授权甲方使用,并承诺做好代码的交接工作。移交源代码的同时移交相关技术资料,包括但不限于"需求规格说明书""概要设计说明书""详细设计说明书""用户操作手册""系统安装手册"。

(3) 乙方保证提供的源代码与交付运行的系统是同一版本,甲方利用所提供的源代码可以直接生成当前系统的应用程序。

(4) 甲方可以对源代码进行修改,但如果未经乙方许可,甲方不得将修改后的源代码提供给任何第三方。

(5) 对于甲方修改程序引起的故障,以及造成的损失,甲方自行承担责任,乙方不提供故障修复等善后服务。

对于将要维护系统代码的技术人员,需要进行技术相关的综合培训,如开发工具、系统架构、功能逻辑、数据结构等。绝大部分实施者缺少这种技术能力,需要安排团队的研发人员进行专业培训。为了提高培训效率,可以让研发人员针对团队使用的技术整理一些完善的、标准的学习资料。首先,虽然项目不同,团队使用的技术不会有太大的变化,如果有了标准学习资料,只需要针对每个项目的特殊情况稍微修改一下就可以使用了,平摊下来,每个项目用在制作这类学习资料上的时间很少;其次,甲方的技术人员是技术内行,对乙方使用的技术已经有了大致了解(有些项目,甲方甚至在选型时就会要求乙方使用哪种技术开发),有些可能已达到精通的程度,通过阅读资料学习相关技术对他们来说并不复杂。从知识管理的角度看,这是隐性知识的显性化,是知识的组合化,后文会详细讨论这个问题。

10.1.2　培训方式

培训用户,可以采用各种方式,如现场培训、远程培训、电话指导、IM 工具分组讨论(如QQ 群)等,这些方式各有优缺点,实施者需要根据项目的具体情况灵活运用。根据参与者的多少,可将培训方式大致分成两类:一类是集体培训,另一类是个体培训。

1. 集体培训

所谓集体培训,就是一次同时培训多个用户。最典型的集体培训方式,就是找一个会议室上一堂培训课,实施者在上面讲PPT,演示系统,参与的用户在下面认真听讲,记笔记,下课后自己回去实践操练,遇到什么问题就找实施者解答。这是集体培训最典型的方式,有些类似于学校里老师授课的方式。

随着互联网应用的普及,采用这种方式进行集体培训的比例正在逐渐降低,越来越多的集体培训被搬到线上,通过视频会议、直播等方式进行,这样大大降低了项目的培训成本。

2. 个体培训

个体培训指一次只培训一两位用户。跟集体培训比起来,个体培训可以使用的方式更灵活,更自由。如果说集体培训类似于学校老师课堂授课的方式,个体培训就是老师给学生开小灶、讲题、答疑等。

个体培训主要适用于答疑、解惑,以及针对当前受训者需要掌握的特殊知识点的讲解,一般不太适用于成体系的系统培训,毕竟一次只培训一两个人,如果所有内容都要系统地讲解一遍,重复的工作量太大,除非是某些特别重要的岗位,或者这个岗位人数很少。

相对而言,个体培训比集体培训要容易得多,也不像集体培训那么重视培训效率,毕竟只有一两个人,讲不好就多讲几次,学不会就多学几次,一种方法不行就试试另一种方法。

下面重点介绍如何做好集体培训。

10.1.3　如何做好集体培训

做好一次大规模的集体培训并不容易,要想熟练掌握,需要大量的经验积累。这里介绍一些做集体培训的注意事项,供读者在工作中参考。

1. 培训前需要做好充分的准备

正如老师讲课之前需要先备课,实施者在培训用户之前也需要备课,需要做充分的准备工作。有时候做一小时的培训,可能需要十几小时甚至更长的时间准备。当然,需要准备的时间与培训的内容有关,也与培训者的经验有关。要成功举行一次集体培训,一般需要这些准备工作:

(1)了解受训者的基本情况。例如,受训人数有多少,基本素质如何,对系统掌握的程度如何,有没有高层领导参与,等等,根据这些情况策划培训方案。

(2)确定这次培训需要传授哪些知识。例如,需要处理哪些业务,各岗位之间如何协作,需要讲解哪些操作流程、操作技巧,等等。

(3)制作讲课时需要用到的课件,以及受训者课后需要加深理解的复习资料。例如,讲课过程中需要用到的PPT,课后可以据以进行实践操作的参考文档,一些练习题、测试题等。

(4)准备培训时需要用到的演示数据。有些数据需要提前输入系统,用于在讲课时进行演示;有些数据需要在讲课过程中一边录入一边讲解。例如,培训仓库出库,那至少需要准备一些基础物料、物料结存之类的数据。

（5）测试讲课时需要演示的每一个操作、流程，确保演示时不会出错。这一点非常重要，如果在培训过程中突然系统出错，让你僵在那里，怎么走都走不下去，那这个培训是真够糟糕的，轻者影响培训效率，重者会影响你在甲方的威望。

（6）提前到达培训场所，仔细检查培训需要的工具。例如，网络、麦克风、投影仪等，如果是远程培训，需要提前调试好直播、在线课程之类的软件。

2. 要掌控培训节奏

要做好集体培训，培训者需要掌控培训过程的节奏，要设计让用户容易理解新知识的主线。

在讲解的过程中，为了让大家容易理解，要适当安排跟受训者的互动。培训者在长篇大论地讲解、演示时，受训者通常处于一种紧张，或者至少是非常严肃的情绪中。培训者通过抛出问题、引导讨论、参与互动，可以缓解受训者的紧张情绪。通过这种一张一弛的节奏安排，可以提高受训者的学习热情，让他们集中注意力，从而提高培训效率。

但也有另外一种形式的互动，就是受训者主动提出问题。在上学的时候你是不是经常遇到这种情况：老师上课的时候有学生举手提问，有学生突然插嘴，有学生质疑。在做集体培训的时候，一样会遇到这些情况。这种情况在培训时不太容易应对，容易破坏你的培训节奏。为了处理好这种突发状况，有一个原则一定要记住：遇到受训者的突然提问，不要急于给出答案，除非他的问题会影响你当前培训的进行，或者你有十足的把握能够在很短的时间内把这个问题说清楚。如果用户的问题牵涉很多因素，那么可能需要一个综合解决方案，不是你一个人在这次培训的过程中可以给出的。因此，最好的处理方式是，认真记录每一个问题，培训之后再认真处理、解答，没有代表性的，跟提出者交流，有代表性的，让所有受训者都知道，甚至可以另外再准备一次集体培训，专门解答这些有代表性的问题。

有些培训者，为了让受训者学习系统操作，喜欢采用上机实践的方式培训，也就是自己一边讲解，受训者一边操作。虽然看起来采用这种方式受训者更容易理解，但其实效果一般不会太理想，因为培训的时候很难把握培训节奏，讲着讲着，就有人跟不上了，就有人遇到莫名其妙的问题了，就有人点开了其他的界面了，等等。这种培训方式只适合人很少的培训，人多的时候，建议培训者讲解流程、操作注意事项，然后让受训者自己在课后实践，或者留下专门的时间实践，有问题再解答。

3. 要紧扣用户的工作

在培训时，应该以用户的工作为出发点，而不是以系统的各种功能逻辑、各种操作方法为出发点。前者容易吸引用户的注意力，降低理解的难度，后者容易让用户陷入迷惘。

赵峰在甲方实施仓储系统。现在需要给仓库工作人员做采购入库的培训，他让助理小王负责，工作不复杂，主要想让他有个历练的机会。

培训开始，小王连上投影仪，说了开场白之后，登录系统，打开采购模块的功能菜单，介绍了每个菜单的功能，然后打开入库界面，介绍每一个功能点，讲解如何录入，如何操作，有什么规则，有什么逻辑控制等。工作人员听得昏昏欲睡，效果非常不理想。

培训课后，赵峰跟小王分析为什么培训效果不理想。

赵峰："你跟用户详细讲解系统的每一个功能、逻辑，对用户来说，他们一时半刻很难搞清楚这些跟他们的工作有什么关系，而且你讲的这些，有很多内容跟他们的工作确实没有关系。他们学习起来太过抽象，效果自然好不到哪里去。正如你教别人写作文，一上来就拿着《新华字典》挨个儿讲每个字的含义，谁能学得下去呢？"

小王："我上次讲系统配置时，就是这么讲的，感觉效果还行啊，今天不知道怎么了。"

赵峰："培训没有一定之规，不能死搬教条，你需要根据实际情况调整培训方式。上次参加培训的是他们的技术人员，对系统本来就有些了解，你的培训只是帮助他们融会贯通，这种方式自然可行。"

小王："我有些明白了，这次参加培训的用户对系统一点都不了解，一下子信息量太大、太杂，他们不容易接受。"

赵峰："是的。给普通用户做培训有一个基本原则，就是要紧扣受训者的工作，通过他们的工作引出需要学习的知识点。"

小王："对不起，赵经理，我不太理解，能不能说得详细一点？"

赵峰："像这次培训，你可以考虑采用这种培训思路：从原材料供应商送货开始，准备好一张送货单扫描件，将它投影到屏幕上，然后描述一下现在是怎么处理的。用户对此都非常清楚，只要讲个大概就行了，但这样你就能立即抓住受训者的注意力。然后，再说明使用本系统之后，拿到这个单据应该如何处理，围绕这个处理过程一边演示，一边讲解。我相信，培训效果会完全不一样。"

小王点点头："我明白了，软件设计要以人为本，我们做培训也需要以人为本。"

4. 让用户学会处理问题

提供系统功能给用户是为了处理业务，因此，培训者一定要注意，培训的主要目标是教会用户如何使用系统处理相关工作，学会解决在工作中可能遇到的各种问题，不能仅仅满足于教会用户学会如何操作。

例如，用户的哪些业务跟这个项目相关，一般业务在系统中怎么处理，有哪些异常业务，异常业务在系统中怎么处理，一般会遇到哪些常见问题，这些问题怎么处理，等等。

5. 要抓住重点

培训前要做好定位，这次培训重点讲什么。先给自己的培训课程设计个主要线索，只讲跟这个线索紧密相关的内容，跟主线无关的内容尽量不碰。

赵峰在甲方实施仓储管理系统，在准备上线前要给所有仓库管理员做一次集体培训。他根据仓库管理员平时经常使用的功能，决定这次将重点放在如何入库、如何出库、如何盘点、如何生成库存报表等。其他不太常用的功能，如仓库参数配置、库存价值计算、库存预警等，暂时不做培训。

根据这次培训的重点内容，他设计了一个培训主线：入库→查询、打印入库单→查询库存结存→出库→查询、打印出库单→库存盘点→库存综合查询→库存报表。这个主线基本涵盖了仓库 80% 的业务。

培训时，根据这个主线讲解，并且只讲解用于处理业务的常用操作，一些异常的、不常用的小功能也不在这次培训中讲解。由于培训的内容跟仓库管理员的业务密切相关，他们很容易就学会了这些功能。

系统中的无论哪一个功能都会包含许多子功能，有些可能是这个甲方根本用不到的，有些可能需要很久之后才会用到，这些都不应该在培训时提前讲出来。有些培训者在培训的时候容易犯"掉书袋"的错误,生怕受训者不知道自己系统的功能有多强大,培训时不想放过任何一个细节,总是纠缠于某某隐藏的功能、某某参数配置、某某数据关联、某某智能化的算法、某某领先业界的技术等,这是对受训者的"知识轰炸"。过量的知识输出只能让受训者越听越糊涂,培训效果可想而知。

6. 培训时说用户听得懂的话

前面我们说过,培训前要了解受众的一些基本情况,在讲解时,针对不同的受训者要使用不同的表达方式,要说他们容易理解的话。

在培训过程中,一定要站在用户的角度讲解,尽量使用用户习惯的术语。同样一件事情,可能甲方人员跟乙方人员会有完全不同的思维方式,培训者要尽量站在受众的角度思考问题。

赵峰在甲方实施 OA 系统,正在培训用户学习员工信息管理功能。

赵峰说:"在我们的系统中,员工跟岗位之间的关系是多对多的关系,不是一对多对的关系,这一点要注意。"

看到受训者一脸的迷茫,赵峰忙换了个说法:"哦,是这样的,在我们的系统中,同一个员工可以有多个岗位,自然,同一个岗位也可以有多个员工。如果你们公司的员工有身兼数职的情况,我们的系统是可以支持的。"

在上面的案例中,前者是乙方人员的思维方式,后者是甲方人员的思维方式。有时候,哪怕对于一个完全相同的概念,不同的甲方可能会有不同的说法,培训的时候要尽量根据当前这个甲方的习惯表述。这样做一来可以让受训者容易理解,二来可以拉近跟他们的距离。例如,实施制造业的 ERP 项目都会遇到这样一个词——BOM,有的甲方将它称作产品结构树,有的将它称作物料清单,有的将它称作工艺表,等等。

7. 要重视课后训练

学生在学校上课的时候,老师课后总是会布置一大堆作业,学生做作业的时间要远远多于上课的时间。参加集体培训,其实跟在学校上课非常类似,为了能够真正掌握、理解所学的知识,需要进行课后训练。

为了保证培训效果,培训者需要通过各种方法促进受训者进行课后训练,例如,布置实践题目,要求在试用系统中完成某些工作;通过考试、考核之类的方式,对受训者的学习成果进行考察,给受训者学习压力;提供讲课资料(讲课课件、讲课时录制的视频等),让受训者可以随时复习,等等。

10.1.4　培训计划

仅仅能够做好每一次培训是不够的,还要有系统处理问题的理念,让培训工作契合项目的实施步骤。培训得太早,等受训者用到时差不多都忘光了,培训得太晚,匆匆忙忙,临阵磨枪,可能会让项目实施陷入混乱。也就是说,需要制订科学、合理的培训计划。

赵峰在甲方实施项目。在项目启动之前,经过跟甲方项目经理沟通,赵峰制订了本项目的培训计划。本项目以定制开发为主,需要进行大量需求调研工作,需求调研的效果直接关系到项目成败,考虑到甲方配合需求调研的关键用户并没有这方面的经验,赵峰特别安排了两节关于需求调研的培训课,由乙方的需求主管进行培训,如表 10-1 所示。

表 10-1　项目培训计划

序号	日　期	主　题	主讲人员	参　与　者	培训内容
1	项目启动第 2 天	甲乙双方的职责	乙方项目经理	甲乙双方项目组所有成员	讲解在项目开发、实施过程中,甲方、乙方分别需要做哪些工作,双方各有什么权利与义务。强调项目实施是甲乙双方共同的责任
2	项目启动第 3 天	甲方应该如何配合需求调研	乙方需求主管	关键用户	讲解什么是软件开发的需求分析,乙方如何安排需求调研工作,如何对待用户提出的需求,甲方应该如何配合乙方进行需求调研。强调用户的每一项需求都会得到认真对待但并不一定会实现
3	项目启动 2 周后	如何阅读需求规格说明书	乙方需求主管	关键用户	讲解如何阅读需求规格说明书,了解里面的描述意味着什么,需要甲方人员仔细核对有没有丢失需求,有没有错误理解需求,对这些需求的处理是否合适,等等。强调验收时将本说明书作为验收标准
4	系统上线 1 天后	如何使用本系统	乙方项目经理	关键用户	讲解本系统的核心操作流程,各用户如何使用本系统,每个角色的用户权限、操作方式。培训结束后有专门的实践操作指导
5	试用 1 周后	如何做好管理工作	乙方项目经理	甲方相关业务领导	领导如何通过本系统做好相关业务管理工作,如何使用本系统监督、跟踪、催办每个人的相关工作
6	试用 2 周后	业务上线准备	乙方项目经理	甲方所有关键用户	系统上线后,各相关岗位如何使用本系统进行工作,新的工作方式跟以前的工作方式有什么不同
7	业务上线 2～3 周后	如何进行系统维护	乙方技术人员	甲方系统管理员、技术人员	讲解在维护期如何运维系统,各种常见问题的解决方法,遇到疑难问题如何与乙方沟通,如何配合乙方处理问题

10.2　知识管理

　　所谓知识管理,就是在组织中建立某种知识体系,对相关领域的信息、知识进行综合管理,实现知识的获取、整合、传播、更新、创造等,从而保证知识不断积累,不断创新。了解知识管理的核心思维方式,对实施工作的帮助无疑是巨大的。本节将介绍著名的知识管理模型 SECI,以及在实施工作中如何参考这个模型做好知识管理工作。

10.2.1 SECI 知识管理模型

SECI 知识管理模型是由日本著名的知识管理专家野中郁次郎、竹内弘高在他们的著作《创造知识的企业》中提出的。从提出至今,在几十年时间里,该模型风靡全世界。

他们认为,在市场竞争如此激烈的今天,全球正在进行从工业经济向知识经济的转型,只有知识才能保证企业产生持续的竞争力,只有那些可以持续不断产生新知识、将新知识进行广泛传播,并用到新的产品与服务上去的企业才可能获得成功。

知识可以分为显性知识与隐性知识,所谓显性知识,是指用文字、图片、声音、视频等记录下来的知识,而隐性知识,是指那种无法或没有记录,储存在人脑中的知识,主要由经验、直觉、习惯等构成。

企业可以通过隐性知识与显性知识的转换,持续不断地创造和利用知识。这个转换过程包括 4 个阶段,即社会化(socialization)、外在化(externalization)、组合化(combination)和内在化(internalization),如图 10-1 所示。企业可以通过这 4 个阶段的循环迭代,让掌握的知识螺旋上升,保证知识不断积累、不断创新。

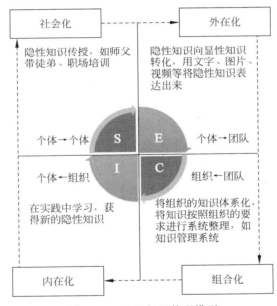

图 10-1 SECI 知识管理模型

1. 社会化

知识的社会化,指隐性知识的传播,也就是一个人向其他人学习工作经验、操作技能等,如师父带徒弟、上岗学习培训。这个层面的知识传播属于个体间的传播。在驾校学习驾驶就是知识社会化的典型事例,驾驶方法三言两语就说完了,但要学会驾驶,需要跟在驾校老师后面训练很长一段时间。这个学习过程就是隐性知识的传播过程,驾驶知识从老师传播到学员。

2. 外在化

知识的外在化,指隐性知识向显性知识的转化,即用文字、图片、视频等将员工掌握的隐性知识表达出来,变成显性知识,如总结工作经验、提炼操作步骤等。这个层面属于知识的整理、创造过程,知识由个体的隐性知识转化成团队的显性知识。本来只由一个人掌握的知识,经过外在化后,变成团队的知识了,这是个知识由个人到团队的过程。例如,某实施者完成项目后,针对该项目的特点撰写了经验分享文章,他通过这个项目积累的隐性知识就通过本文章变成了显性知识,可供其他人在实施类似项目的时候参考。

3. 组合化

知识的组合化,指将组织的知识体系化,将知识按照管理要求进行系统性整理,如编写岗位操作手册、程序文件、作业指导书,建立项目管理文件体系等。这个层面对应知识的系统化过程,将知识由零散状态变成系统状态,以便更好地利用知识。这是个知识从团队到组织的过程。

4. 内在化

知识的内在化,指员工在实践中学习企业的各种知识,获得属于自己的隐性知识。这个层面属于知识从组织到个人的传播过程,员工可以通过学习组织的知识积累自己的隐性知识。例如,员工上岗之前,通过岗位说明书学习如何工作。

10.2.2 如何进行知识管理

实施工作的核心内容,是帮助甲方将系统真正用到相关业务工作中,建立数字化管理体系。很显然,在这个过程中,让甲方相关领域的各级用户学会使用系统,学会用系统处理业务问题,实现知识的顺利转移,是非常重要的事情。使用知识管理的思想处理这类事情,会大大提高实施的工作效率。要注意的是,我们并不是说实施项目都需要在甲方建立完善的知识管理体系,这不现实,在大部分情况下也没有必要。我们强调的是,实施者在进行知识转移的过程中,需要掌握知识管理的思维方式。我们参考 SECI 知识管理模型,看看实施者在工作中应该如何做好 IT 项目的知识管理工作。

1. 隐性知识的传播

隐性知识的传播可能通过各种各样的渠道,例如,实施者对关键用户的培训,关键用户对普通用户的培训,同事之间相互帮助,实施者对用户的答疑解惑,等等。对于实施者来说,最难掌握的自然是集体培训了,前面我们已经详细讨论过了,这里不再赘述。

2. 隐性知识显性化

一个团队,为了让知识得以积累,需要让隐性知识显性化(当然,并不是所有隐性知识都可以显性化)。隐性知识存储在人的大脑中,积累、分享都非常麻烦,而显性知识容易学习、传承。在项目实施过程中,可以通过各种方式将隐性知识显现化,如编写文档、做 PPT、录制声频与视频、撰写经验分享的文章、总结心得体会等。

无论乙方还是甲方,都有可能面临人才流失的问题。每个人离开都会对项目造成或大或小的损失,因为他带走了知识,这些知识对项目的实施、运维会起到或大或小的影响。当然,他能带走的是隐性知识,他带不走显性知识,隐性知识属于他自己,显性知识属于团队。

如果不能将隐性知识显性化,那么知识转移就只能靠口耳相传,也就是 SECI 知识管理模型中所说的社会化。一旦有重要人员离职,可能会对项目造成巨大的损失,因为他让团队流失了大量重要知识。只有将隐性知识显性化,才能减少人才流失给团造成的知识损伤。

做项目实施,最常见的将隐性知识显性化的方式莫过于写文档了,文档是项目团队的知识得以积累的最重要的载体。

赵峰在甲方实施考勤系统,在实施的过程中,遇到了各种各样的问题。有些问题,这个用户遇到了,解决了,另外一个用户又遇到了,同一问题可能会出现很多次。赵峰不得不一遍又一遍地帮助解决这些问题,因此耗费了大量的时间。于是,他将平时遇到的、有代表性的问题总结后,编写了一个问题汇总文档,然后将这个文档共享给了所有部门的考勤管理员。这样,当他们再遇到问题时,首先会在这个文档中检索解决方案,大大节约了实施者的时间。该文档如图 10-2 所示。

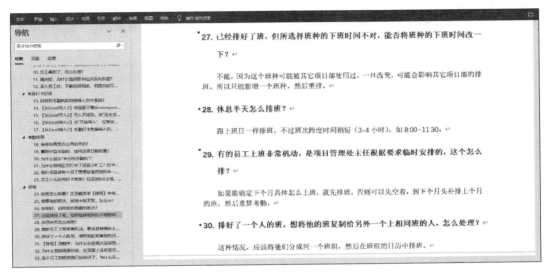

图 10-2　一份关于如何处理问题的文档

在项目实施过程中,肯定会产生很多文档,例如需求规格说明书、需求调研报告、项目范围说明书、系统操作手册等。一个合格的实施者,在实施过程中会认真编写、整理各类文档,因为他深知文档的重要性,不重视文档的团队是没有前途的。当然,在实际工作中,可能远远不止这些正规的文档,还有很多不起眼的零星文档,也是隐性知识显性化的重要载体,例如,一封有价值的邮件、一次聊天记录、一个备忘录、一个学习 PPT、一段操作演示视频等。

很多实施者会有一种错误的认知,觉得写文档会浪费时间,导致工作效率低下。从短期看,有时情况确实是这样,但如果从长远看,文档其实大大提高了工作效率。

假设有新成员加入团队,或者有新用户需要学习系统,如果有合适的文档,他只要接受少量的培训,就可以自己看文档学习了,根据 SECI 知识管理模型,这是个显性知识内在化的过程。如果没有文档,就需要有人培训,需要手把手教他,需要解答他的各种问题,总之,需要重复以前曾经做过的大量相同工作,不断重复 SECI 知识管理模型所说的隐性知识社会化的过程。这个过程与让新成员自己通过文档学习比起来,成本要高得多。

另外,文档可以提高沟通效率。很多说不清楚的、模糊的、有歧义的想法、要求、规则等,通过编写文档可以让它们显性化、确定化、规范化。无论是在乙方项目团队内部,还是跟甲方协同工作,都可以通过规范的文档减少口头沟通的不确定性,减少遗忘、思想变化等因素导致的前后矛盾。

要做好隐性知识的显性化，仅仅靠实施者或者项目团队是不够的，需要发挥全员的聪明才智，鼓励跟项目相关的所有人员都参与到这个行动中来。为了实现这个目标，至少要做到两点，一是要建立有效的管理体系，通过奖惩措施鼓励相关人员总结、分享经验，将隐性知识显性化，二是要有配套的信息系统，作为上传、分享经验的工具。

赵峰在甲方实施一款大型数字化管理系统。系统非常复杂，功能庞杂，甲方需要在系统中处理的业务也非常复杂，并且甲方是个集团公司，有几万名员工，使用这个系统的用户人数众多。为了提高用户学习效率，鼓励员工形成知识共享、互相帮助的工作氛围，赵峰让研发人员开发了一款知识共享系统，用于辅助实施。

该系统包括划分知识版块、知识分享、知识编辑、知识审核、知识整理、知识检索、知识收藏、知识统计和排行榜等功能，如图 10-3 所示。

图 10-3　知识分享平台

经甲方负责人同意，该平台每个月会统计员工的知识贡献情况，并根据知识贡献的数量、质量、评价等进行排名。排名靠前的会得到一定的奖励，贡献特别突出的人，会被授予"知识共享标兵"称号，会得到总经理的特别嘉奖。知识贡献的大小，会影响员工未来的升职、调薪。

3. 零散的知识体系化

如果显性知识零散地分散在各种文档、邮件、聊天记录、手机视频中，那么显然这些知识的使用效果要大打折扣——不成体系的知识难以系统学习，检索、分享都非常困难。下面介绍几种常见的将零散的知识体系化的方法，供读者在工作过程中参考。

1）共享文件夹

要将零散的知识体系化，最简单也是最常见的方法，恐怕就是建立共享文件夹了。在某台个人计算机或者某台服务器上，建立共享文件夹，相关人员可以通过这个共享文件夹查看需要的资料。建立共享文件夹的过程，就是将知识体系化的过程，因为建立者需要思考需要设置哪些文件夹,每个文件夹又包含哪些子文件夹。无论这些文件夹的设置多么简陋,它们也一定建成了某种知识体系,项目组成员也好,普通用户也好,通过这种体系获得知识的难度,比从各个角落搜索资料要小得多。

赵峰在甲方实施业务管理系统,为了让各相关人员及时获得跟项目相关的资料,及时了解项目情况,方便学习系统相关知识,他在甲方的服务器上建立了一个共享文件夹,所有跟项目相关的工作人员都可以访问。文件夹的设置如表 10-2 所示。

表 10-2　共享文件夹

一级文件夹	二级文件夹	存放文件描述
项目过程	售前	本项目的售前资料,如解决方案、合同协议等
	启动	项目启动时生成的文档,如项目章程、启动大会会议纪要、项目计划等
	实施	实施过程中产生的文档,如项目范围说明书、需求调研报告、进度报告等
	研发	项目研发相关的文档,如系统原型、原型说明书、需求规格说明书、设计说明书等
	上线	上线过程中的相关文档,如上线计划、培训计划、验收报告等
系统操作	操作手册	系统各模块的操作说明
	培训资料	各种培训资料,如培训 PPT、学习要求等
	课件	录制的各种课件,包括讲课视频、操作录屏等
	试题	各种测试题
	常见问题	各种常见问题的解决方法
	经验分享	用户在工作过程中总结的使用系统的经验
管理要求	组织方式	跟甲方数字化管理体系建立相关的组织方式,如岗位设置、人员安排、工作职责等
	流程要求	各岗位跟本系统相关的操作流程,如流程图、岗位说明书等
	工作布置	领导工作布置要求的汇总
	会议纪要	跟本系统相关的会议纪要

2)共享工具

使用某些支持文件共享的软件系统建立文件共享体系,也是将零散的知识体系化的常用方式。很多项目团队使用 VSS、SVN 之类的工具管理代码,其实用它们来管理共享文档也是非常不错的。这类工具有个很大的优势,那就是支持文档的签入、签出,支持文档的版本管理。如果需要对文档进行协作编辑,使用这类工具处理起来就非常方便。

当然,这类工具使用起来还是有一定门槛的,需要由管理员进行管理,比单纯的共享文件,要稍微复杂一点,并且每个用户都需要安装客户端,这一点也有些麻烦。当然,如果实在嫌麻烦的话,也可以考虑使用一些更简单的工具,只要能将文档按某种结构存放,能够共享给其他人查阅、搜索就行,能提供这种文档管理功能的互联网系统、App 多得很,如果需要的话可以网上搜索一下,很多时候,甚至一个网盘就足够了。

3)知识管理系统

如果要进行正规的、系统性的知识管理,建立完善的知识管理体系,需要一款正儿八经的知识管理系统。知识管理系统一般包括知识库建立,知识分类、上传、分享,知识论坛建立,学习计划设置,学习成果测试,知识贡献评价,知识转化评价,知识问题咨询,知识专家库等功能。当然,具体需要哪些功能,跟领导的思想、用户需求息息相关。

甲方委托乙方定制开发一款知识管理系统,甲方领导提出如下需求。

划分官方知识与民间知识。官方知识,就是公司组织相关专业人员搜集、编写的权威性官方知识,如各种操作手册、程序性文件、管理规定等;民间知识,就是员工通过分享平台贡献的知识,强调的是鼓励员工将隐性知识显性化。

引入积分机制。对个人贡献的知识,要有相关的评判机制,要有类似贡献知识换取积分的功能。知识管理系统软件上线很容易,但如果要让它持续发挥作用,管理制度必须跟上。积分机制可以为我们的管理提供支持,如用于奖励、考核等,这样才能让这个系统越用越有效,成为重要的管理工具。

要有强大的搜索机制。能对知识库中的文档(如以附件形式上传的 Word、Excel 之类的文件)的内容进行检索,提供对整个知识库(包括数据库、文件系统)的一键检索功能。我们建立知识管理系统的主要目的就是让员工检索、学习,没有强大的搜索引擎,一切就没有什么意义了。另外,不知道你们能不能通过技术手段,将视频中的语音也能转化成文字,以便于搜索。

配套考试系统。从是否需要强制掌握知识的角度,将知识分成只供参考的知识,以及要求上岗考核的知识。针对需要强制掌握的知识设置题库,用于考核。提供在线考试的功能,考试结果会影响员工的绩效考核。

通过知识管理系统建立知识管理体系,是一项艰巨的任务,已经超出了本书的讨论范围,有兴趣的读者可以找一些知识管理相关的资料学习。

对 IT 项目实施来说,如果甲方正在使用某种知识管理系统(最常见的是某些办公系统中的知识管理模块),那么可以充分利用它做好项目的知识转移工作。如果甲方没有这种系统,要为了这个项目的实施另外做个知识管理系统、建立知识管理体系,在大部分情况下并不现实,建议考虑采用共享文件夹、共享工具之类的简单方法。

4. 学习显性知识,提升隐性知识

根据我们前面的介绍,用户学习使用系统,无非包括两种方法,一是接受培训,二是自学。显性知识越丰富,越有条理,越成体系,用户学习的效率就越高。

首先,它会让培训变得容易,提高培训效率。对于正规的培训,需要准备培训材料、实践资料、复习提高资料、考核资料等。如果项目组按照知识管理的思想对相关资料进行管理,那么每次培训时,培训者都可以使用大量现成的资料,并且每次培训后,可能还会产生新的资料。可以充实这个知识体系,为以后的工作提供更大的帮助。这就跟学校老师上课类似,如果老师没有现成的教案、试卷、题库等资料,教学难度自然非常大,因为一切都要自己临时编写,工作量很大,并且质量还得不到保障,反之,只要根据当前的具体情况做一些特殊的准备就行了。

其次,它会让用户自学变得容易。用户想自学系统,必然需要参考各种资料,了解自己需要用到哪些功能,每个功能如何操作,每个功能背后的逻辑规则,跟自己的工作有什么关系,功能之间有什么关联,问题如何处理,等等。如果项目组拥有完备的、成体系的资料,会给用户自学提供很大的帮助,提高用户自学的热情,提高学习效率,自然也相应地减少了培训工作量,节省了实施者的培训成本。

第11章

业务上线准备

为了保证业务上线的顺利进行,需要做好充分的准备工作,如进行沙盘演练,让用户试用系统等。通过这些措施,验证系统是否能够满足当前业务的要求,验证能不能据以建成甲方相关领域的数字化管理体系,尽量提前发现并解决上线过程中可能遇到的问题,确保上线成功。

在正式推动业务上线之前,实施者对当前项目的状态要有清楚的认知,对于上线风险要有提前预判,尽可能提前防范,否则可能会遇到很多意想不到的拦路虎,从而让上线工作陷入困境。

11.1 沙盘演练

所谓沙盘演练,就是在非正式系统中模拟用户上线后使用系统的场景,希望能提前发现未来可能遇到的问题,并提前解决这些问题,这是上线之前必不可少的一项准备工作。

11.1.1 确定演练场景

沙盘演练的主要目的是验证系统能不能支持业务工作,并不是测试系统功能,因此要从业务场景出发,不必过分关注系统功能。根据覆盖的业务场景范围,沙盘演练大体可以分成两种,一是选择性演练,二是全业务演练。

1. 选择性演练

所谓选择性演练,就是有目的地选择部分业务场景进行沙盘演练。实施者应该根据项目特点、业务特点、人力资源、风险大小、时间约束等因素,确定需要演练的具体场景,需要优先考虑的是核心业务场景或者上线风险大的场景。

赵峰在甲方实施仓储系统。系统已经开发完成,用户培训也已完成,准备着手进行业务上线工作。为了降低上线过程中的风险,需要进行一次沙盘演练。由于时间紧张,赵峰决定只对原材料仓库的核心业务进行沙盘演练。根据分析,虽然原材料仓库的业务种类繁多,但核心业务主要包括两种,一是根据采购单收货入库,二是根据半成品车间的生产单发放原材料。如果能保证这两个核心业务在上线的时候不出问题,就会大大降低上线的风险。

针对这两种核心业务,赵峰为沙盘演练做了如下准备:

- 采购入库。到采购部收集上个月给供应商下的所有原材料采购单,到原材料仓库收集所有跟这些采购单相关的入库单、验收单、退货单,到财务部收集所有跟这些采购单相关的结算单据。
- 生产领料。到半成品车间收集最近一个月所有的生产单,到原材料仓库收集所有跟这些生产单相关的领料单、退料单。

沙盘演练就围绕这些资料展开。

2. 全业务演练

所谓全业务演练,就是尽可能演练项目相关的所有业务场景,力争最大限度地接近现实中的业务状态。很显然,跟选择性演练相比,这种演练方式收获更大,更能够暴露问题,可以将上线的风险降低到最小。但实施者也要保持清醒的头脑,如果系统庞大,演练的代价是巨大的,要考虑是不是真的值得这样做。

赵峰在甲方实施生产管理系统。前期工作已经完成,准备业务上线。由于这个系统非常复杂,对甲方制造部、销售部、采购部、仓库等部门的工作影响巨大,赵峰心里有些没底,决定在上线之前进行一次全方位的沙盘演练。工作量很大,仅靠项目组与几个部门的关键用户是不可能完成的,因此他跟甲方老总沟通,后者同意安排一些员工下班后来帮忙。

为了完全模拟甲方的相关业务,需要初始化系统,让系统中的数据跟演练开始前的业务数据完全一致,表达出相关业务在演练开始前的实时状态,例如,未完成的采购订单、没有发货的销售合同、仓库中的物料结存、没有完成的生产订单等。这项工作工作量很大,赵峰安排人员立即行动,希望能在一周之内完成。

然而,在原材料仓库遇到了一个问题。该仓库管理非常混乱,目前的库存账目因为物料编码与批次设置等原因,根本不能反映真实的库存状况。实际上,仓库保管员在发货时,几乎不会去看库存账目,都是先去货架上看有没有东西,有就发,没有就不发。

很明显,为了进行系统演练,需要知道当前的库存状况,要想得到这个信息,就需要对原材料仓库进行盘点,主管仓库的王总表示现在实在太忙根本不可能安排人员盘点,并且对赵峰的这种演练方式表示了不满:为什么不能在系统上线前盘点呢?现在盘点,后面还需要重盘!你不知道这个仓库多复杂,仓库的所有员工一起盘点也得两三天的时间。

赵峰问:我们能不能安排其他人帮你们盘点呢?

王总:算了,你们的人能把库存物料认全吗?

11.1.2　演练的步骤

演练首先要确定参与人员,然后搭建演练系统,再根据真实业务进行演练,可以演练历史业务,也可以对当前发生的业务进行实时演练。

1. 确定参与人员

要进行沙盘演练,首先要组建演练团队,也就是确定参与人员。

虽然实施者在前期已经做了很多需求调研工作,对业务工作已经有了很深入的了解,但显然还不可能非常精通,沙盘演练时肯定会遇到很多自己搞不明白的业务问题,需要熟悉业务的工作人员在旁加以指点,至少需要相关业务领域的关键用户参与。

另外,如果要完全重现相关领域的业务工作,工作量很大,仅靠有限的几个人,意图去处理几十个、几百个,甚至几千个人的工作,哪怕只是模拟也会非常艰巨(虽然仅仅是跟系统相关的工作)。因此,为了工作的顺利开展,很有可能需要甲方领导安排一些工作人员帮忙。大家都有本职工作,演练必然会让一部分人的工作量暴增,所以在安排参与人员时,实施者必须要提前做好预案。

当然,如果系统非常简单,对甲方处理业务的方式影响很小,就不需要这么多人了,也许实施人员跟甲方的对接人两个人就可以搞定这件事,甚至实施人员自己就可以了,几个核心功能、核心业务场景跑一跑,一两天就足够了。

2. 构建演练系统

要进行沙盘演练,离不开构建、部署演练系统,由于这是研发人员需要完成的任务,并不是本书的主题,此处不再赘述。沙盘演练是在系统中模拟业务的运营,因此为了让系统适合演练,在正式演练之前,需要让系统尽可能表达出某个时间点的真实业务状态。例如,如果需要演练仓库出入库,开始时间点选在9月1日,那么至少需要保证系统中物料的结存数量跟8月31日的实际结存相匹配;如果需要演练财务会计,开始时间点选在1月1日,那么至少要保证系统中的会计科目余额跟去年12月31日的实际余额相匹配。这一点非常重要,也非常困难。

它之所以非常重要,因为后面的演练都是围绕这个状态展开的,如果这个状态跟业务现实不一致,自然很多事情无法处理,很多问题发现不了,演练效果就会大大降低。假设需要演练仓库出库,在现实业务中有可能遇到库存不足的问题,如果演练系统中不能表达那个时间点的库存状态,这个问题就很难被恰如其分地表达出来。

而说到它的困难之处,那是因为实际业务可能相当复杂,牵涉大量基础信息,如果是大型的数字化管理系统,光把这些信息弄准确就非常不容易。例如,要演练某车间的生产单流转,那么可能牵涉机器、工作人员、未完成生产订单、原材料库存、半成品库存、调度任务、生产统计数据、生产工艺数据、前道车间相关数据、后道车间相关数据等很多数据。要把这些数据收集完整,并在系统中准确表达出来,难度巨大。大部分项目仅仅在这个过程中就会暴露出很多问题,这也正是沙盘演练的价值之一。

3. 演练

确定好参与人员,构建完演练系统之后,就可以正式开始演练。演练可以针对某一时期的历史业务,也可以针对实时业务。

所谓历史业务,就是历史上某一个时期发生的业务。很显然,离当前时间越接近的业务,越有代表性,演练越有价值,当然也有特殊情况,例如某仓库在月底需要进行盘点、出库存报表,那么挑选某个月头、月尾的业务做演练就可能更有效,更能暴露问题。

赵峰在甲方实施业务管理系统,现在需要针对财务模块进行沙盘演练。考虑到财务工作特点,有很多年结业务只有在每年年底才会发生,于是决定使用去年12月份的会计业务进行沙盘演练。

首先,从财务部获得了11月份的所有科目余额数据,在系统中生成了11月份的资产负债表,确认跟实际资产负债表完全一致。

其次,从财务部获得了所有12月份的记账凭证,以及各种财务相关的业务记录,安排人员将所有记账凭证录入系统,并模拟处理所有相关业务。

最后,生成资产负债表、损益表等会计报表,以及一些甲方需要的特殊报表,但由于只有一个月的业务数据,财务人员关心的某些季报与年报并没有演练出来。

所谓实时业务,就是指当前正在发生的业务。当然,演练时不大可能与当前业务进程完全合拍,一般都有一定的滞后,例如,中午收集上午的资料,下午演练,或者下班前收集当天的资料,晚上演练。

这两种演练方式各有优缺点。演练历史业务,可以根据业务场景选择有代表性的时期,可以有目的地让演练范围更全面,但由于是历史上发生的事情,有可能现今的业务流程、管理模式已经发生了变化,导致演练不能如实反映当前的业务特点。演练实时业务则正相反,自然不存在业务流程、管理模式已经过时的风险,但由于当前业务未必就有代表性,如果演练的时间不够长久,会导致很多业务场景没有机会得到演练。另外,实时演练还有个重要缺点,就是在演练之前,要在系统中表达出演练起始时间点之前的实时业务状态(如前一天晚上),为了卡这个时间点,一般只能选在节假日或者夜里处理,时间非常急迫,而演练历史业务,不需要"卡点",相对而言更容易准备。

4. 暴露问题

在演练过程中要有发现问题的敏感性,只要发现有什么地方跟预想的不一致,就要尽可能找到问题根源,不能随便放过。忽略不严重的问题是初学者在演练过程中易犯的错误之一。

赵峰在甲方实施项目。在做成本模块沙盘演练的时候,项目组发现,对于某个产品,系统计算出来的单位生产成本,与成本会计实际结算的成本差 0.001 2 元。想到如果保留小数点后面 2 位,这么点小差额四舍五入之后就没有了,项目组也没有当回事。

等到上线时,大家才发现,这种差额时有发生,成本部以计算不准确为由拒绝使用本系统。赵峰经过研究发现,系统在进行生产成本归集计算时,只保留了 4 位小数,很多有用的尾数被截掉了。于是他让程序员修改了程序——其实也不困难,在进行归集计算时,保留 6 位小数就行了。

就因为演练时忽略了一个看上去无关痛痒的小问题,导致系统上线时间延长了一个月。

要注意,演练的主要目的不是验证系统功能有没有问题,而是要将潜在的问题尽可能暴露出来。发现了异常情况,一定不要放过,需要刨根问底,或者找到解决方法,或者证明这确实不是个问题。如果演练能将上线过程中可能发生的大小问题都暴露出来,并且都得到解决,那么就意味着上线接近成功了。

如果软件功能经过了严格的测试,质量可以得到保证的话,一般在演练阶段发现的问题大部分都是业务表达的问题,例如,系统中的流程要求跟现实的管理要求不一致,某些业务在系统中没有相应的功能处理,某些异常业务在系统中不能表达,系统中的某些数据关系跟现实不一致,某些业务数据在系统中不能保存,某些运算规则不符合业务要求,某些业务过程中必不可少的单据、报表在系统中不能生成,等等。

在业务层面,上线过程中最常见的问题是系统不能处理某些异常业务。对于经常发生的正常业务,在调研与演练时,相信只要有点责任心,掌握了一些工作技巧,都不会错过,应该早已知道怎么处理。但对于很少发生的异常业务,在调研与演练时,容易被忽略掉,等上线时才发现,就会带来意想不到的麻烦。很多异常业务虽然很少发生,但一旦发生了,如果系统不能处理,后面的工作就无法开展。

赵峰在某学校实施迎新系统,该系统用于新生入学报到,需要在今年8月底上线投入正式使用。学校迎新每年一次,到时候会有大量的新生同时报到,他们都需要使用这个系统。对于项目组来说,这是个重大挑战,因为系统是定制开发的,并没有经过很多项目的打磨,赵峰没有必胜的把握。

经过考虑,决定针对一个院系进行一次全业务的沙盘演练。项目组搜集了去年9月份该院系迎新时产生的所有资料,然后根据这些资料进行演练。演练暴露了很多问题,并都得到了解决,于是他信心满满,打算将系统投入使用。

然而到了真正迎新时,系统还是出了问题。例如,根据该院系去年的迎新资料,给新生安排宿舍时,绝大部分宿舍的学生都属同一班级,即使有不同班级,也属同一个院系。这跟现在系统中的规则相符,然而上线正式运行后发现的问题是:在有些特殊情况下,一个宿舍中可能会安排不同院系的学生,还有个学院,说要人性化管理,允许学生自己选室友(不拘院系)。这跟系统中宿舍与院系的逻辑关系不同。

再比如,学生在报到之前,录取通知书中已经确定了院系,自然会去该院系报到,然而,项目组在做需求调研时,忽略了一个异常业务:因为某种原因,有些学生是有可能在报到前换了专业,可系统无法处理这个问题。

后来,项目完成后,赵峰在项目总结中这样写道:由于我们在需求调研、沙盘演练中的失误,导致一些异常业务带来的问题没有能够充分暴露,没有能提前做好预案,从而影响了上线效果。

为了让沙盘演练更有效果,让问题充分暴露,实施者可以考虑从这些方面入手:

1)多跟业务人员沟通

用各种方法了解业务处理过程中可能发生的各种场景。实施者毕竟不是干这一行的,对业务的了解主要依靠业务人员的描述,很多异常业务,如果业务人员不告诉你,你永远都不可能想到。而另外有些业务,由于发生的频率相当低,即使是业务人员自己都想不起来。实施者需要通过各种方法引导业务人员,使他们能从各个方面思考、总结、阐述自己的业务,从而保证沙盘演练尽可能多地覆盖各种场景,具体可以参考第5章关于需求调研的相关内容。

2)积累在业务领域的工作经验

如果在某个行业实施久了,自然会熟悉各种业务场景,对大部分异常业务都能做到心中有数。了解甲方业务时,经验越丰富,对业务人员的依赖程度就越低。对接的业务人员限于工作经验、责任感、总结能力等因素,在描述时往往会漏掉一些异常业务,这再正常不过。实施者如果积累了一些行业实施经验,就可以跟业务人员相互印证和补充,尽可能总结出各种业务场景,这样自然就可以在演练的时候有目的地针对这些场景进行演练。

3)有目的地选择演练的业务范围

准备时应该深思熟虑,有目的地选择用于演练的业务范围,不能随随便便地拿一堆单据演练,这样会让沙盘演练的效果大大降低,浪费人力物力。无论是选择某一期间的业务,还是某一业务单元的业务,还是某个条线的业务,还是某些有代表性的核心业务,都需要考虑所选择的范围是不是有代表性,是不是能够充分覆盖各种业务场景。

11.1.3　沙盘演练的局限性

沙盘演练作为上线前必不可少的一项准备工作,作用至关重要,对于成功上线意义重大,但也需要保持头脑清醒,沙盘演练并非包治百病,它有局限性:

1) 工作量很大

沙盘演练的工作量可能比想象的大得多,在决定前要有思想准备。想保证演练效果,就要让演练过程无限接近真实的业务状态,不要说业务上每天发生的事情,就是想在演练系统中表达某个时间点的业务状态,做好演练的准备都是个烦琐而艰巨的事情。

2) 很多业务场景在演练时不会发生

很多业务场景只有在用户真正使用系统的过程中才会发生,在演练阶段是不可能出现的。演练系统并非真实的系统,虽然在演练时,我们努力让系统状态跟真实的业务状态保持一致,但这只是一个努力目标,实际上这几乎是不可能做到的,除非要演练的业务相当简单。

另外,正如第 8 章谈过的,实施数字化管理系统,不可避免地要对业务进行流程重组,进行管理变更。这也就意味着,演练的业务在实际工作中的处理过程,跟演练系统中的处理过程可能不一致,实际业务是按照重组前的流程处理的,而演练系统中是按照重组后的流程处理的,有时这两种流程相差巨大。

3) 有些场景无法演练

由于各种限制因素,并不是所有的业务场景都是可以演练的。有些场景,虽然明知道未来必将发生,并且对上线的成败影响巨大,但却不具备演练条件,只能无可奈何地等待上线时再说。

例如,某个项目需要跟第三方系统对接,在某些业务场景下需要将一些数据通过接口自动导入该系统,待该系统处理后,再将数据回传到本系统。而通常情况下,对于那个第三方系统来说,这些数据往往是非常严肃的,在演练阶段是不可能将演练用的数据导入进去的,这也就意味着跟这些数据相关的一系列业务场景都是不可能演练的。

4) 容易忽视人的因素

一般来说,参与沙盘演练的人员,跟业务上线后实际使用系统的人不是同一拨人,即使是相同的人,因为责权关系、责任心、时效限制、协作者等诸多因素的影响,处理事情的效果也可能完全不同。

因此,对于很多业务场景,沙盘演练时没问题,并不意味着业务上线后就一定没问题。毕竟,决定一件事能否成功,最重要的因素是人。同一件事情换不同的人处理,结果可能完全不同。

11.2　用户试用

为了保证系统符合用户的要求,能够帮助用户顺利处理手头的工作,并尽可能获取用户建议,在上线之前需要让用户试用系统。用户试用跟沙盘演练不同。用户试用是用户根据自己当前发生的事情,在系统中试着处理,主体是直接用户,而沙盘演练的主体是项目组成员(也可能有些用户来帮忙)。对于用户来说,试用可以直观地感受系统,会促使他们思考,从而可以发现更多在培训或演练过程中发现不了的问题。

用户试用跟沙盘演练，这两项工作并没有硬性的先后之分，用户试用之后再做沙盘演练，或者沙盘演练之后再进行用户试用，都是可以的，实施者可以根据项目实施的需要灵活安排。

用户试用一般有两种方式，一是自由试用，二是有组织地试用。

11.2.1　自由试用

自由试用，就是要让用户自由发挥，用自己喜欢的方法试用系统。采用这种方式，实施者对试用过程不应过多干预，一般将试用系统搭建好，并准备一些必备的基础数据之后，就可以让用户试用了。

很显然，由于试用过程没有经过组织协调，故而一般只适用于岗位协同性要求不高、功能比较简单的项目。如果系统中的操作需要多岗位协同处理，或者流程复杂，规则繁多，让用户自由试用其实意义不大，也就看看界面，温习学过的操作知识罢了，因为大部分用户不可能在系统中运行需要多人协作的业务，而且更重要的是，他们可能也没有那么高的热情克服遇到的障碍。

自由试用的效果一般都不会太好，能发现的问题基本上都是一些浮于表面的浅层问题，除了系统 Bug 外，大部分问题都是跟用户体验相关的。

11.2.2　有组织地试用

所谓有组织地试用，就是组织用户根据项目组的要求试用系统，例如试用哪些功能与业务，如何进行多岗位协作，在什么时间节点试用等。由于是项目组有目的地组织的，所以可以针对项目情况突出重点，故而暴露的问题一般会比自由试用多得多。

赵峰在甲方实施项目。甲方是一家年产值十多亿元的中型制造企业，只有在接到客户订单时才开始采购主材料，安排生产，每个订单的主材料都为该订单专用。每个订单的生产周期一般在一周左右。

在上线之前，赵峰决定组织一次用户试用，要求甲方所有系统用户都要参加，每天在系统中启动一个销售订单，持续试用 2 周时间。在这 2 周内，伴随着该订单的生产、处理过程，相关岗位的工作人员试用销售订单处理、计划指令下达、成品半成品生产、生产数据搜集、成本数据归集、仓库发料收货、原材料采购等各项功能。虽然每天只增加一个订单，但却牵涉系统相关的所有部门，组织起来并不容易。

在试用之前，赵峰信心满满，觉得这次试用的主要目的就是图个心安，应该不会有太大的问题，然而没想到，还是发现了很多意想不到的问题。

首先是原材料仓库。虽然在试用之前，项目组已经根据仓库的账面记录进行了数据初始化，但第一天试用仓库发料功能时却发现，这个账面数据很不准确，不是数量有问题，就是批次和位置有问题，为了让第一单能在系统中顺利推进，不得不让原材料仓库对部分区域突击盘点并调整数据，仓库人员与项目组人员都一同熬到深夜。

其次，项目组为各道工序设计了一整套的流转卡，在试用之前规定这些新流转卡需要跟目前正在使用的流转卡一起随物料流转。操作工需要将生产数据填写在卡上，然后再由试用人员将数据及时录入系统。但赵峰发现，有些卡根本没有填写，有些卡经过几道工序的流转后就找不到了。为了解决这个问题，赵峰不得不向甲方制造部老总求援，临时安排了几个专门的跟卡员,专门负责跟踪每张新卡的流动,督促操作工认真填写生产数据,每两小时记录各生产单的生产进度。

解决这些问题后,好像一切正常了,然而,什么反馈意见都没有,这又让赵峰觉得很不正常,于是就到车间走访。走访的员工大部分都有一些想法,然而这些宝贵意见都没能及时反馈到项目组,于是他打印了大量的反馈表发送到相关人员手中,要求每天填写,并承诺每人的每项意见都会得到项目组的郑重答复。

项目组果然因此获得了大量的反馈意见,大概包括以下这几类:

(1)生产表格、流转卡设计不合理。有些表格上要求填写的数据现实生产中根本用不到,而有些生产中需要的数据在这些表格上没地方可填,只能填写在备注中。

(2)操作人员配备不合理。有些录入量大的岗位配备的人员少,而有些配备人员多的岗位录入量并不大,这主要是因为有些岗位的业务虽然在系统中操作复杂,但每天业务量并不大,而有些岗位则相反。这些都是项目组开始没能考虑到的。

(3)系统中有些流程不适用。当初设计流程时也曾多次跟业务人员沟通过,讨论会也开过很多次,但由于没有使用系统,缺少直观感受,难免有些纸上谈兵,设计的流程不尽如人意。

(4)软件本身的功能不完善。有些问题不能处理,或者处理起来很不方便。

项目组根据这些反馈意见对表格、流转卡进行了重新设计,对人员配备进行了调整,对一些不适应管理要求的流程也进行了修改,总之,试用成果是巨大的。

从以上案例中可以看出,对于大中型项目,组织一次用户试用并不轻松,但只要认真组织,努力跟进,试用过程中总能发现很多意想不到的问题。

11.3 风险防范

经过沙盘演练与用户试用之后,暴露出来的问题得到了解决,接下来就要准备上线了。在正式上线之前,实施者对当前项目的状态要有个清楚的认知,不要以为解决了所有暴露出来的问题就具备了上线条件,上线过程中也可能会冒出很多意想不到的困难,让项目陷入窘境。为了降低发生这种事情的概率,实施者需要尽可能识别潜在风险,提前做好防范措施,减少上线失败的可能性。

抛开系统本身的问题不谈,业务上线的风险大部分都来自于相关人员对这个项目的态度,例如,领导不支持,导致项目无法推进;甲方人员不配合,导致上线工作没有人处理;乙方人员不支持,导致系统问题没有人处理,等等。这些风险可归结为四方面:领导不重视、员工不重视、乙方不重视,以及第三方不重视。

11.3.1 领导不重视

甲方领导不重视会给上线带来巨大的风险。每个项目都有它相关的业务范围,这里所说的领导一般是指业务范围内的负责人。

如果正在实施一个重要的 IT 系统,而它又将对甲方相关领域的工作产生重大影响,那么要想上线成功,非得获取最高领导(一把手)的大力支持不可。

一般情况下,系统上线,需要改变相关业务范围内的管理方式,需要组织甲方相关员工完成很多任务,需要相关岗位改变工作流程,甚至需要进行岗位的新增、裁撤、重组,这些事情如果没有最高领导的大力支持,根本不可能推行下去。

如果领导不支持,对项目不闻不问,那么可能会遇到一大堆让人无可奈何的事情:该做的事情没有人做,发出的指令没人搭理,配合工作的人总是敷衍了事,谁都说自己很忙没工夫处理项目上的事情,等等。因此,上线之前,请扪心自问:甲方领导重视这个项目吗? 当然,领导花钱做项目,没有哪个会说不重视。看领导是否重视这个项目,要看他的行动,看他愿意给项目实施相关工作多大的优先级,愿意给项目组多大的权力,愿意给项目提供多少资源,愿意在这个项目上花多少时间,等等。如果领导不重视,那么需要琢磨如何让领导重视起来,常用的方法包括:请领导参加上线动员会并作动员报告,请领导审核上线计划,请领导直接安排协助人员,请领导给予一定的奖惩授权。针对有些特殊的项目,甚至还可以让领导直接参与到上线工作中,负责一些具体事项。

当然,希望获得领导的支持,也要适可而止。对于甲方管理来说,大部分IT项目都是锦上添花而已,在甲方领导的心目中,远远不如资金、营销、核心技术、高级人才这些事项重要。甚至有些项目对甲方管理的影响微乎其微,领导根本都感觉不到它的存在,那就不要奢望他花工夫来关注你这个小项目了。

小李头一回独立实施一个小项目。平时谈吐间,小李总有点"做项目若烹小鲜"的气魄,主管项目总监马总对他充满了希望。然而,几个月之后,项目不幸做砸,业务上线宣告失败。

由于是第一次,马总监也未多加指责,就让他写个总结报告,总结一下实施这个项目的心得体会,主要希望他分析一下失败的原因,好迅速成长为一个合格的实施经理。

小李的总结洋洋万言,大部分篇幅都在指责甲方的各种不配合,销售部不配合,财务部不配合,制造部不配合,等等。最后的结论是,甲方老总支持力度不够,给自己的权力不够,因此失败;如果给他绝对的权力,有人事任免权,项目一定成功。

马总监看了报告后大发雷霆:"你这个未免扯得太远了。谁能给你弄到这个绝对权力啊? 你要什么绝对权力啊? 嫌人家财务总监不配合,炒掉! 嫌人家销售经理不配合,炒掉! 嫌人家生产经理不配合,炒掉! 是吧?"

小李觉得非常委屈:"可是他们不配合我的实施工作,你说我有什么办法?"

马总监拍着桌子吼道:"难不成让你实施项目之前还要先让你到甲方做董事长吗? 人家不配合你,你得想办法做工作啊。明显是你自己工作没做到家,妄图什么绝对权力,你还是项目实施吗?"

小李低下了头,马总监平复了下心情,语重心长地说道:"培训时跟你们说过多少次了,实施是个艺术性很强的工作,想简单粗暴地靠权力压制是解决不了问题的。人家不听你的,你要反思人家为什么不听你的,是不是你的工作方法有问题,是不是你的要求不合理,是不是沟通没有到位。所有人都不听你的,都不配合你,我几乎可以肯定这一定是你自己的问题! 你要对照我们培训时讲过的实施方法,好好反省! 总结报告不合格,给我回去重写!"

11.3.2　员工不重视

甲方员工不重视也会给上线带来很大的风险。员工不重视你的项目,他们就不可能认真对待项目上的事情,会用那种"能推则推,能拖则拖,能敷衍一次是一次"的心态应付工作。

很显然，像业务上线这种艰巨的任务，靠这种员工是很难干成功的，这时贸然上线是非常危险的。如果把项目实施看成一次战役，业务上线就是其中非常重要的一次攻坚战。要想获得胜利，需要精神抖擞、士气高昂。如果员工不重视这个项目，士气低迷，失败几乎是必然的。

当然，项目相关员工可能人数众多，每人想法不一，对 IT 项目的认知水平良莠不齐，要想让每个人都重视几乎是不可能的，这是必须要接受的现实。关键对于实施者来说，在准备上线时，对于士气问题，也就是对于员工的重视程度，要有个准确的判断，如果大多数员工都不怎么重视，或者连项目相关的一些核心岗位的员工都不重视，就不要轻易启动上线工作，因为风险太大。如果发现员工不重视本项目，那么就要分析其中的原因，从而想办法对症下药，提前做好风险防范措施。员工不重视的原因大致有以下几种：

1）领导不重视导致员工不重视

如前所述，领导的忽视会给上线带来巨大的风险，最主要的原因是这样会严重影响员工的态度，导致员工更加不重视。IT 项目需要改变管理流程，需要改变相关员工的工作方式，需要进行管理变革，自然会遇到或大或小的阻力，项目越大阻力越大，如果领导不重视，就意味着需要员工自发地去拥抱变革，需要员工自发地做他们不情不愿甚至强烈反对的事情，想想吧，难度会有多大。

当然，实施者也要有个清醒的认知，不要以为只要领导重视，员工就会重视，真的不一定。这么说吧，领导重视是员工重视的必要条件，不是充分条件。如果您有一些职场经验，相信一定会知道，员工敷衍、拖延领导的指令，不认真完成任务的例子太多了。如果甲方的组织执行力低，很有可能领导非常重视，大会强调，小会要求，但员工还是不重视项目，不配合工作。

2）缺少必要的奖惩措施

面对一个任务，如果员工做了对他们没有任何影响，做与不做一个样，做好做坏一个样，那么很显然，他不会认真做好这个任务。趋利避害是人的正常反应，在实施过程中如果没有必要的奖惩措施，员工自然不会重视这个项目。

赵峰在甲方实施一款大型 IT 系统，为了保证相关人员能够认真配合项目组工作，提高对项目的重视程度，在跟甲方人力资源部讨论后，经相关领导同意，设计并发布了一套积分制度用于激励员工：

- 项目组为了讨论需求、发布工作要求、推进项目等，需要召集相关人员参加项目会议。与会人员迟到一次得－3 分，旷会一次得－10 分。
- 项目组在实施过程中需要对相关用户进行培训，培训会提前 24 小时通知受训者，受训者参加培训迟到一次得－2 分，旷课一次得－5 分。
- 为了保证用户的学习成果，项目组在需要的时候会组织受训者参加考试。考试 90 分以上者得 10 分，考试 80～90 分得 5 分，考试不及格者得－5 分并需要补考直到及格为止。

　　……

- 项目组每月会对项目参与者进行综合评价，月评 A 级者得 30 分，月评 B 级者得 10 分，月评 C 级者得 0 分，月评 D 级者得－10 分。
- 项目组每个月公布参与者积分。

- 项目完成后,根据参与者的积分,并结合工作表现、所作贡献,对参与者的月薪进行调整,被评为 A 级者调薪 20%,B 级者调薪 10%,D 级者调薪-5%。

除了跟薪水、奖金、职级等相关的薪资激励外,精神激励的作用也不能小觑。很多项目实施者可能不具备对参与员工进行薪资奖惩的条件,那么还可以利用精神激励这个重要的手段。例如,开会时表扬或批评某人,在工作报告上强调某人的贡献,对某人的工作成果及方式表示欣赏,指出某人的工作不足,用赞赏或者不满的态度对待某人完成的任务,等等。说是为了面子也好,说是为了荣誉也好,我们都不能忽视一个事实,精神激励对于人的行为影响巨大。

赵峰在实施过程中,发现甲方参与项目的员工积极性不是很高,明显对项目重视程度不够,这对上线来说是个不能忽视的风险。

为了解决这个问题,赵峰进行了各种尝试,其中一种方法就是想办法进行精神激励,具体方式是在项目组发起"找亮点"活动。要求每个项目组成员每周至少找三件跟参与员工相关的、值得表扬的事情,然后在项目周报中开辟专栏"光荣榜",用于记载这些事情。

找亮点,要求对事不对人,需要看有什么具体的事情做得好的,而不是空泛地说某人表现好、有进步之类。例如,张三向项目组提供的工作流程图非常清楚明白,李四提出的培训考核建议非常有效,王五学习采购模块进步真快,等等。

由于项目周报会通过邮件向甲方所有员工群发,只要能上榜,所有员工都能看到,各级领导也会据以了解自己下属的工作表现,因此对于参与员工来说,是非常不错的精神激励。

3）没有做好必要的宣传工作

很多时候,甲方员工不重视项目,只是因为他们不了解这件事的重要性,没有人跟他们说过这件事很重要,他们自然会认为重要程度比不上他们现在手头上的工作。

要想员工重视项目,必要的宣传工作不可或缺。可以采用各种方法宣传项目的重要性,例如,在部门、班组例会上宣讲,开项目动员专题会,制作宣传短片在甲方现场大屏幕上播放,在甲方的内部刊物上发表宣传文章,在甲方内部办公平台上向员工推送动员信息,等等。如果实施的是个规模比较大的项目,牵涉甲方的大部分员工,那么要学会给项目造势,让几乎所有人都知道你们正准备搞个轰轰烈烈的大事情,将会有大动作,如果参与者不重视项目,会在心理上产生一种"羞耻感"甚至"负罪感"。

赵峰在甲方实施一款大型数字化管理系统。由于业务范围几乎覆盖了甲方的大部分主营业务,需要参与的员工众多。虽然各级领导在各种会议上都强调了这个项目的重要性,要员工认真配合、支持项目组工作,但赵峰在实施过程中还是明显感觉到员工的冷淡:对项目漠不关心,敷衍了事,很多人甚至都不知道这个项目究竟跟自己有什么关系。

跟甲方领导沟通后,赵峰决定发起一个项目征文活动,要求跟项目相关的上百名重点员工每个人都必须写一篇不少于 500 字的文章,谈谈自己对这个项目的看法,展望自己与同事以后会如何在这个系统中工作,以及自己给项目组的建议等。收到征文后,项目组根据征文的质量评出优、良、中、差四等,非常优秀的发表到甲方的内部刊物上。

通过征文活动,赵峰成功地让员工对项目的理解有了巨大的进步(为了写这几百字,大部分人都不得不去查资料、学习、请教),再也不会用那种"事不关己高高挂起"的态度对待项目了。

4）实施者自身的原因

有时，甲方员工不重视项目，跟实施者的工作方式有很大的关系。实施者在甲方工作，其一举一动、一言一行都会对甲方员工的心理产生微妙的影响。

甲方员工，平时一起工作的都是同事，都很熟悉，忽然来了一位乙方的陌生人，还要对自己提各种要求，显得那么与众不同，大家自然会对你的言行更关注一些。站在甲方员工的视角，你是这件事当之无愧的主角，站在舞台中央被聚光灯照射，你的说话方式、做事习惯、处理风格等特征，都会影响甲方参与者对这个项目的看法。

有些实施者本身能力不够，或者工作方法不对，或者职场素养不高，从而让甲方员工对项目的重要程度产生了错误的认知。例如，明明说好某功能几月几号上线，但到时候迟迟不见动静，让项目冷场，也冷了甲方员工的心；说好几点到某办调研，却毫无理由地迟到很久，让甲方员工觉得没有必要看重你以及你的工作要求；满口答应解决的问题总是没有下文，甲方员工觉得你不重视他们的想法，自然也不会重视你布置的任务了；搞一次培训，不做好准备，不认真提供培训资料，培训过程中发生各种操作错误，甲方员工会觉得你们团队自己就不重视这个项目，他们当然也不会重视；发布指令、提出要求之后也不跟踪，对做得好坏没有任何反馈，甲方员工会觉得你的项目跟其他可以敷衍的事情一样，也是可以搪塞过去的。

11.3.3　乙方不重视

乙方不重视这个项目也会给业务上线带来不可轻视的风险。也许有些读者会感到惊讶，乙方派人跑到甲方做项目，目的自然是尽快完成任务，拿到项目款，为什么会不重视呢？其实不奇怪，项目不是靠实施者一个人可以完成的，需要很多岗位的人员支持，可他们支持的项目可不止你这一个。一般来说，乙方项目很多，资源有限，需要在不同的项目之间按照一定的规则分配资源，乙方重视的项目，优先级高，自然容易获得资源；反之，乙方不重视的项目，优先级低，就不容易得到资源。

赵峰在某家职业学校做数字化管理系统的实施。这是个纯定制开发的项目，包括学工管理、教务管理、排课、办公、考勤、迎新等功能模块。当系统开发完成并部署上线后，赵峰发现问题非常多，Bug一大堆，很多功能跟设计要求相距甚远，甚至有些小功能都没有实现。赵峰将问题列了个长长的清单，上报到公司内部的开发管理系统中等待研发处理，但迟迟没有动静。

赵峰找到开发的程序员，问为什么不处理，正在疯忙的程序员只是不咸不淡地回了一句："对不起，我们有更重要的事情要处理。"赵峰去找研发负责人，对方也只是说："没办法，老板安排我们做个App，说已经发现有竞争对手也在搞类似的产品，要我们尽快搞出来，快鱼吃慢鱼，晚了就完了。"赵峰觉得很无奈，只好直接去找老板："现在甲方催得挺急，要赶在新生开学之前上线，可这个产品也实在太垃圾了，根本没办法用啊，如果研发再不处理这些问题，这个项目可能就要死掉了，几百万不要了吗？声誉就不管了吗？"老板听完，也觉得要重视一下，就让研发总监安排人员加班加点，将发现的问题处理好。

又是一个多月过去了，问题还没有全部处理好，赵峰陷入深深的焦虑之中。已经8月了，开学在即，项目必须在这个时间点上线，但研发还在为了那个App忙得鸡飞狗跳，恐怕很难及时处理项目在上线过程中出现的问题，该怎么办呢？上线风险这么大，赵峰觉得要找老板好好谈谈了。

实施者在实施项目时,如果自家公司内部资源紧张,那么就必须有点争夺资源的意识。前方战事吃紧,可是后勤跟不上,能打胜仗吗?会哭的孩子有奶吃。很多情况下,你不想办法去争取资源,资源就会被别的项目抢走。如何在公司内部争夺资源呢?一般有以下这些常用方法:

1)沟通说服

摆事实讲道理,晓之以理,动之以情,说服别人接受自己的观点,这是一个实施者必备的基本能力。

如果一个人或者一个团队手头有很多项目的事情要处理,你的项目只是其中之一,而你又没有直接发布指令的权力,人家为什么要先做你的事情?你当然需要去沟通并说服对方。要说服别人处理你的事情,可以考虑从两方面入手:事与人。事,就是要说出你的事情的重要性、紧迫性,做了有什么收益,不做有什么危害;人,就是这件事做了对当事人有什么好处,不做有什么坏处。

如果你说服不了直接执行任务的人,也不要轻易放弃,考虑是否需要去说服他的领导,不行再去说服领导的领导,实在不行找老板。当然,这也要有个恰当的"度",领导的级别要跟任务的重要性相匹配,否则可能会适得其反。不同的企业文化可能会适用不同的方式,你需要在工作中不断积累经验,提高自己在这方面的认知能力。

2)让领导重视你的项目

领导对你的项目的看法直接影响到你争夺资源的难易程度。如果你的项目金额够大,对公司现金流的影响至关重要,那领导不可能不重视,谁也不会跟钱过不去。但这种项目毕竟是少数,大部分项目都是普通级别的,你只是在履行若干普通的项目合同中的一个而已。这种项目要想引起领导重视,最常用的方法就是多汇报,不要让领导忘了你的项目,记住,同等条件下,领导对哪个项目了解得越多,获得的信息越多,他就会越重视。

汇报方式多种多样,口头汇报、发邮件、会议上发言、IM聊天等。要注意的是,汇报也要有个度,过犹不及,说得太多,不得要领,很可能会引起领导反感,觉得你小题大做,反而会有意无意地将你的信息忽略掉。

3)获得权利

如果实施者拥有了调配资源的权利,自然会在资源争夺中占据优势。如果你是某员工行政上的直接主管,那么你就可以直接下指令安排任务。这种情况下,除非有非常特殊的情况发生,否则这种资源天生就是你的,根本就不需要去争夺,别人如果要调用这些资源反而要来跟你商量。

有些公司搞以项目为中心的组织方式,实行项目经理负责制,成立项目组时,将项目需要的绝大部分人力资源由实施者统一指挥调派。很显然,这样就大大增加了实施者对资源的控制力,可以大大减少乙方不重视的风险。不能不承认,这样很容易浪费人力资源,会出现"有些人忙死,有些人闲死"的状况,不过对于实施者调用资源来说,这确实是非常理想的组织方式。当然,公司是否采用这种组织方式,一般并不是实施者能说了算的,如果达不到这种理想状态,那么至少可以想办法在公司争取一定的奖惩权。如果你能够对员工的绩效评分、奖金、调薪、升职等事项产生影响,那么你就更容易安排他的工作,那些没有这种权利的人如果想跟你争夺资源,自然更困难。

4）提高职场素养

实施者的职场素养会影响资源争夺。如果你是个兢兢业业、工作踏实的职场人，工作认真，信守诺言，让人信任，那么当你在公司争取资源时，就具有某种优势，因为领导觉得把人与物交到你手里放心。领导更容易相信你的话，自然愿意给你调派资源。反之，如果你职场素养不高，让领导觉得不放心，你说的理由也不知道真假，资源给你也不知道是不是真的能发挥作用。在这种情况下，你就很难争夺到资源。

5）盯紧资源

如果某人手头同时有几件事情需要处理，通常情况下，哪个当事人盯得紧，他就会优先处理哪件事情。行走职场，必须要了解这个资源争夺的基本原则。

也许你好不容易说服某人做你的事情，或者好不容易找领导安排了谁做你的事情，或者在职权范围之内下发了指令要求某人完成某项任务，但如果你不盯紧任务执行人，很有可能他做着做着就搁下了，因为他认为有更重要的事情需要去做，或者因为其他人盯得紧就去做其他人的事情了，资源就被别人夺去了。

盯紧执行人，主要就是要适时跟踪任务完成情况，需要根据任务的长短及重要性等特点决定跟踪计划，或者让执行人根据一定的规则汇报进度。遇到那种可以在极短时间内完成的紧急任务，你甚至可以考虑就坐在他旁边，看着他搞定。

6）搞好同事关系

搞好同事关系对争夺资源也是有帮助的。一个人如果要同时处理几件事情，他跟你关系好，自然愿意优先处理你的事情；如果跟你关系一般，甚至非常讨厌你，自然对你的事情不会太上心，能拖则拖，不能拖也不会认真处理。

要搞好同事关系，要学会如何跟同事友好相处：说话与做事要习惯站在他人角度思考问题，不要以自我为中心；助人为乐，在力所能及的范围内尽量帮助他人；讨论问题时，如果需要争论，要就事论事，不要搞人身攻击；当需要竞争时，要光明正大，不要耍小聪明使阴招；当发现同事有优点时，要不失时机地赞扬他。

11.3.4　第三方不重视

一般当系统需要跟其他 IT 系统进行协作时，项目实施就会牵涉第三方配合的问题。我们知道，如果项目实施需要第三方配合，会给项目带来不可控的风险，主要原因是第三方的系统早就在那里存在并运营着，跟你正在实施的系统是不是要协作，协作是否能成功，对他们影响很小，自然远远不像你这么关心项目的成败。

如果在上线过程中需要第三方实时配合，那么非常有可能成为上线的障碍，实施者要小心应对，因为一旦进入上线过程，就意味着一场战斗已经打响，这个你控制不了的第三方如果掉链子，显然是非常危险的。

赵峰在甲方实施生产管理系统。系统需要跟车间里的部分机器做对接，将生产过程中需要用到的指令信息传入机器用于加工生产。这个写入过程需要机器供应商配合。供应商提供了接口文档，以及用于对接、调试的模拟器，乙方研发人员根据接口文档开发了接口，在模拟器上也调试通过了，但要将指令直接传输到机器上，则需要机器维护工程师协助。

赵峰找到机器供应商，希望他们能安排技术人员协助上线，但供应商并不愿意，说最近生意太忙，实在安排不了人手。最后赵峰找甲方领导施加压力，并同意支付工程师的服务费用,他们才愿意安排工程师来协助上线,确保加工指令能够正确发送、接收。

　　赵峰根据机器供应商答应的日期修改了实施计划,将需要发送指令到机器的工作安排到那一天,其他工作可以先开始。

　　到了那一天,项目组都做好了充分的准备,等待机器工程师到场一起工作,完成这个麻烦的任务,然而,就在大家翘首以待时,工程师打来电话,说在另外一个客户那里维修机器,不处理好人家就要停产了,实在跑不开,具体什么时候能来还不一定,抱歉的话说了一大堆。

　　唉,到了这个关键时刻,如果不能传输加工指令,上线工作就必须要停下来了。赵峰顿时觉得天旋地转。

第12章

业务上线与验收

思维导图

业务上线就是让甲方开始正式使用新建立的数字化管理系统。上线工作主要包括制订上线计划、进行上线动员、完成数据初始化、上线进程推进、停用旧系统等工作,停用旧系统是业务上线工作完成的标志。

业务上线后,需要甲方验收,也就是组织相关人员,根据一定的验收流程对系统进行核查,看是不是符合某种验收标准。如果符合就验收通过,表示甲方承认乙方已经按质按量完成了相关工作;如果不符合,就验收不通过,乙方需要整改。

业务上线的过程是个实现管理变革的过程,用户为了适应新的工作方式不得不改变自己的工作习惯,很多时候都是非常不情愿的,实施工作因此会遇到每一项变革都会遇到的阻力,在准备业务上线的时候一定要有充分的思想准备。

12.1　业务上线

业务上线的总目标是在项目相关领域停止甲方原来的业务处理方式,改用以本系统为基础的新处理方式,让这个领域的数字化管理体系开始运营起来。实施者在工作过程中,要时刻抓住这个目标,以这个目标为出发点,规划行动路径,驱动各方面的工作。业务上线过程一般包括制订上线计划,进行上线动员,系统数据初始化,上线推进,停用旧系统这几个大的工作步骤。

12.1.1　上线计划

第4章已经谈过如何制订项目计划了,实施者在实施过程中应该认真制订项目计划,并且根据项目的实际情况及时更新、维护计划,任何时候都要努力保持项目计划的有效性。但要知道,在项目实施的不同阶段,对项目计划的要求是完全不一样的。有的阶段,计划可以非常简单甚至可以忽略;而有的阶段,不认真做好计划,简直寸步难行。上线阶段无疑属于后一类,因为这个阶段的工作牵涉项目相关的所有人员,小项目可能也有几十、上百号人,大项目的人数更是成千上万,要把这么多人员组织起来,严格按照某个时间节点去处理他们并不熟悉的任务,如果没有严密的工作计划,真的很难做好。

赵峰在甲方实施一款大型数字化管理系统。甲方是一家电气企业,主要包括采购部、原材料仓库、塑件仓库、金属件仓库、成品仓库、注塑车间、冲压车间、组装车间、销售部、财务部等部门。生产方式包括面向订单生产与面向库存生产两种方式。经过前期大量的实施工作之后，现在准备上线了。在跟相关人员进行了认真的沟通之后，赵峰制订了一份上线计划，如图 12-1 所示。

任务			里程碑	开始时间	结束时间	乙方责任人	甲方责任人
上线动员				9月1日	9月7日	赵峰（项目经理）	陆成锋（总经理）
	动员准备			9月1日	9月5日	赵峰（项目经理）	薛志国（项目经理）
		确定上线日期	里程碑	9月1日	9月1日	赵峰（项目经理）	薛志国（项目经理）
		确定动员方式		9月2日	9月2日	赵峰（项目经理）	薛志国（项目经理）
		准备动员材料		9月3日	9月5日	赵峰（项目经理）	薛志国（项目经理）
	动员会			9月6日	9月7日	赵峰（项目经理）	陆成锋（总经理）
		中层动员		9月6日	9月6日	赵峰（项目经理）	陆成锋（总经理）
		关键用户动员		9月6日	9月6日	赵峰（项目经理）	薛志国（项目经理）
		基本用户动员		9月7日	9月7日	赵峰（项目经理）	薛志国（项目经理）
系统初始化				9月8日	9月17日	赵峰（项目经理）	薛志国（项目经理）
	初始化数据收集			9月8日	9月15日	冯浩（实施工程师）	薛志国（项目经理）
		收集员工信息		9月8日	9月8日	冯浩（实施工程师）	王川宜（HR主管）
		整理员工信息		9月8日	9月8日	冯浩（实施工程师）	白晓斌（IT部软件工程师）
		收集车间机器信息		9月8日	9月8日	冯浩（实施工程师）	毛海涛（计划部主管）
		整理车间机器信息		9月8日	9月8日	冯浩（实施工程师）	白晓斌（IT部软件工程师）
		原材料仓库盘点		9月15日	9月16日	冯浩（实施工程师）	宁刚山（仓管员）
		原材料仓库库存信息整理		9月17日	9月17日	冯浩（实施工程师）	白晓斌（IT部软件工程师）
		…… ……					
	初始化数据导入			9月15日	9月18日	范青松（研发经理）	薛志国（项目经理）
		建立组织结构		9月15日	9月15日	范青松（研发经理）	薛志国（项目经理）
		建立用户		9月15日	9月15日	范青松（研发经理）	薛志国（项目经理）
		员工信息导入		9月16日	9月16日	范青松（研发经理）	薛志国（项目经理）
		机器信息导入		9月17日	9月17日	范青松（研发经理）	薛志国（项目经理）
		BOM信息导入		9月17日	9月17日	范青松（研发经理）	薛志国（项目经理）
		工艺路径信息导入		9月17日	9月17日	范青松（研发经理）	薛志国（项目经理）
		原材料仓库信息导入		9月18日	9月18日	范青松（研发经理）	薛志国（项目经理）
		…… ……					
上线推进				9月19日	9月30日	赵峰（项目经理）	陆成锋（总经理）
	原材料仓库			9月20日	9月30日	赵峰（项目经理）	宁刚山（仓管员）
		仓库出入库		9月20日	9月30日	赵峰（项目经理）	宁刚山（仓管员）
		仓库整理		9月23日	9月30日	赵峰（项目经理）	宁刚山（仓管员）
		仓库盘点		9月28日	9月30日	赵峰（项目经理）	宁刚山（仓管员）
		仓库账务		9月30日	9月30日	赵峰（项目经理）	宁刚山（仓管员）
	塑件仓库			9月22日	9月30日	赵峰（项目经理）	贺陈文（仓管员）
		仓库出入库		9月22日	9月30日	赵峰（项目经理）	贺陈文（仓管员）
		仓库整理		9月25日	9月30日	赵峰（项目经理）	贺陈文（仓管员）
		仓库盘点		9月29日	9月30日	赵峰（项目经理）	贺陈文（仓管员）
	…… ……						

图 12-1　项目上线计划

要想做好上线计划，应注意如下几点：

首先，上线计划需要对上线阶段的工作进行展望，如果没有丰富的经验很难做好这个计划。你不知道未来会发生什么，怎么能做好计划呢？为了弥补自己经验的不足，建议在编制上线计划之前，可以试着先去寻找其他类似项目的资料，很多乙方都是有项目资料库的。如果能有一份其他高手制订的上线计划作为参考资料，你一定可以少走许多弯路。

其次，上线牵涉项目相关的几乎所有人员，会或多或少地影响这些人的正常工作，为了确保计划在未来可以顺利推行下去，需要尽可能跟相关人员沟通讨论，例如确定重要的时间节点，如何避免让某些员工在某个时间段工作量暴增，商量如何安排各种资源，等等。如果这个项目对某些岗位的工作影响巨大，那么在编制计划时，一定要跟这些岗位的人员或者他们的主管做好沟通与协调，否则计划执行起来一定非常困难，甚至根本执行不下去。

再次，上线计划要跟实际工作合拍，也就是说在上线过程中，各种工作步骤不能脱离甲方业务工作的节奏。实施是帮助业务人员使用 IT 系统处理业务，在确定关键时间节点时，需要根据业务管理的具体要求进行,不能拍脑袋随便决定。例如,大学的迎新系统自然需要在新生入学之前上线,上线节奏跟新生入学同步;财务管理系统上线节奏自然需要跟会计账期同步。

最后,制订上线计划的主要目的是用来指导相关人员协同工作的,那种对目的没有什么帮助的任务就不要编写在计划中了,不仅起不到作用,还会让人抓不住重点。有些人编写的上线计划,把任务颗粒度弄得非常细小,几日几点几分配置某参数,几日几点几分录入部门,几日几点几分录入岗位……这种计划没有太大的意义,一来,这么细致的工作安排一定非常脆弱,稍微遇到一些特殊情况就无法执行下去;二来,这些小任务会将重要的计划信息淹没,导致计划失去应有的作用。计划是用来组织人员协同工作的,不是工作指导书。例如,上线计划中关于培训的安排,只要关注谁在什么时候对什么人进行培训,以及各相关人员如何参与即可,而项目组准备培训材料以及演示数据的细节,跟协同工作无关,就没必要在上线计划中过多描述。

12.1.2　上线动员

系统上线需要组织很多人协同工作,对时间节点要求严格,还可能会让很多员工的工作量大幅增加,总之是一项非常艰巨的任务,因此在正式开始之前需要进行上线动员,这有点类似于军队战斗之前的誓师大会。

如果项目规模小,涉及的人员少,对当前工作影响不大,那么动员工作就可以非常简单,可能在某个例会上让领导说两句,甚至发个邮件,发个即时消息,通知一下上线的时间,分发点资料就行了。但如果规模庞大,牵涉人数众多,就需要正儿八经地动员了,要有点仪式感,好让相关人员重视起来,慎重对待后面的工作。相关人员如果数量庞大,就需要分级动员,例如先动员部门领导,部门领导再动员相关员工。

动员并不仅仅是开会宣讲一下,还需要准备动员资料分发给相关员工,例如,各个岗位在上线期间需要完成的工作,需要掌握的知识点,需要注意的事项,发生问题后的处理方式,如何跟项目组沟通,等等。

12.1.3　数据初始化

甲方的业务总是在持续不断的运营中,在实施项目前中后期都不会停下,因此任何工作都跟以前的工作成果有着千丝万缕的联系,受到它们约束,需要它们支持。上线需要让用户在系统中处理手头的业务工作,自然需要系统能够预先提供足够的数据以实现对这些工作的约束、支持。另外,还有很多基础数据,如果没有它们业务就不可能在系统中运营下去,例如用户、员工、部门、机器等。以上这些信息,需要在业务上线之前输入到系统,这就是数据初始化。

1. 初始化数据的类别

系统上线,需要初始化的数据一般包括以下这些类别:

1)系统配置数据

很多系统会提供一些参数配置开关,实施者可以通过这些参数灵活配置系统的运行逻辑,以适应甲方的需求。在上线前,需要仔细配置这些参数,让系统满足甲方的业务要求,这是系统数据初始化的第一步。

2）静态数据

所谓静态数据，指的是那种在一段时期内基本保持不变的数据，例如，系统数据字典、用户资料、部门、岗位、机器、供应商档案、客户档案、物料档案、产品 BOM 等。当然，没有什么数据能一直保持不变，只是相对于那些时刻处于动态变化中的数据，这些数据变化频率较低，在相对较长的一段时期内保持静态。系统初始化时，这种数据的处理相对而言要简单一些，因为对时点要求不太高，可以提前输入系统，只要能保证在输入之后，到系统正式上线之前，不发生变化就行，或者即使发生了变化，也是非常少量的，只需要在系统中微调就行。

3）动态数据

动态数据指的是那种几乎每时每刻都在发生变化的数据。甲方总是处于不断运营中，只要是跟业务处理息息相关的数据，每时每刻都会发生变化，例如，生产单、调度单、验收单、发货单、生产统计、电表读数、考勤打卡记录、公文流转记录等。系统上线时，业务处理过程跟这些数据的实时状态关系密切，因此，系统初始化时，就要卡在某一个时点输入，保证这个时点系统中的数据跟实际业务状态是一致的，例如，明天上线需要根据生产单安排生产，那么需要保证系统中的未完成生产单数据跟当前业务状态一致，才能保证生产任务可以下发、汇报等；明天要发料，要保证系统中物料结存跟仓库实际存货一致，才能保证发料可以顺利进行。

相对于静态数据，动态数据的初始化要麻烦得多，最主要的原因是实时性要求高，需要在上线前一天处理好，这也是很多项目在上线前忙得火烧火燎的原因之一。也因为这个原因，很多实施者都会选择在节假日之后的第一天上线，因为需要在节假日做这种动态数据的初始化工作。

4）历史数据

历史数据是指以前的业务活动所产生的数据。这些数据跟当前的业务并没有直接关系，没有这些数据，对上线也不会有太大的影响，例如，以前的生产数据统计记录、已经完成的采购单（或者销售单、生产单之类）、以前年度的会计账目等。一般在系统数据初始化的时候，是不会输入历史数据的，但有些特殊的业务在处理时可能离不开必需的历史数据，这时就要考虑在初始化的时候输入。例如，某计划员编制月度生产计划的时候，需要用到上个月的生产统计数据；某成本会计计算产品标准成本的时候，需要用到全年的生产成本数据。

虽然历史数据的量级可能很大，但对输入时点要求不严格，可以提前进行初始化（跟静态数据类似），难度也不大。然而历史数据初始化可能会遇到另外一种困难，就是需要在系统中表达出历史业务。输入历史数据并不是简单录入，而是在系统中模拟历史业务的进行过程，有的时候，可能本系统的设计并不支持这些历史业务，因为新的系统是为新的要求设计的，这个新要求可能会跟历史业务相冲突（特别是与流程重组幅度较大的业务），这才是历史数据初始化最麻烦的地方。

2. 数据初始化的方法

系统数据初始化，如果项目规模稍微大一点，那么需要往系统中输入大量的数据记录，手工录入工作量很大，因此一般需要采用某些批量导入的方法，将数据快速输入系统。常见的输入初始化数据的方法包括：

1) 手工录入

由实施人员将初始化数据一条一条地录入系统的输入方式。这种方式只适用于数据量较少的情况，或者通过其他方式导入数据后，对少量数据进行微调。

实施者在工作过程中经常需要录入大批量数据，建议学会使用某些键盘、鼠标录制工具。这种软件可以将键盘、鼠标的操作过程录制下来，然后根据需要回放。最常用的场景是，将数据从其他地方复制到 Excel 文件中（对于大部分初始化数据，在整理的时候都会做成 Excel 文件），然后，将第一行数据的录入过程录制下来，再然后，循环播放就行了，这样软件会将 Excel 中的数据逐行自动拷贝到系统中，可以将你的录入效率提高几十倍。本书作者经常使用的一款录制工具叫"TinyTask"，只有几十 K，也不需要安装，拷贝过来就能用，感兴趣的可以到网上搜索一下。

2) 用户导入

用户导入，就是使用系统提供的数据导入功能导入数据。一般在导入之前需要将数据做成标准格式，例如 Excel、CSV、TXT 等，关键是需要符合导入程序的格式要求。

为了支持从用户界面导入初始化数据，自然需要系统提供相应的数据导入功能，有些数据导入功能的开发并不容易，因为要完全模拟在界面录入相关数据的过程，每项数据的验证、数据跟数据之间的关联关系、业务逻辑约束关系、错误的处理等，都需要导入程序处理，这样，自然大幅度增加了开发工作量。但如果提供这种功能，就可以将数据初始化的工作交给实施者甚至最终用户，如果不提供这种功能，很可能需要研发人员亲自处理，究竟如何取舍，要看团队与项目的具体情况。

3) 程序员导入

程序员导入，就是让程序员开发临时性程序，或者使用某些开发工具，通过 SQL 语句导入数据。一般的场景是，实施者将数据通过 Excel 文件整理好，然后发给程序员，程序员想办法导入系统。相对于使用界面上提供的导入功能，这种方法灵活，可以导入各种各样的数据，反正是往数据库表中直接插入数据，程序员总能想到办法。但这种方式存在较大的风险，因为可能缺少对待导入数据的严格验证，容易造成系统数据的混乱，要知道，把一批数据"灌入"数据库表中很容易，但要保证每条数据都符合系统的逻辑约束就难了。

4) 数据抓取

有些初始化数据并不是用户手工一条一条整理的，而是来自其他系统，例如，做 ERP 系统，其中的员工信息可以从 HR 系统中获得。如果可能，这时可以考虑采用数据抓取的方式，通过程序直接从其他系统抓取数据，例如，可以通过接口直接从其他系统的数据库中拷贝数据，通过爬虫技术从其他系统的网页上抓取数据，等等。这种方式，不需要手工整理初始化数据，工作量自然会降低很多，但会面临同样的风险。

12.1.4 上线推进

做好准备工作之后，选一个合适的时点，就可以正式上线了。上线并不是领导下个命令就会顺利进行下去的，需要实施者推进这件事。业务上线过程，有些像巨轮启航，从静止到正常行驶，这个过程是非常艰难的，一旦启航成功，就可以靠惯性航行，只要稍微加点动力就行了。

1. 上线推进过程中可能遇到的问题

在上线过程中,实施者需要组织、协调、帮助各相关岗位的人员使用系统处理业务,保证上线计划得到有效执行,解决遇到的各种问题。这些问题千奇百怪,需要实施者想办法逐个解决,否则很难将这项工作顺利推进下去。我们可以将上线过程中遇到的问题大概分成四大类:

1)系统的问题

上线过程中遇到系统问题是正常不过的事情,例如,系统出现 Bug 让事情没办法处理,网络出现拥塞导致系统不能访问,程序性能不高导致访问卡顿,系统提供的功能不能处理当前的工作,系统设计有误导致不能表达甲方业务,等等。对于实施而言,这类问题相对而言是比较容易处理的,因为大部分情况下,解决系统问题不需要甲方配合,都是乙方单方面能够解决的,只要你有个坚强的技术团队做后盾,解决这些问题一般都不会太困难。

赵峰在甲方实施 OA 系统。他在处理工作流的时候,经常要用到员工的上下级关系,系统逻辑是这样的:一个员工可以跟另外的员工建立直接的上下级关系,一个下级可以有多个上级,一个上级可以有多个下级,也就是说上级跟下级之间是个多对多的关系。这样,一个员工有多个下级、多个上级都可以表达,看样子已经涵盖了现实中所有可能发生的上下级关系。

然而,在上线的时候却遇到一个问题:老孙兼职两个岗位,一是甲车间的车间主任,这时候,他的上级是分管制造部的副总王总;另一个是工会主席,这时候,他的上级是分管行政的副总李总。这不是问题,因为系统中很容易表达一个人有两个上级的情况。

问题是老孙的直接下级有两类,一是甲车间的班组长,一是工会的办公人员,例如,甲车间 B 班的班长小冯,工会会计小陈。上线的时候,正好遇到小陈要休产假,就在系统中发起了请假申请的工作流。根据甲方人事规定,员工请假,需要直接主管审核,如果超过七天,还需要主管的上级审批,也就是说,小陈请假,需要老孙先审核,然后再由李总审批。很遗憾,根据现在系统的逻辑,老孙审核后,系统就不知道将任务推送给谁了,王总、李总都是老孙的上级,但这事跟王总没有关系,系统表达不出这种业务逻辑。

赵峰遇到这个问题后,经过深入研究,发觉要想在短时间内修改这种系统结构性的问题不现实,只能让老孙自己手工选择推送人员。可老孙有些粗心,选错了好几次,被王总、李总分别叫过去训了一顿。这让老孙非常不愉快,跟赵峰说明明是你们系统不完善,怎么能让我背锅呢?

赵峰经过再三权衡,决定让研发修改软件。修改思路是这样的:用岗位来表达上下级的关系,甲岗位的上级是乙岗位,如果某个员工属于甲岗位,那么他的上级就是乙岗位的员工,谁在乙岗位,谁就是他的领导。如果乙岗位有多人,那么就意味着他的上级有多个人。这样,小陈请产假时,系统只要根据她的当前岗位"工会会计"找到上级岗位"工会主席",然后再找到"工会主席"的上级岗位"行政总监",老孙这种兼职的问题就迎刃而解了。

2)员工的问题

员工的问题包括两种,一种是客观上的,另一种是主观上的。

所谓客观问题,指因为员工的工作能力带来的上线问题。例如,没有学会系统功能导致不知道如何操作,没有掌握新的管理流程导致有些业务不知道如何处理,工作太忙抽不出时间处理相关任务，流程重组后岗位责任划分不清导致有些事情没有责任人，被领导临时安排负责其他事情，等等。针对客观上的问题，实施者在上线准备阶段应该提前预判，尽量提前处理，不应该让这些问题在上线的时候出现，至少应该出现得很少。

而主观上的问题，指的是因为员工的工作态度带来的上线问题，例如，不执行上线期间的工作安排，不配合其他协同岗位的工作，明明自己能解决的问题不认真处理，发现处理不了的问题不上报，粗枝大叶导致流程、数据错乱，等等。主观上的问题，处理方法可以参见第11章风险防范相关内容，这里要着重提醒一下，如果项目组缺少足够的权力，没有有效的管理手段、奖惩措施，又得不到甲方领导的有力支持，这类问题可能会成为业务上线的巨大障碍。在下面的故事中，主人公在业务上线时就遇到了甲方员工在主观上不愿意配合的问题，看看他是怎么处理的吧。

项目部的故事："江湖老大"做项目

雷老大姓雷，轰天雷的雷。可能跟性格有关系吧，他的手下都习惯于叫他"雷老大"。刚认识他的时候，他正带着团队在客户那边开发项目，我被公司安排在他手下做实施专员。

我刚到项目组没多久，雷老大因为有别的事情需要离开一段时间，找我商量工作安排。他对我说："我有些事情要处理，估计要离开一两个月，这段时间我想让你负责项目管理的事情。"

我一听就有些紧张起来。说实话，我那时候虽然实施过不少项目，但从来没有正儿八经地带过软件团队，忽然一下子让我管十来个人，心里真是没底啊。犹豫了一会儿，我说道："这个项目挺复杂的，我又没带过软件团队，恐怕不能胜任，不要把事情搞砸了，你还是找别人吧。"

他拍拍我的肩膀说道："放心吧，我看好你，你就大胆地搞吧，有什么困难就给我打电话。"然后，他又砰砰地拍着胸脯说道："放心吧，天塌下来我给你顶着！"

"我到公司时间不久，团队里比我资历深的有好几个人呢，如小钱、老孟他们，怎么不让他们负责呢？"

"我看得出，你有领导气质，带团队应该是把好手。他们不行，不是那块料。"

"我怕到时候他们不听我的啊。"

"我会跟他们做好交代的，谁敢不听你安排，哼，看我回来不打断他的狗腿。"

虽然有些畏难情绪，但想到可以有个机会积累点管理经验，我还是决定接下这活了。当我准备离开时，他叫住我："小杨，我丑话说在前头，朱元璋有句话'金杯供汝饮，白刃不相饶'，你有什么要求尽管提，我一定尽我所能帮你解决，不过你要是把项目搞砸了，我可不客气啊，到时候可别怪我拿你祭旗。"

我被他说得一激灵，恍惚之间感觉自己闯进了某个黑社会的香堂，雷帮主高坐太师椅，手持令旗令箭，指挥千军万马。

雷帮主走了，把项目组丢给了我。

我第一次带团队，自然非常努力，希望能不辱使命。还好，由于兄弟们的不懈努力，工作还算顺利，终于可以上线了。

然而，还真遇到了麻烦，有个车间不太配合。动员过了，也培训过了，切换要求也发布了，但那个车间的工作人员置若罔闻，还是坚持采用原来的方式处理业务。我去问他们怎么

不用新系统,他们一会儿说不好用,一会说不会用,一会儿说没时间用,反正总有千奇百怪的理由在等着你。

我去找他们领导王主任:"王主任,系统需要上线了,上线要求开会说过好几次了,你的人还在用原来的方式处理业务,我想听听你的意见。"

"我只管能不能把产品保质保量生产出来,他们用什么方式处理,那是他们的事情,我才不管。"

"上系统的目的就是让车间能提高工作效率,提高产品的质与量,怎么能不管呢?"

王主任不以为然地看了我一眼,说道:"那你需要我干什么呢?"

我说:"这时候只能往下压了,需要你下命令,让他们用新系统工作。"

王主任说:"你们做系统,应该吸引员工让他们喜欢上你们的系统,怎么能让我压下去呢?"

我说:"信息化管理系统涉及很多管理变革,无论做得多好也不可能每个人都喜欢,必要的时候就得压一压啊。"

王主任接着说:"强扭的瓜不甜! 你看人家用 QQ,用 Word、Excel,哪个是压下去的,不都是产品吸引了用户,自然而然就用起来了? 好东西人家自然喜欢用。"

现在想来,这种说法明显是将管理软件跟社交软件、办公软件这些混为一谈,但那时候造诣有限,一时半会儿也不知道说什么好了。

我气愤地回到项目组,一筹莫展,坐在那里发呆想辙,忽然有人在我后背重重地拍了一巴掌:"小杨,脸色不对嘛,怎么这么个半死不活的熊样?"

哈哈,雷老大回来了,我忽然觉得整个人都放松下来了,刚想将王主任的事情跟他讲,但闻到他身上有股酒气,就停下话头,问他:"老大,你喝酒了? 工作时间,喝什么酒呢?"雷老大就这点好,他不会跟你客气,你跟他直来直去他也不以为忤。

"没办法,在公司门口正好遇到他们总经理,拉我吃饭,硬让我喝了几杯。"

我迟疑了一下说道:"本来有个事情要跟你说,要不还是等明天再讲吧。"

"快说,想急死我呀!"

我把跟王主任沟通的情况跟他汇报了一下,雷老大就带着我杀到王主任办公室。

他不客气地说道:"王主任,我就不懂啦,别的部门都配合工作,就你这里不配合,你什么意思?"

王主任就将先前跟我说的理由又说了一遍,雷老大一摆手说道:"这个理由根本不成立,我不跟你说那么多,你们不想用系统当初就不要买,买了就得用。"

王主任说:"还不是因为你们的系统不好用!"

雷老大说:"胡扯,要么你说出系统哪里不好用,要么明天上班就必须用系统处理事情,否则我就不客气了!"这话明显带着点酒劲。

王主任冷笑几声就要出门而去,雷老大一把抓住他的肩膀说:"还没谈完呢,先别走。"

最后,王主任实在没办法,只好将相关的组长找来开会,做了布置,要求明天使用新系统。

我知道,如果过了这个车间的关,项目实施基本就成功了,因此非常慎重,第二天一上班我就到他们车间来了。然而,他们工作电脑是打开了,系统也启动了,但只停留在登录界面,工作人员还是在手填单据。我非常恼火,问他们为什么不用系统,他们说今天有紧急任务,来不及了,明天就用。

我打电话告诉雷老大,他很快就来了,二话不说,一把将车间人员填写的单据扯得粉碎,一边扯一边说:"不用系统就不要干活儿了!"这下好了,停摆了,车间办公室的人面面相觑,不知道该怎么办。

不一会儿,王主任来了(肯定是有人去报告了),所有的管理人员都围过来看热闹,我们项目组的人也都来了。王主任气得嘴唇发抖说不出话来,雷老大手中拿着一把不知道从哪找到的长尺子,一脸的大义凛然,站在那里颇有些剑侠的感觉。

旁边有个程序员偷偷说:"这是要决战紫禁之巅啊。"

还有个家伙接话:"一剑西来,天外飞仙。"

我狠狠地瞪了他们一眼。

好事不出门,坏事传千里,人越聚越多,连安保部都来人了。后来,他们董事长也来了,了解了事情的来龙去脉之后,将王主任狠狠训斥了一顿,后来还发布了对王主任的处罚通知。

接下来,我们的上线工作出奇的顺利,在每个部门都得到了强有力的支持。做了这么多的项目,还没有哪个项目上线这么顺利过。究其原因,还是某个车间调度员说到点子上了:"你们那个神经病老大,我们可得罪不起。"

3) 管理上的问题

上线过程中遇到的管理上的问题,是指因为甲方的管理流程、管理要求跟新的数字化管理体系不相适应而产生的问题。例如,某业务没有根据要求进行流程重组,某员工被安排的工作内容在新体系下根本无法完成,某管理流程忽然发生了变化导致系统无法处理,需要协同工作的员工因为分工不明确导致互相推诿,前道工序填写的表单信息不能满足后道工序的要求,等等。

上线过程中遇到甲方管理上的问题是非常常见的,这些问题往往需要各级管理者出手才能解决,很多管理上的问题甚至需要相关业务领域的一把手才能处理,为了解决这些问题,需要实施者跟各级管理者保持良好的沟通。

4) 乙方的问题

上线过程中也可能遇到乙方自己的问题。例如,某个重要人员正好离职或工作调动,导致相关问题突然没有人处理,因处置不公导致某些人有不满情绪消极怠工,实施者工作能力不够导致工作安排失误,程序员删库跑路(这种事情遇到的概率很小,但不能不防),等等。

一般来说,实施者遇到乙方自己的问题,处理起来相对要容易一些,至少心理压力没有处理甲方的问题那么大,因为大部分情况下,如果自己处理不了可以汇报领导,让项目经理、项目总监甚至老板来处理,毕竟他们跟自己是一条心的,都希望项目实施早点成功完成,都等着验收回款。

2. 学会处理问题

上线推进的主要工作,就是要解决前面提到的各种问题,有些问题,如果实施水平到了一定的境界,就可以提前预判,在上线准备阶段做好预防及应对措施,有些问题需要在上线过程中遇到的时候即时处理,见招拆招。相同的问题,不同实施者的处理方式是不同的,结果也完全不一样,有人借着解决问题的机会让项目向目标不断迈进,有人穷于应付各种类似问题,摁了葫芦起了瓢,看不到成功的希望。下面介绍一些处理问题的原则,希望读者在工作中能够学会思考,灵活运用,不断提高自己解决问题的能力。

1) 要考虑可行性

处理问题的方案,首先要考虑它的可行性。之所以把可行性排在第一位,原因很简单,没有可行性的方案无法执行,无法执行的方案等于没有方案,甚至还不如没有方案。有些方案开始看不透,等折腾了一大圈后才发现没有可行性,在耗费了大量时间与精力之后才不得不放弃,让人扼腕叹息。

赵峰在甲方实施仓储管理系统。在处理原材料采购入库的时候遇到一个问题:根据系统规划要求,原材料入库时需要根据材料的一些质检参数确定所属批次,建立材料的批次属性。然而,供应商刚刚送来的材料,甲方还没有进行检测,根本没有相关的参数信息。

有人提出一个方案:供应商送货的时候,先不要入库,等质检部检测完,得到了检测数据后再入库。

赵峰经过调查,发现这是个没有可行性的方案。根据甲方要求,供应商送货后,需要先入库,再打印验收单,供应商送货人员、仓库保管员签字后,供应商送货人持验收单的一联离开。如果需要先检测再入库的话,那么送货人员需要等待很久,如果是下午送货,可能需要等到第二天才能离开。这显然不现实。

2) 解决问题要考虑成本

无论采用什么方案,解决问题都要考虑成本因素。一般需要考虑这两方面的成本:一是方案的推行成本;二是如果按照这个方案一直运营下去,甲方需要支付的运营成本。前者是指这个方案从提出问题到解决问题需要付出的代价,如研发成本、培训成本、材料采购成本等;后者是指甲方如果根据这种方案长期、持续运营需要支付哪些日常费用,如打印耗材、维护用工、设备维护费用等。

3) 解决问题要考虑推行难度

推行难度过大的方案绝对算不上好方案。一般来说,具有如下特点的方案推行难度大:方案与员工以前的工作习惯相距甚远;方案对流程重组的要求太高;方案的收益需要很长时间才能看出来,可带来的不便立即可以感受到;方案给大部分人带来了收益,但非常严重地牺牲了一小部分人的利益;方案对员工的要求太过苛刻,比如需要背诵许多规则,需要人像机器一样做事情。

4) 解决问题要有系统性思维

解决问题要有系统性思维,不能一叶障目不见森林,拆东墙补西墙,要考虑这个问题的本质是什么,它产生的原因是什么,有没有什么关联的问题,对当前的工作目标有什么影响,解决这个问题后会不会引起其他连锁问题。

12.1.5 停用旧系统

停用旧系统是业务真正上线的标志。旧系统是甲方相关业务领域原来使用的信息系统,不一定是电子的,也有可能是手工的,还有可能是手工与电子的混合物。例如,甲方处理某领域的业务时,一部分在甲方自己开发的几个简单的软件系统中处理,一部分用 Excel 处理,还有一部分通过手工填写单据、登记台账处理。

停用旧系统后,相关领域中跟信息处理相关的工作完全采用新系统处理,不再使用原来的方式。一般来说,规模稍大一点的项目,上线推进的过程要一段时间,不可能所有业务在一夜之间就切换到新系统中,需要一个逐渐过渡的过程。有的项目这个过程可能会持续很久,几个星期甚至几个月都有可能。只有旧系统完全停用,才说明上线工作正式完成,当然了,上线完成并不表示上线成功,上线又下线的例子屡见不鲜。停用旧系统一般有两种常见的方式,一是并行法,二是突然切换法。

1. 并行法

所谓并行法,就是指在某一时期,用户使用新系统处理相关业务,但并不立即停止原来的方式,也就是说两种方式并行一段时间后再停用原来的信息系统。注意,这里所说的"并行"并不是说在这期间,一部分业务在新系统中处理,另一部分业务在旧系统中处理,而是说相同的业务在两个系统中都要处理。

如果采用并行法停用旧系统,那么在此期间,很多事情员工需要重复处理两次。例如,同一张单据,在新系统中录入的同时,也需要在旧系统中录入或者手工填写;同一批生产数据,在新系统中汇报的同时,需要在旧系统中也进行汇报。可想而知,有些员工的工作量会增加很多,特别是那种在新系统中工作量大的员工,工作强度暴增,会承受巨大的工作压力。如果决定采用这种方法,需要充分考虑这个问题,如果工作量增加太多,加班加点也完不成,那就应考虑配备临时助手,否则必将引来员工反抗,轻则抱怨吐槽、消极怠工,重则抗议离职,给上线工作带来巨大的风险。

采用并行法一般有两个原因:一是管理层或者项目组对新系统没有足够的信心,希望两个系统并行一段时间,好相互印证,证明新系统是可信的,然后才放心停用旧系统;二是为了对抗风险,如果上线失败不得不下线的话,原来的方式还在正常运行,并行法对当前业务的影响很小。

总之,采用并行法,风险小,但工作量大,容易影响士气。

2. 突然切换法

所谓突然切换法,就是当用户使用新系统处理某项业务工作时,立即停止在旧系统中处理该项工作。

采用突然切换法,用户的工作一旦在新系统中处理,就不会在旧系统中重复处理。很显然,使用这种方法,如果筹划得当,员工的工作量不会在短期内暴增,也避免了并行法那种重复劳动,对军心士气有好处。要知道,重复劳动的害处并不仅仅是增加几倍工作量那么简单,更重要的是,它会让人觉得自己把时间浪费在没有意义的工作上,从而会产生焦虑心理。

突然切换法最大的弊端就是风险大,一旦新系统出现问题,或者被证明不能满足当前业务要求时,就可能发生灾难性事件:新系统不能用,而旧系统已经停用,持续运营的信息已经出现断层无法在短期内重新启用,这样就会严重影响业务工作。因此,如果采用突然切换法,需要做好充分的准备工作,对新系统有非常大的把握,确保新系统即使出现问题也无碍大局,不会让业务无法运转下去。

12.2　系统验收

系统上线成功,经过或长或短的一段时间运营之后,就可以进入验收阶段。对于乙方项目组来说,系统验收成功是个里程碑事件,具有重要意义。

12.2.1 验收标准

验收标准就是甲方据以确定验收是否通过的根据。如果把项目实施看作一次考试,验收标准可以看作这次考试的及格线,达到及格线就可以验收通过,达不到就不通过。

1. 决定验收标准的因素

大部分项目都不会做个正规的文档来描述如何验收,也就是说,并没有一个非常明确的验收标准(当然,如果有这么个标准,实施者肯定是非常乐意的),那么最终验收的时候是根据什么进行的呢? 一般决定验收标准的因素包括招投标文件、合同、项目过程文件、用户的主观感受等。

1) 招标与投标文件

如果项目是乙方通过招标(或比价、磋商谈判等)获得的,那么毫无疑问,招标书、投标书之类的文件是影响验收标准的重要因素,有的时候甚至是唯一因素。一般在招标书中会专门描述本项目的采购需求,描述对乙方提供的产品、服务有什么要求。例如,提供哪些硬件产品,需要多少数量,对参数有什么要求;需要提供哪些软件产品,对功能有什么要求,对性能有什么要求,对技术有什么要求;需要解决甲方的哪些问题,等等。这些内容,无疑是验收标准的决定性因素。如果乙方最终提供的产品、服务没有达到招标要求,那么显然这个项目就没有达到验收标准。

当然,在项目实施时,不一定要完全满足招标文件的要求,因为还有投标书。乙方的投标书中需要阐述自己会如何满足甲方在招标书中所提的要求,如果有些要求乙方不能实现,或者有不同的方法实现,那么会在投标书中说明。也就是说,需要将招标书和投标书中的内容综合分析,才能得到招投标过程中确定下来的最终采购需求。

2) 合同

项目合同(或者各种协议)中关于产品、服务要求的条款,无疑是决定项目验收标准的重要因素。合同是双方的契约,没有根据合同提供相应的产品、服务,当然达不到验收标准。

在项目实施过程中,合同不一定是一成不变的。如果甲方需求发生变化,会导致需要乙方提供的产品、服务发生变化,这时候可能需要签署合同变更协议,双方同意改变原始合同的某些条款,增加、改变或者减少采购内容。在验收的时候,这些变更协议无疑也是合同的一部分,跟原始合同一样是影响验收标准的重要因素。

3) 项目过程文件

招投标文件也好,合同也好,对采购需求的描述一般都比较简略(特别是关于软件的部分),很难直接用来作为验收标准,只能作为验收的框架要求,例如有没有提供某功能,有没有在某业务领域使用起来等。至于具体的逻辑规则、界面设计、使用效果之类的要求,很少会在合同中详细描写。当然,有的时候,甲方在验收过程中并不是真的要核查系统是不是符合要求,只是为了履行某种手续,这种情况下用合同、招投标文件作为验收标准也在情理之中。

在项目实施过程中,会对合同中的采购需求逐步细化、结构化,达到可以用IT系统实现的标准。在这个细化与结构化的过程中,会产生一些项目过程文件,形成很多项目文档,其中有些文档对验收标准也有决定性的作用,例如需求调研报告、需求规格说明书、需求变更说明书、项目范围说明书等。从理论上讲,如果这些文档跟合同、招投标文件有出入,应该以合同、招投标文件为准,但实际上,大部分项目其实是相反的,因为很有可能甲方在招投标、签合同时,对自己的需求并不十分清楚,到实施的时候逐渐厘清了需求,项目自然是根据真正的需求实施的。这种情况下,根据合同、招投标文件验收当然就不合适了。

4)用户的主观感受

说起来也许有些奇怪,很多项目决定能不能通过验收的最重要的因素是用户使用系统的主观感受。也就是说,哪怕系统各方面都符合文档的要求,只要甲方使用起来觉得不理想,就不同意验收;或者反过来,哪怕系统并没有达到文档要求,但甲方使用起来觉得满意,就能通过验收。这种情况下,用户的主观感受就是验收标准。这里的用户,指甲方跟本项目相关的各个岗位的员工、各级管理者。

有些实施者可能非常不服,明明有合同与协议,明明某文档写得很清楚,只要我的系统满足了要求,就应该验收通过,甲方凭什么不同意,这不是故意刁难吗?说实话,这也是没办法的事情。一来,这些文档未必是甲方真实需求的体现,也就是说,并没有将甲方的要求充分表达出来。很多项目,甲方根本没有认真对待合同中的采购需求,对项目过程中的文件也没有认真确认,毕竟甲方不是搞IT的,对着文档确实不容易弄明白其中的描述对实际工作意味着什么,只有在使用系统的过程中,甲方才知道是不是得到了自己想要的结果。这时候让甲方根据文档验收,显然是不可能的;二来,文档做得再仔细、再完美,也只是文档而已,很多时候,用户的感受就在那些微不足道的细节上面,而这些小细节是永远不可能全都写到文档中的,就像我们买个商品,说明书与设计文档再好,都不如自己亲自使用的感受准确。

2. 验收内容

验收内容一般包括对硬件产品的验收、对系统的验收、对文档的验收、对工作流程的验收、对用户体验的验收等。

1)硬件产品

对硬件产品的验收,就是验证乙方提供的硬件产品是不是符合要求,一般包括硬件产品有没有根据要求交付并安装,品牌、型号、数量是不是符合要求,技术参数是不是符合要求,有没有相关的证明文件,等等。

2)软件系统

对软件系统的验收,也就是评估软件是不是符合要求,一般包括功能是不是齐全、业务逻辑有没有实现、界面是不是满足要求、系统是不是安全、数据存储是不是可靠,等等。

3)文档

很多项目,甲方不仅要求乙方提供系统,还需要提供跟系统相关的配套文档。一来甲方根据某些管理要求需要存档,二来以后可以根据这些文档自己学习如何更好地使用、维护系统,三来以后如果需要围绕系统做进一步扩展,这些文档也是重要的参考资料。这些文档一般包括需求规格说明书、软件设计文档、接口设计说明书、测试方案、软件使用说明书、硬件使用说明书等。对文档进行验收,就是要核查文档有没有按照要求全部提供,提供的文档是不是按照要求编写的,等等。

4)工作流程

有些项目,不但要求乙方提供软硬件产品,还要求乙方按照规范的流程进行工作,如果没有满足流程要求,则不能验收通过。例如,合同要求,乙方在软件开发之前,需要先将需求规格说明书让甲方审核,如果验收时乙方不能提供相关的审核确认文件,那验收就不通过;合同要求乙方交付系统需要对用户培训至少三次,如果乙方不能提供培训证明材料(如参与培训课的签名表),那么验收就不能通过;合同要求乙方在布线时,需要甲方责任人到现场监督(因为布线后会密封,验收的时候没办法核查数据线、电线是不是符合要求),如果验收时乙方不能提供当时的现场签字文件,验收就不能通过。

5)用户体验

对用户体验进行验收,就是核查用户对乙方提供的产品、服务是否满意,这种验收一般具有浓厚的主观性。由用户体验决定验收是否通过的项目很多,那种由领导拍脑袋决定是不是通过验收的情况,其实都可以归于这种验收,领导也是用户嘛。

赵峰在甲方做 OA 系统的实施,由于是标准产品,用户使用的基本都是标准功能,只有很少的定制。

系统上线了,赵峰找甲方对接人方科长,要求验收系统。

方科长拿着赵峰的验收单迟迟不签字,说道:"我不知道应该怎么验收啊,一般你们这种项目如何验收啊?"

赵峰道:"看有没有满足合同要求吧。"

方科长说道:"合同里又没写多少内容,只说要上 OA 系统,我不知道怎么验收啊,难道只要有个系统,我就签字?"

赵峰第一次遇到这个问题,真被难住了,说他没道理吧,好像又有点道理,说他有道理吧,好像又没道理。沉思了一会说道:"你可以问问使用的员工,如果都没有什么问题,就可以验收了吧?"

方科长想了想说道:"嗯,这个可以。这样吧,我做个调查问卷,看看大家反应怎么样,如果都没有问题,我就给你签验收单。"

6)其他

根据合同要求,或者甲乙双方的其他约定,还有可能需要验收其他的内容。例如,合同要求提供代码,那么验收时可能需要核查代码有没有提交给甲方,代码是不是能够编译出现在的系统;合同要求乙方帮助申请软件著作权,那么验收时需要核查软件著作权证有没有拿到。

12.2.2　验收流程

不同的甲方,不同的项目,对验收流程的要求是截然不同的。有些项目,验收流程随便得很,无非就是甲方某个对接人核查通过,就在验收报告上签字,这个流程就这么一个节点,甚至有可能都不需要验收,只要领导点头,直接付款就行了。

赵峰在甲方做项目实施。项目做得非常漂亮,赵峰跟甲方各方面的人员也相处得不错。因为甲方负责这个项目的 IT 部正好需要申请一笔款子,对接人贾经理就顺便把这个项目的项目款也一起申请了。项目还没有验收,甲方财务就把项目款打给乙方了。

没多久,赵峰找贾经理验收,要求在验收单上签字、盖公章。

贾经理说:"验收?还验个鬼啊,你们验收不就是要钱吗,钱都给你们了还验啥?"

赵峰说道:"可是合同中要求验收的,您不验收就表示我们没有履行合同啊。"

　　贾经理也有些火了："合同中要求验收,是说验收通过才付款,我们都已经付款了,这个验收条款就没有意义了,你这么死板干什么?"

　　赵峰犹豫了一会,讪讪地说道:"嘿嘿,说实话,没办法啊,我们公司坚持要求验收,没有验收就不给我们项目组算绩效,您就当帮忙吧。"

　　贾经理舒了一口气,说道:"关键是啊,我们单位盖个公章烦死了,要找一大堆人审批签字,我实在懒得弄,我只签字不盖公章行不行啊?"

　　赵峰想了想说道:"我也不知道公司是不是认可,先签吧,我回去再跟他们商量商量。"

　　有些项目,验收流程非常严格,有各种要求,例如要求先初验再终验,分阶段验收,要求什么人参与验收,要求验收过程如何推进,要求如何进行验收复核,等等。

某 IT 项目合同中关于如何验收的条款

　　乙方保证其应用软件的功能、性能、质量及运行效果与合同及附件中的所有要求相符。双方按本条规定的程序和标准对乙方交付的应用软件进行初验、移交、试运行和终验。

　　乙方按照甲方要求将应用软件开发完成后,应向甲方提交书面初验申请,甲方在收到申请后,按照附件要求进行初验,初验由甲方信息部负责,乙方应该提供必要的配合。如果系统符合附件中的初验标准,双方将签署初验合格证书。初验合格证书应由双方代表签字,一式两份,双方各执一份。

　　初验不合格,乙方应立即进行整改,直至符合附件要求。经乙方整改仍不能达到附件要求的,甲方有权解除本合同。

　　乙方在初验合格一周内向甲方提交应用软件的设计文件,包括但不限于软件开发计划、需求规格说明书、软件设计文档、软件架构文档、软件系统设计、软件安装前测试方案、测试计划、模块设计、模块组织、模块流程及各种接口设计文件,同时应提交应用软件开发各阶段过程文件及应用软件全部源代码,源代码需要可以编译成交付的系统。

　　应用软件初验合格后进入试运行期。试运行期限为 30 日。如果在试运行期间发现有不符合本合同附件要求的地方,乙方有责任对其进行更正直至满足甲方要求。如果因为软件质量和性能的原因造成整个系统瘫痪,试运行期将自系统恢复之次日起重新开始计算。试运行最长不得超过 60 日,超过该期间后仍不能达到附件要求的,验收不通过,甲方有权终止合同。

　　终验在试运行期届满后由甲方项目经理组织有关部门进行,除了跟本系统有关的使用部门,还包括审计部、财务部、工程监督部。如果系统符合附件要求,并根据要求提供了合格的文档,甲方与乙方将共同签署两份终验证书,一式两份,双方各执一份。终验不合格,由乙方负责更正。乙方更正后必须再次进行终验。如果再次终验仍不合格,甲方有权终止本合同。

　　终验合格并不免除乙方根据本合同规定的维护、服务责任。

12.2.3　如何应对验收

　　对于乙方来说,验收具有重要的意义。一来,验收成功表示甲方承认了自己的劳动成果,意味着项目实施成功完成;二来,大部分项目的付款方式都与验收息息相关,例如合同中有"验收后 10 个工作日之内支付项目总价的 70%"之类的条款,验收是否顺利自然直接关系到乙方的回款进度。那么，实施者应该如何应对验收呢？下面介绍一些注意事项，供读者在工作过程中参考。

1. 尽快确定验收方式

对于实施者来说，验收方式确定得越早，要求越明确，项目实施起来越容易。因为有了明确的验收方式，在实施过程中，更容易把握项目目标，更容易有针对性地处理问题、推进项目，就像我们参加一门课的考试，有考试大纲比没有考试大纲准备起来要容易得多。

因此，但凡有可能，最好在项目启动的时候就把验收方式确定好。如果甲方管理规范，可能对IT项目有比较严格的验收要求，那么需要尽早了解甲方的验收方式，最好能找到一些案例，看甲方以前是如何验收类似项目的；如果甲方对项目并没有严格的验收要求，那么实施者应该尽早让验收方式明晰起来，合同条款、招标采购需求、需求调研报告、需求规格说明书、项目范围说明书之类的文档，都可以作为验收标准，只要在工作过程中不断给甲方相关人员灌输某种思想，"以后我们就以这个文档为依据进行验收了"之类的，最后验收的时候，自然而然甲方就会以这个文档作为验收标准。

2. 时刻抓住验收目标

实施者在甲方实施项目，从项目启动时就要以通过验收作为努力目标，考虑如何应对验收应该贯穿实施者的整个实施过程，而不是等项目差不多要结束了再考虑这个问题。在职场工作，要知道一个简单的职场道理：以目标驱动行动，能够大大降低走偏的概率，会少做很多无用功。

有了这个目标之后，实施者在工作过程中就可以提前布局，确定达成这个目标的行动方案，例如，提早自查哪些工作结果不符合验收标准，及时收集跟验收相关的资料，砍掉跟验收无关的工作任务，等等。很显然，这样工作，比等项目做完了才准备验收，通过验收的可能性要大得多。

赵峰到甲方实施EHR系统。项目启动时，赵峰递给人力资源部主管（甲方项目经理）魏经理一份文件：上线验收单。

魏经理一脸疑惑，问道："你们刚启动项目，八字还没一撇呢，就让我签验收单，说不过去吧？"

赵峰说道："嘿，不是不是，我把这个先放在你这边，里面有验收条款，您看看，如果没有问题，我们项目完成后就以这个作为验收标准进行验收。如果有问题您提出来，我们再商量。"魏经理点点头。

第二天，魏经理把验收文件还给赵峰，说道："我看了，没问题，就以这个作为验收标准吧，这个还给你吧。"

赵峰摇摇手，说道："不不不，就搁你这里吧。以后觉得我们工作完成了，达到要求了，你就签给我。"

3. 把活儿干漂亮

要想验收顺利通过，把活儿干漂亮自然是必要条件。如果你们该提供的软硬件产品都符合要求、运营良好，该履行的手续都履行了，解决了甲方想解决的问题，让用户非常满意，总之，活儿干得非常漂亮，那么验收通过显然就非常容易了。把活儿干漂亮是实施者应对验收的基础，也是实施的底气。

　　当然，做 IT 项目，是需要团队作战的，需要项目组各个岗位的协作，需要甲方人员的通力配合，不是光靠实施者一人之力就能搞好项目的，让系统验收不通过的因素往往是项目组中的某些短板。每个实施者在工作过程中都应该随时反省，看有哪些工作有可能成为验收的短板，从而提前做好应对措施。

4. 跟甲方搞好关系

　　我们强调要尽可能明确验收方式，目的之一自然是希望增加验收过程的客观性，这个过程越客观，人为因素的影响力就越小，乙方就越容易应对。但现实是，在实际工作中，验收的主观性是避免不了的，很多时候都是这样的：如果甲方负责验收的人员不想为难你们，只要你们的活儿能过得去，对各方面都可以有个交代，他们就同意验收；反之，如果他们就是想为难你们，你们的活儿干得再好，他们总能找到瑕疵，不知道后续要付出多少额外工作量才行。

　　因此，为了赢得甲方人员的认可，或者至少让他们在验收的时候不会无理刁难，实施者在工作过程中需要跟甲方人员搞好关系，努力在融洽、和谐的气氛中做项目，不要把关系弄僵，让项目在斗争中进行。如果这样，甲方人员在验收的时候很难有"放你一马"的想法，你在前面靠"斗争"获得的收益，很可能会在验收的时候成倍还回去，何必呢。

5. 认真对待验收会

　　很多比较正规的项目，甲方会根据一定的流程要求发起验收会，组织相关人员一起讨论验收事宜。其实大部分情况下，验收结果都不是在验收会进行中得出的。甲方是不会无缘无故地组织验收会的，一定是对项目已经满意了，认为项目已经满足各方面的要求了，才会着手做这件事。验收会，毋宁说是验收，还不如说是为了履行某种手续，例如，甲方有这方面的管理要求，合同中有关于这方面的条款，上级领导有这种指令，等等。

　　因为这种原因，有些实施者容易犯一种错误，就是对验收会不够重视，认为验收会只是走过场，只是形式主义，随便敷衍一下就过去了。这种工作态度显然很危险，第一，如果态度不端正，会引起验收者的反感，觉得不尊重他，从而可能会想方设法找碴儿；第二，参与验收的人未必就是对项目熟悉的人，如果态度不端正，看上去不专业，他们就会起疑虑之心，从而不敢签字通过；第三，验收会组织一次可能并不容易，这次没有通过，也许会拖很久甲方才会重新组织一次，影响项目回款。何况，还有另外一种情况，就是项目的验收者跟使用者不是同一拨人，不管使用者多满意，他们就是要根据某种验收标准或文档，一条一条仔细核查的。

　　为了认真对待验收会，实施者的工作重点是快速证明自己的系统符合验收标准，或者至少让验收会的参与人员"感觉"你们的项目是符合验收标准的。

　　赵峰在某政府机构实施一款智慧城市管理系统。本项目是通过公开投标签单的，主要包括两大部分。一是软件，二是硬件设备。软件部分是纯定制开发的，根据甲方的要求定制开发智慧城市管理系统；硬件设备主要包括监控摄像机、网络键盘、硬盘录像机、服务器、辅材等。

　　系统已经完工，用户非常满意，现在到了验收阶段了。甲方是政府机关，对 IT 项目的验收有严格、规范的要求，并且主要负责验收的人员并不是甲方的系统使用者，而是由财政、审计、科技等部门派人成立的联合验收小组。

　　为了应对验收会，赵峰做了认真的准备工作：做了一个 PPT 文件，准备在验收会上向验收小组汇报项目的整体情况,主要阐述项目的工作成果,强调符合招投标书要求,另外,考虑到验收小组对系统并不熟悉,几乎不可能对系统进行仔细核查,验收的重点主要就是根据招标书、投标书检查各项采购需求是不是实现了,一些必要的手续是否办理了,因此围绕招标书、投标书认真准备了验收材料,并装订成册,用于验收小组翻查。目录如图12-2所示。

分册	类别	文档	总页数	页码
上册	签约	中标通知书	1	1
		合同	3	2
	项目实施	项目实施方案	96	5
		项目经理授权书	1	101
		安全应急预案	11	102
		项目实施计划表	2	113
		设备签收单	1	115
		设备、材料进场验收单	1	116
		设备、材料报审表	1	117
		监控系统最终点位确认表	10	118
		监控系统及设备现场培训记录	1	128
		软件功能需求追加单	2	129
		系统现场培训记录	1	131
		终端设备发放签收单	3	132
		服务器上线通知单	1	135
		系统上线确认书	1	136
		工期延期说明	1	137
		项目建设工作总结	2	138
		质保及服务承诺书	1	140
	监控设备	合格证	1	141
		网络摄像机检测报告	27	142
		网络高清球机检测报告	32	169
		硬盘录像机检测报告	27	201
		网络键盘检测报告	7	228
		交换机检测报告	12	235
		综合管理平台检测报告	24	247
中册	采购文件	招标文件	70	271
下册	采购文件	投标文件	310	341
U盘	用户手册	网络高清球机用户手册	41	电子档
		网络高清摄像机用户手册	211	电子档
		网络键盘用户手册	66	电子档
		硬盘录像机用户手册	506	电子档
		监控综合管理平台用户手册	511	电子档
		智慧管理平台用户手册	52	电子档

图 12-2 验收材料目录

6. 直面无奈的现实

不能不承认,有许多乙方控制不了的因素能左右项目验收。该干的事情都出色地干完了,但还是不能通过验收的例子比比皆是。例如,甲方因为资金压力暂时不想付款,就想方设法拖着不验收;有人想让乙方给点好处,就故意找碴儿让验收不通过;甲方换了领导,压根儿就不想搞这个项目。

　　遇到这类问题,往往不是实施者自己能够独立处理的,最好能跟销售、售前人员一起讨论如何应对,或者让公司高层领导出面,或者考虑走司法程序,实在不行就考虑止损吧,想办法利用合同条款,在不留把柄的前提下尽早抽身。

　　赵峰在甲方工厂实施生产管理系统。项目上线了,验收时,甲方突然提出来要跟车间里的一些机器进行对接:需要读取机器状态,需要发送指令到相关控制器,需要远程操控机器,需要分析机器数据做智能调度,等等。根据项目合同,这明显超出了项目范围。

　　赵峰跟甲方沟通,说合同中并不包括这些内容,如果想做这么多东西实在不太现实。但甲方领导坚持说这些都属于生产管理的范畴,当初售前人员说都可以做的。

　　赵峰去问售前老李当初是怎么沟通的,老李说那只是演示了一下我们的 MES 系统方案,签合同时他们并没有买 MES 系统。

　　赵峰继续跟甲方领导沟通,甲方领导坚持要这些东西,也不同意另外追加投资,甚至说出"你们就是想糊弄我们,想敲诈我们"这种话。

　　努力沟通了多次都没有用,赵峰觉得这个项目实在做不下去了,就回公司找领导张总。

　　"张总,这个项目甲方简直蛮不讲理,实在验收不了,怎么办啊?"

　　"预付款、进度款都已经收了,项目都回款 60% 了,不可能撕毁合同吧?"

　　"难道要我们吃包儿,把这些要求都做出来? 那可就亏飞了!"

　　"这当然不可能。我觉得不能不考虑止损的问题了,你看能不能'做死'这个项目?"

　　"做死? 什么意思啊?"

　　"想办法让这个项目死掉,用什么办法你去想想,当然,有几个条件,一是尽量降低对甲方的影响,二是从现在起人工投入要尽量少,三是我们需要全身而退,不能承担责任,四是我们已经收到的项目款不能退回去。最好能让甲方主动提出这个项目不做了,如果还能再要点钱回来最好,如果要不到也无所谓,反正收回的项目款已经足够可以支付成本了。你先去研究研究合同吧,看看有什么条款可以利用的,我们再琢磨琢磨。"

　　赵峰捧着合同陷入了沉思。

　　本书关于 IT 项目实施的具体工作就介绍到这里了。最后提醒一下,业务上线并验收通过,是每个实施者梦寐以求的事情,这意味实施工作胜利结束,意味着这个项目的售中过程成功完成,但对于甲方相关领域的数字化管理来说还早着呢。

　　每个项目对于甲方来说都是一次全新的尝试,他们在探索一种新的管理方式,让相关业务的管理走上了另外一条跑道,业务上线是这条跑道的起跑点。跑道是好是坏,是容易是困难,是康庄大道还是遍布荆棘,一般在短时期内不容易看出来,需要经过长期的实践。数字化管理体系有个不断升级、进化的过程,最终能不能真正发挥作用,能不能实现甲方的目标,还要看它持续运营的情况。这个过程主要靠甲方的努力,实施人员能发挥的作用非常有限,"师傅领进门,修行在个人",实施是协助甲方"进门"的。

第13章

从入门到优秀

思维导图

要想成为一名优秀的实施工作者,首先要提升自己的职业素养。职业素养不高,能力再强也不可能成为高手。要全面提升职业素养,首先要养成良好的工作习惯,其次要遵守职业道德,并且还要培养正确的职业意识。

实施高手的成就之路,需要不断学习,不断积累实施经验,应该精通实施工作中需要用到的各种知识与技能。实施者应该花大量的时间系统地学习、训练这些知识与技能,努力让自己成为这方面的能手,这是成为实施高手的前提条件。

要成为实施高手,还需要提升自己在甲方的威望,如此甲方人员才愿意听你的,很多工作才能顺利开展。

13.1 提升职业素养

作者在工作过程中接触过众多实施者,也领导过很多实施人员,发现这样一个规律:优秀的实施者,一定具有较高的职业素养,反之,水平不高的实施者,大部分原因是他们的职业素养不够,对他们来说,与其说要提高实施能力,还不如说要提升职业素养。要想全面提升职业素养,一般需要从四方面入手:一要养成良好的工作习惯,二要遵守职业道德,三要培养正确的职业意识,四要提高自己的工作能力。

前面的章节其实都是在讲如何提高实施工作能力的,这里就不多说了,只给读者提个醒:要提高工作能力,需要不断学习理论知识,不断积累工作经验,理论联系实际,勤动脑,勤动手,养成终身学习的习惯。

本节围绕实施的工作特点,具体讲解养成工作习惯,遵守职业道德,以及培养职业意识方面的内容。

13.1.1 养成良好的工作习惯

提升职业素养,首先从培养良好的工作习惯开始。良好的工作习惯可以提升你的工作效率,增强工作热情,有助于更好地实现工作目标。

1. 做好工作计划

前面的章节中已经介绍了如何做项目计划,相信大家学习之后应该都能明白这个道理:工作计划能够让你更好地把握行动目标,更好地统筹安排各项任务。在实际工作中,不管要完成什么任务,都应该养成先做计划再行动的习惯。做计划其实就是策划你接下来应该如何行动,就是所谓的"谋定而后动"。艰巨的重要任务,需要做个正式的计划书,而一些非常容易完成的次要任务,可能不需要太过正式,但也应该做个简单的计划,可能列个子任务清单就可以了,甚至只要在头脑中盘算一番。

一般工作计划包括这些内容:需要完成哪些工作,每项工作由谁完成,什么时候完成,需要什么资源,需要什么条件,等等。前面在谈项目计划的时候已经讲解过了,这里不再赘述。

根据做计划的目的,工作计划可大致分成两大类:第一类是针对特定任务的计划,主要目的是达成该任务的最终目标;第二类是针对自己工作时间的计划,主要目的是统筹安排各项工作,有效利用工作时间。前面我们介绍的项目计划自然属于前者,这里着重讨论第二类工作计划。

首先,我们应该养成每天做工作计划的习惯。无论是初入职场的小白,还是在职场沉浮日久的老鸟,都应该养成这种工作习惯。如果对自己要求严格,可以考虑按照远期、中期、近期这样的层级,对自己的工作进行综合性安排,每天根据实际情况滚动更新。如果嫌这么做麻烦,至少应该每天做个当天的计划。

这里给读者一个建议,每天进入工作状态之前,先花几分钟对当天的工作做个规划。可以用纸质本子,也可以用 Excel、Word 或者某些任务管理应用工具;可以在早晨正式开始工作之前做这件事,也可以在下班之前做第二天的工作计划;可以在公司办公桌前做这件事,也可以在地铁上、公共汽车上做这件事。总之,这事总共花不了几分钟,但对一天的工作影响巨大。作者的习惯是每天早晨到公司后,先总结下昨天干了什么,是不是还有什么计划的工作没有完成,然后规划今天需要干什么,先干什么,后干什么,一般不会超过 10 分钟的时间。以前用纸质的笔记本做这件事,最近几年改用了一款任务管理应用。

另外,在做工作计划时,可以用工作日、小时、分钟等为单位来计量工作时间,但人不是机器,精力与情绪是会波动的,同样单位的时间段,价值可能完全不一样。有的时间段是高效时间段,头脑清晰、精神抖擞、动力十足;有的时间段是垃圾时间段,迷迷糊糊、反应迟钝、无精打采。一般情况下,这跟人的生物钟相关,有人早晨上班的时候最清醒,有人午休后动力十足,有人在夜深人静时精神抖擞。

因此,为了合理安排工作时间以提高工作效率,在做工作计划的时候有必要考虑如何利用不同的时间段:尽量将高效时间段安排做重要的、对脑力要求比较高的工作,所谓"好钢用在刀刃上",将低效时间段安排做机械性的工作。例如,某实施人员,每天午休之后的两个小时是他头脑最清晰的时间,他就将软件设计、策划实施思路、思考如何处理疑难问题之类需要创造性思维的工作放在这个时间段。当然,不能不承认,很多时候你是被工作推着走的,被领导和甲方一个又一个任务要求压着,要想自由安排自己的工作时间并不是一件容易的事情。还好,由于工作特点,跟团队其他岗位比起来,实施者对工作时间的安排要自由得多。一般情况下,随着经验越来越丰富,地位越来越高,你的工作自由度也会越来越高,学会科学安排工作时间自然也越来越重要。

2. 分清任务的优先级

工作时间有限,而需要做的事情无穷无尽。要想处理好这个矛盾,需要分清任务的优先级,也就是说,先做什么,后做什么。一个通用的原则是,重要且紧急的工作先做,不重要不紧急的工作后做。实际工作过程中具体应该如何划分任务的优先级呢？这里提供一些原则供读者在安排任务时参考。

1）对完成时间有明确要求的任务优先级高

根据对完成时间的敏感性，我们大致可以将任务分成两种，一种对完成时间有明确要求，另一种对交期不敏感，对完成时间不太在乎。工作中，自然应该优先处理前者，那种对交期不敏感的任务，完全可以等到有时间时再处理，拖一拖问题不大。顺便提醒一下，如果你是下达任务的人，那么最好跟执行人说清楚你要求完成的日期，否则就不要怪别人把你的任务一拖再拖，因为人家觉得你不着急，早点晚点无所谓，自然可能会把任务无限期拖延下去。

2）越拖损失越大的任务优先级高

有些任务是不能拖的，越拖问题越严重，造成的损失越大，需要尽快处理。有时候，遇到某些紧急情况，你甚至需要放下手头的其他一切工作立即处理。例如，系统出了问题，导致甲方无法工作，如果不处理，拖得越久，甲方的损失越大，你们的信誉也在无形之中被严重损害。

3）影响别人工作的任务优先级高

很多情况下，你的任务会影响别人的工作，你的工作结果是别人工作的前提，那么，这种任务自然应该优先处理，任务影响的人越多，优先级就越高。例如，原型设计工作不完成，研发人员就不能开发；不把售前项目的工作量估算出来，销售人员就没办法投标。

4）你不愿意做的任务优先级高

在需要完成的任务中，总有些是愿意干的，有些是不愿意干的。在安排任务时，应该优先处理那些不愿意干的任务，你越是排斥的事情，就越应该优先处理。很多人喜欢先干自己喜欢做的事情，而将那些不愿意干的事情拖到不能再拖的时候才去处理，这样其实是很不明智的。你先将不愿意干的事情处理掉，后面的工作就容易了，心情也好了。任务并不因为你拖下去就不存在了，它一直在那里，只要没有完成，它就是你心理上的负担，拖得越久，这个负担越沉重。

5）时间短的任务优先级高

如果其他因素相似，你应该优先完成时间短的任务。对于那种需要时间非常短，几分钟就能搞定的任务，优先级应该非常高，你甚至应该放下手头所有的工作，先把这件事干完。第一，用不了多少时间，不会影响其他更重要的任务；第二，可以提高等待你工作成果的人的满意度；第三，将这些零碎的任务快速了结后，你更容易专心做其他需要大量时间的工作。

6）被催得急的任务优先级高

如果其他因素相似，那么被人催得厉害的任务应该先做。一来，人家催得急，说明这个任务可能比其他任务更紧急，应该提前处理；二来，被人催会让你产生焦虑心理，你拖得越久，这个焦虑心理就会持续得越久，何必呢？反过来，如果你想别人尽早处理你的事情，那么你就要不失时机地催，你催得越凶，就会越早得到工作成果。

7）下任务的人对你越重要，任务优先级越高

确定任务优先级时，你不能不考虑任务是谁下达的，他是什么身份。他对你越重要，他给你的任务优先级自然就应该越高。也许，他负责签字验收你的项目，怎么能不优先处理他的事情呢？也许，他是你的上级领导，你的升职调薪都是由他决定的，要想在职场生存，怎么

能不优先处理他的事情呢？

3. 守时

项目实施对时间要求非常苛刻，要想做好必须要有时间观念，在平时工作中要养成守时的习惯。如果答应了甲方在某时间之前完成某任务，那么，就要尽最大的努力实现，要将这个时间节点作为一种奋斗目标。要知道，既然对完成时间有明确要求，那么这就是一个硬指标——即使你最终做完事情，但并没有按时完成，那也算不上是真正完成了任务。

另外，如果跟甲方人员约好了在某个时间点拜访、需求访谈、做培训等，也一定要养成守时的习惯。有些实施人员，缺少时间观念，经常迟到，不但误事，还让甲方觉得这个人不可靠，从而逐渐丧失信任感，让项目实施越来越艰难。

这些没有时间观念的人，有的是觉得恪守时间十分无聊，所以就不在乎，这种人如果哪一天思想发生了变化，就很容易转变过来；有些则是因为自控力不强，很容易就把约定的时间抛诸脑后，理由也是层出不穷，什么睡过头了，打游戏忘了，被客户缠住跑不开了，被领导中途截胡了；还有一种人，对时间过于乐观，也不是不想守时，就是对时间把握不住，缺少风险意识，所以经常迟到，例如，约了客户15点见面，一算开车时间，15分钟，所以14点45出发，但因为没考虑找地方停车的时间，不考虑自己从车库跑到客户办公室的时间，所以自然会迟到了。

4. 精益求精

要想提高实施能力，需要养成精益求精的工作习惯。有人追求将事情做得更好，有人仅仅满足于完成任务，这是两种完全不同的工作境界。前者可能需要投入多得多的时间与精力，但可以得到更多的收获，不但可以提高团队整体的工作效率，还可以为团队赢得信誉和收益，并且也可以赢得别人的信任，愿意交付更重要的任务给你。有机会打硬仗，是职场发展不可或缺的阶梯。

为了养成精益求精的习惯，这里给一个建议，也是作者一直在使用的方法。当你完成了某项任务，要将工作成果交付出去的时候，请扪心自问：这事我还能做得更好吗？就这么一个简单的灵魂拷问，可能会让你的工作方式发生脱胎换骨式的变化，长期坚持下去，养成习惯，哪怕一次进步一点点，积少成多，聚沙成塔，你将会得到巨大的收获。

5. 专注

实施工作有一个非常鲜明的特点，就是杂事非常多。你有可能同时实施多个项目，还有以前已经交付的项目可能需要你提供支持。这些项目牵涉到大量的用户，他们每天都可能会给你带来大量的问题，有些问题三言两语就能解决，有些问题需要你投入大量的时间与精力。

这种工作特点注定了你的工作非常容易被人打断，一件事没干完又来了另外的事情，千头万绪纷至沓来，如果没有驾驭这种工作方式的能力，很容易将事情弄得一团糟，看起来忙忙碌碌，但什么都干不好，太多的事情早早起了头但总是没有成果，让用户反感，让客户不满，让领导发火。为了适应这种工作特点，你至少需要养成两种工作习惯：一是处理好任务优先级，按照优先顺序有条理地完成任务，另外一个就是做事情的时候要专注。

人脑不是计算机，同一时刻只能思考一个问题。如果你不专注，一会儿处理这件事，一会儿处理另外一件事，在不同的事情之间来回切换，会浪费大量的时间与精力。相信大家都有这种体会：一件事情搁下了，等你重新开始的时候，你需要花时间把前面的思路再理一遍。如果你总是在不同的事情之间来回切换，自然会严重影响工作效率。因此，在工作的时候要努力让自己专注起来，一件事如果起头了，就要心无旁骛地做完，尽量不要去想其他问题，不要去做另外的事情，除非那件事优先级真的非常高。

本书的建议是，你可以给自己建立某种免打扰工作机制，例如，在电脑上做事情的时候，不看手机，关闭 IM 工具，你可以这样认为：不打电话的事情，都不是真正的急事，可以先不管它。如果在做某一件事情的过程中接到另外一件事情，不要急于处理它，可以先将它记录到某个任务列表中搁置，等手头这件事情做完了，再将任务列表检查一下，看哪件事优先级最高，然后处理它。

6. 学会利用空闲时间

做实施工作还有一个特点，就是日常工作量会非常不均衡。有时你可能非常忙碌，加班加点，一天恨不得工作二十小时；有时又可能非常空闲，没什么活儿干。本书的建议是，当你没活干的时候，不要浪费这些空闲时间，好好利用它们，例如，学习一些工具以提高工作效率，梳理工作计划让以后的工作更有条理，总结前面的工作让自己不断进步，搜集整理工作中可能用得到的素材，培训助手让他能处理更多的事情，等等。通过这些努力，可以大大提高你的工作能力和效率，自然就会大大减少加班加点的情况发生，让工作量趋向均衡，这样不但可以提高工作效率，还能让自己拥有一个健康的生活方式。

《孙子兵法》中有这么一句话，"善战者之胜也，无智名，无勇功，故其战胜不忒。"这句话的意思是说：善战的人取胜，没有什么厉害的智谋，没有什么可歌可泣的战功，他就是能胜。也就是说，要取得胜利，主要工夫不是在战场上，而是在战场之外，从各方面奠定胜势，最后打起仗来就能收到水到渠成之功，而不需要靠草船借箭、破釜沉舟之类的手段侥幸赢得胜利。如果把工作比作战争，利用好空闲时间就是在为奠定胜势添砖加瓦，可能就不再需要（或者会变得越来越少）那种"加班加点，废寝忘食，住办公室"的"智名、勇功"，艰难的任务会更顺利地完成。

项目部的故事：利用空闲时间

那一年，我在一家软件公司上班。公司有个部门叫售前部，主要是给销售人员提供各种技术支持，不仅要写技术方案还要做 PPT、系统演示和标书。部门负责人口才很好，但说实话，委实有些不善管理，部门里经常忙的忙死，闲的闲死，私下里大家对他意见挺大的，但老板非常赏识他，所以他一直管着这个部门。没办法，能让老板信任是一种能力，他在这方面能力超群。幸运的是，这个部门的员工也都是强人，一个个能力突出，懂技术会管理，懂营销会财务，综合素质很高，他们都是些自己可以管理自己的人。

这个部门天天有人加班。没办法，销售脑子一热，跟客户拍胸脯，说几号可以给方案，几号可以演示。那就是死命令了，必须在这个时间点之前把材料搞出来，并且质量还不能差，因为大家都明白一个道理：售前工作容不得半点差错，质量差只能跟客户再见了——再也不见。

小卫是售前部的售前经理之一，说是"经理"，其实没有一个下属。这位兄弟绝对是这个部门的异类：几乎看不到他加班。我虽然不是干他这一行的，但工作久了自然也做过类似的事情，要知道，做个几十页的 PPT，上百页的解决方案，几百页的标书，实在很费时间。在别人看来，这些工作都得加班加点熬出青光眼，才能按时做出来，可他却总能在截止时间前从容不迫地完成，不加班，不叫苦，质量还不错。

"不加班的小卫"几乎成了他在公司的标签。当然,这个标签貌似对他并没有什么好处。有一次我跟老板闲谈,说到这个"不加班的小卫",老板在言谈中明显透露出某种不满。当然,很少会有老板对不加班的人抱有好感。

我跟"不加班的小卫"分属不同的部门。公司是那种大办公室的布局,虽然部门不同,但大家都在同一个办公室办公。作为一个喜欢观察职场众生的人,我对像他这种"异类"自然要多看几眼。由于工作没有太多交集,我跟他交流并不多,并不太了解他,只是发现他跟其他的售前经理有一点很不同。在没有任务的空闲时间,别人经常会聊聊天,浏览一下网页,甚至玩点小游戏,但他不一样,从来看不到他干跟工作无关的事情:他是我在办公室见过的唯一一位真正用工作填满 8 小时的人。

有一次,我有幸跟他一起出去打单子。"有幸"这个词在这里可不是场面话,因为如果不是这次跟他一起出差,就不可能有这篇故事了。

由于项目很重要,老板派了 5 个不同岗位的人组团到客户那边跟他们老总沟通,我跟小卫都在其中。

一行人风尘仆仆地赶到那个城市时,天已经很晚了。安顿下来后,我洗了个澡就躺下了。真的好累啊,头刚沾到枕头就睡着了。

我们俩同住一个标间。一觉醒来,我竟然发现他还在床上捧着电脑。灯都熄了,显示器的荧光照在他脸上,惨绿惨绿的,嘴里还念念有词。我当时还迷迷糊糊的,看他那瘆人的青脸,不禁想到了武侠小说中那些被人毒死的倒霉鬼,吓得一哆嗦,睡意顿消。

我坐起来问:"喂!你,你,你怎么不开灯啊,想吓死人啊?"

他说:"哈,你醒了?我怕打扰你休息,不好意思,还是把你弄醒了。"

我说:"没事没事。这么晚了,怎么还不睡觉,打游戏?"

他说:"明天的这个 PPT,我还有些没有准备好,这会儿再改改,演练演练,明天一大早就要去客户那边,我要确保万无一失。"

我一愣,奇怪地问道:"兄弟,全公司都知道你这个'不加班的小卫',不是从来不加班嘛,怎么躲在酒店里加班,你这演的是哪一出啊?"

他说:"没办法啊,明早就要去见客户了,这个 PPT 我还是有些不满意,不弄好心不安啊。"

我说:"唉,我们都以为你是个绝对抵制加班的人,看到你这样真让人有些不适应啊。"

他说:"公司里很多人对我有些误解。我只是觉得,如果在工作时间能把工作做完,我又何必要加班?我并不想靠加班讨老板欢心。"

第二天一大早,我们信心满满地去见客户,客户老总却说临时有急事需要出差,让我们下周再来。唉,郁闷!我们礼貌地告辞,灰溜溜地踏上归途。

昨天没有睡好,一到飞机上我就闭目养神,他的座位跟我挨着。他一坐下来就拿出电脑,就听到鼠标咔咔地响,我睁开眼睛,看他还在弄那个 PPT,我说:"客户都放鸽子了,还弄啥 PPT 啊?坐个飞机也不休息休息,你精力够充沛啊。"

他说:"昨天这个 PPT 是我的得意之作,我要把它做成个模板,下次好直接使用。还有这次做了一些素材,我也要整理一下,以后用起来就方便了。要在飞机上待将近两个小时呢,这个时间不能浪费啊。"

我忽然有些明白为什么他不需要加班了,于是说道:"怪不得你不需要加班,你比我们每个人都会利用时间！"

他说："其实也简单，只要利用好空余时间，提高工作技能，找找资料，整理整理素材，就会极大提高工作效率，加班自然就会越来越少。与其将空闲时间浪费在闲聊、打游戏、刷朋友圈上，不如提高一下自己，以后睡眠时间也会多起来，何乐而不为？"

7．学会总结

在职场工作，要养成反思和总结的习惯，例如，一件重要的事情完成之后，记得总结从中有什么收获，得到了什么进步，犯了什么错误，走了哪些弯路，有什么经验教训，等等。曾子曰："吾日三省吾身：为人谋而不忠乎？与朋友交而不信乎？传不习乎？"，这个"日三省吾身"其实就是曾子每天对自己的言行进行反思与总结，好让自己不断进步。要想在职场上有所建树，你就必须要养成总结的习惯，学会"日三省吾身"。

1）写工作日志

要学会总结，可以先从写工作日志开始。建议读者每天坚持撰写工作日志，总结一天干了什么，学到了什么，有什么心得，有什么教训。你并不需要花太多的时间在这方面，有话则长，无话则短，一般也就几分钟，最多十来分钟。记得要用精练的文字快速总结自己的工作情况，如果觉得这事做起来很困难，那么正说明这方面的能力偏弱，需要训练。想想吧，如果你连自己干了什么都说不清楚，还能总结经验教训推动自己进步吗？

2）写项目总结

每个项目完成后，不管公司有没有这方面的管理要求，你都应该撰写一份项目总结：回顾项目是怎么进行的，有什么酸甜苦辣；项目给甲方带来了什么，创造了什么价值，解决了什么问题；在项目进程中攻克了什么难点，走了什么弯路；以后实施类似的项目应注意哪些事项；项目成功的经验或失败的教训。这样做既可以驱动自己认真反思，让自己从这个项目中获得的经验教训得到一次升华，快速提高实施能力，又可以跟团队分享，让大家一起进步，这也是团队精神的体现。

3）写工作经验

在平时的工作中，工作经验也是需要时时总结的，将工作中的心得体会用文字写下来，会促进自己的经验体系化，能让人站在更高的角度上看待自己的工作，让总结能力得到跨越式发展，推动自己进步。

面对每天的工作，有人把同样一件事做了几千几万遍，但若问他如何才能把这件事做好，他可能就语塞了，因为他从来没有尝试用文字总结过。其实，他哪怕只是偶尔在某个夜深人静的夜晚，拿着手机备忘录输入几十个字总结一点点工作经验，整个人都会变的，因为这个过程会促进他的思考。

一位资深 IT 人给刚刚步入职场的女儿写了一封信。

闺女，祝贺你终于完成了大学学业，就要走上工作岗位了。老爸不善言辞，但长于写文，决定给你写几封信分享老爸的一些工作经验，希望能够对你的职场发展有一点点帮助。这是第一封信，首先建议你在以后的职场生涯中，养成写作的习惯。

老爸真的忘了什么时候养成这个习惯的，总觉得每天必须写点东西，不写点什么就觉得心里空荡荡的。以前用日记本写，前前后后写了好几十本，后来也不知道丢到哪里去了。到了信息时代，自然就用电脑写了，在键盘的噼啪声中，看着自己的所思所想在屏幕上一行一行地呈现出来,有一种说不出的快乐。

写着写着,就觉得写作这件事是每个人都应该尝试的,说一句有些夸张的话,那就是"不写作的人生是不完整的"。

老爸没有什么文学天赋,几辈子恐怕也修炼不成文学家。然而,我这里说的写作并不是文学创作。这个世界上写作的人多了去了,从事文学创作的只占一小部分。你不一定非要写出《红楼梦》那种伟大的文学作品,完全可以随性而为,写出自己的所思、所想、所见、所闻。读一本书,写几行读后感;看一部电影,写几行影评;工作有所得,写几行心得。只要让你的笔听从内心的呼唤,写出来就不是什么难事。

我曾经写过各种内容:家事、时评、读书笔记、教育、工作经验,等等。反正有什么想法就写几行,想得多就写篇长文,想得少就写篇短文。当然,自我感觉写得最好的还是工作经验,曾经写过大量的文章分享自己在工作中的体会,既帮助了别人也提高了自己。因为习惯了写作,才会认真思考,才会让这些经验汇成体系。

能够用通顺的文字把自己的思想表达出来是一种幸事,正如能用流畅的言语把自己的想法说出来一样。会说话,那叫"口才";会写文,那叫"文才"。通过口舌把你的想法说出来,说得好,需要练习;把你的想法通过文字写出来,要写得好,当然也需要练习。首先要把句子写通顺吧,要把主谓宾搞清楚,然后再去思考如何扣住主题,如何设置主线,如何过渡,等等。当然,说实话,老爸作为一名标准工科男,也说不清究竟如何才能把文章写好,但我知道一点,得练,持久地练。很多事情可以速成,但写作不能。

先不管美丑,写起来吧,写着写着自然就来了感觉,写着写着你就会领悟到写作对一个人的巨大影响。写作促人思考。举个例子,你不是学过管理学嘛,如果你想写一篇文章给人介绍下这门课,你会怎么做?坐到电脑前,摸着键盘,盯着屏幕,然后干什么?对,你得思考!也许你会打开一本书目录,一边浏览一边琢磨,这门课包括哪些内容,管理的几大职能,几大因素啊,计划、组织、领导、控制,泰勒,德鲁克……一系列的事情你都会想一想,对吧?否则你就写不下去——这就是思考。为了写这篇文章,你必须要对这门知识融会贯通,文章写得如何其实不重要,关键是你对这门功课的理解绝对会发生质的飞跃。这就是写作的神奇之处!

当你要总结工作经验时,也是这个道理,它会促使你对需要总结的工作进行深入思考,提炼出精华,否则根本无从落笔。

老爸的一位前同事说过一句话:牛人与庸人之间的最大区别就在于会不会总结。是的,总结使人提高,而写作会促进人总结。

13.1.2 遵守职业道德

在职场工作,要讲职业道德。道德层面的事情一般都没有什么明确的衡量标准,但每个人心里都有杆秤,要是不讲职业道德,领导、同事、甲方人员就会质疑你的人品,从而会对你怀着深深的戒备,不信任你,不愿意跟你共事,不愿意帮助你,在这种状态下,你的职场生涯当然不会顺利。

1. 洁身自好

在职场工作,首先要洁身自好。在工作中,应该注意不要向"不义之财"伸手,不要占小便宜,例如把公司的办公用品带回家私用,用甲方打印机打印私人文档,借同事的钱拖着不还,等等。这些小毛病看起来无伤大雅,但这种习惯会失去别人的尊重,让职场生涯越走越窄。有道是"吃亏就是占便宜",在职场中,这句话反过来也成立,"占便宜就是吃亏"。

2. 遵守规则

职场工作会遇到各种各样的规则,如管理规定、办事流程、规章制度、约定俗成的习惯等,要尊重这些规则,在规则要求框架内办事,哪怕觉得这些规则不合理,也不能视若无睹,肆意践踏。有些人发现规则对自己有利,就欢天喜地地遵守规则,批评那些不守规则的人,但如果发现规则对自己不利,就将规则抛诸脑后。时间久了,别人就会觉得你人品不行。

当然,这里主要强调对规则要怀着一颗敬畏之心,并不是说规则就是金科玉律,不容置疑,不能越雷池一步。大部分单位都有那种名存实亡的规则,各种管理规定白纸黑字写得清清楚楚,但在实际执行的时候却不是这回事。遇到这种情况,自然也应该考虑如何变通,如何根据约定俗成的方法去办事。另外,"规则是用来打破的",所有的规则都不可能一成不变。如果你觉得某某规则不合理,那么可以试着通过一定的方法改善这些规则,在规则改变之前,应该尊重并敬畏它。

要注意的是,必须要区分"规则"与"方法"。规则是某种工作要求,义不容辞应该遵守;但方法是某种办事技巧,可以遵守,也可以走自己的路。例如,某乙方有一套项目实施方法论提供给实施人员参考学习,该方法论详细表达了项目实施的步骤,每个步骤的注意点,每一个步骤应该出具什么交付物,等等。这就是方法,并非规则,你可以参照执行,也可以采用你觉得更好的方法实施项目(当然,需要符合公司的管理要求)。

3. 诚实

在职场工作要诚实,不要随便撒谎,"要么讲真话,要么不说话"。撒谎其实是目光短浅的表现,看上去好像能带来一定的眼前利益,但以长远的目光来看,却是在给自己挖坑。一个人说过的话,做过的事情是有系统性的,前后是有关联逻辑的,为了保证谎话不被拆穿,自然就需要更多的谎话来维护它的真实性,需要为这个谎话建立另外一套跟事实不同的体系,想想看,如果谎话说多了,你要建立多少这种体系?背负那么多沉重的包袱,累不累啊?

有些人喜欢撒谎,永远都不喜欢说出心里话,不喜欢说出事实。对他们来说,语言的作用就是用来表述对自己有利的观点的,是用来歪曲事实的。他们只愿意享受撒谎带来的眼前收益,却不愿意背负谎言带来的负担,他们根本不在乎自己的谎言被拆穿,后果自然会让自己的声誉受损,让甲方、领导、同事不再信任自己。狼来了的故事相信所有人都知道,谎话说多了,被人打上"撒谎精"的标签,到时候你说的真话也没有人相信了。

当然,不能不承认,在职场工作,特别是搞实施工作,需要跟各色人等打交道,需要面对各种无奈的现实,有时候可能确实别无选择,不得不说点谎话,例如,面试找工作时,不吹两句就找不到工作,等着饿死;搞售前,不吹两句,接不到单子,大家只能一起喝西北风。在这种情况下,本书的建议是,可以夸大其词,但请不要无中生有,无中生有的谎话更容易被拆穿。

总之,在职场做人要诚实,如果不得已要撒谎,那么至少要保证这些谎话没有恶意,也不会被轻易拆穿。撒谎固然可以带来短期收益,但其成本也不能忽视,至少要分析一下性价比吧。

4. 守信

"人无信则不立",这句话用在职场上非常有道理,"立"可以理解为"立足",因此,这句话可以解读为：不讲信用，在职场上就无法立足。答应了别人的事情，就要尽自己所能想方设法地去完成，要把对别人的承诺放在心上，不要胸脯拍得咚咚响，什么都敢答应，可实际行动起来根本不当回事。当然，也不是说你只要答应了别人就真的一言九鼎，一丝一毫也不能更改，毕竟在你做出承诺之后，很多客观条件都有可能发生变化。一个基本原则是：如果需要更改承诺，就得跟对方及时沟通，获得人家的理解，这才是一种负责任的态度。

另外，如果跟别人达成了某种共识，不管有没有书面签字，都不要轻易违背它，随便推翻共识也是不守信的一种表现，例如，已经签下的项目合同是一种共识，两个人约定在某日某时见面也是一种共识。

在这里给个忠告：请不要随便给出承诺，对于做不到的事情、没把握的事情，不要随便答应人家。轻诺寡信，随随便便答应别人，就容易做不到，容易不守信用，所以请在作出承诺之前深思熟虑。例如，甲方问你要某任务交期，不要脑子一热随随便便凭感觉就给个日期，那样非常容易失信，而是回来跟项目组讨论，根据项目组的工作情况评估一个日期给甲方，如有可能尽量将日期给得宽松一点，以防有什么特殊情况发生；再比如，甲方要你做个项目范围之外的功能，不要碍于面子随便答应，因为说不定回来跟领导一汇报，领导又不同意，而是在答应之前就先跟人商量，在甲方人员刚提出的时候，你完全可以用"我要回去汇报下，明天给准信儿"之类的言辞临时答复。

5. 正直

要做个正直的人，要有自己的原则、底线，坚持做正确的事情，有所不为，有所必为。不要因为别人权力大，不要因为有求于别人，就不讲原则，就不讲道德，甚至不惜违法。当然，也不是说每个人都要像屈原一样宁折不弯，有时该妥协还是要妥协，该屈服还是要屈服，但要坚守自己的原则，退让不能没有原则，不能没有底线。

做个善良的人，别人有困难的时候，尽量伸出援助之手，多帮助别人，自然会得到更多的帮助。不要耍小聪明，当面一套背后一套，阳奉阴违。犯了错误要勇于承担，不要总是想着如何推卸责任，如何甩锅。对待客户也好，对待同事也好，要厚道，宽以待人，严于律己。

项目部的故事：做个正直的人

老沈曾经是我的主管，在我的职场生涯中，他是我最尊敬的人之一。这种尊敬，不是因为他是我的主管，也不是因为他的工作能力（当然，这方面他实在很强悍），而是因为他是一个好人。这里所说的"好人"，不是指我们平常说的那种不得罪人的"老好人"，而是真正的好人，正直，讲道德，守底线。

我是作为软件实施项目经理被招进公司的。刚进公司时，老沈正在做一个项目的前期调研工作，他那时候还不是我的主管。调研工作做得七七八八后，另外有个重要的任务需要他去外地处理，于是就将这个项目移交给我了。

他匆匆将项目交接给我后就出差了。说实话，我们两个人都没有太重视这个项目的交接工作。一来，他时间确实非常紧张，火急火燎地要出差；二来，以工作经验来看，我觉得这个项目并不难，所以也没有觉得交接工作多重要。

到了客户那边，首先自然是调研项目需求，走访相关责任人。倒霉的是，很多问题都是老沈以前问过的，而且我刚入职不久，对公司的技术和产品也不太熟悉，有些问题就显得很幼稚。沟通过几次后，客户的项目经理就爆发了。他说，这些事情我们早就跟你们公司的人说过了,你又来问,你们是怎么工作的? 当我们天天闲得无聊陪你们过家家吗?

然后他一个电话打给我们老总,说你们公司怎么派了这么个人来做项目经理,他啥也不懂,我方拒绝跟他配合,你们换个人来吧。于是,我被赶回来了。唉,在我的从业生涯中做了有大小一两百个项目了吧,这是唯一一次被客户从项目上赶走的记录。

回到公司,老总说我们公司做了这么多项目,头一次有人被客户赶回来,让我好好反思,还要给我降薪以示惩戒。我刚到公司也不知道深浅,以后混久了才知道,这是他常用的伎俩,降薪就是逼你自己离职。

正当我反思要不要找份新工作时,老沈出差回来了。了解完情况后,他立马拉我一起去找老总。

他跟老总说:"这事完全不能怪小杨啊,都是我的错,我太匆忙,没有认真做好项目交接工作,才导致这个结果。"

我一看,这是要开展批评与自我批评的节奏啊,忙说:"不不不,是我……"本想说是我没有重视交接工作才导致的,他摇摇手示意我不要说了。

老总说不管怎么样,没有准备好就不该跑到客户那边去丢人,然后又讲了一大堆,什么这个项目多么重要,当初谈这个项目多不容易,客户老大是他的朋友,这让他在朋友面前抬不起头,等等。

老沈继续耐心地表明自己的立场,两人说着说着都有点着急了,嗓门也越来越大,弄得我这个局外人很有些尴尬。

最后老总一拍桌子:反正这事情得有人承担责任,他没有责任你就得承担责任,不给他降薪就给你降薪。

老沈毫不犹豫地说:"好!"

也不知道老总是不是真的给他降薪了,但遇到这么个有担当的同事,我不禁有些肃然起敬。

老总的意思是让老沈抽空继续把这个项目做下去,小杨已经被人家赶回来了,换其他人去恐怕还是讨不了好。老沈不同意,说小杨已经去启动工作了,怎么能虎头蛇尾呢?

那时候我对他还不是太了解,一段时间后再回过头来想这件事,根据我对他的深刻理解,我想他应该是怕给我留下什么心理阴影吧。

第二天,他跟我一起去客户那里,说要给我"平反昭雪"。

他非常有礼貌地跟客户项目经理做了解释,说前面的问题确实完全不能怪小杨,怪只怪自己没有做好工作交接,其实小杨是个能力非常强的项目经理,你们完全可以信任他,等等。总之,他把所有的责任都揽到自己身上了,强调我是无辜的。其实吧,我扪心自问,自己确实对交接工作不够重视,很多事情,我应该先问问清楚的,不该这么掉以轻心。

后来这个项目还算顺利,老沈也时常会过问下项目的情况,出现疑难问题也会尽其所能帮我解决,最后项目的胜利完成实在离不开他的鼎力支持。

后来,我们部门经理离职了,他被提拔成了部门领导,成了我的主管。

跟他一起工作时间久了,发现他这个人最大的特点可以用一个词概括:光明磊落。有担当,不撒谎,不要心机,讲信用,他是一个正直的人。说到讲信用,不禁想到另外一件小事。

有一次,我觉得部门管理在某个方面有问题,就整理了个改善建议给他。为郑重起见,我还打印出来。当时他正在处理一件事,他看了一眼我给他的打印件,说道:"你先放在这里吧,我这周答复你。"

转眼到了周末,一直到下班也没见他找我聊这个事情,我想他可能是忘掉了,反正也不是什么紧急的事情,领导嘛,随口说说然后忘掉很正常。

晚上陪老婆去看电影,在电影院里收到他发我的信息:"小杨,我跟产品部、质量部都讨论过了,觉得你的建议并不可行,具体原因我等下发个邮件给你,不过还是真心感激你。"

我回:"领导辛苦了,我还以为你忘了呢。"

他回:"哪能呢,说过这周给你答复的,说话算数嘛。"他轻描淡写的这句话给我留下深刻的印象,至今记忆犹新。

周一去上班后有同事告诉我,他上周太忙,直到周五晚上才有空处理这件事。由于我那个建议牵涉几个部门,他周五晚上跟几个部门领导讨论得很晚,人家也说这事不急,下周再讨论吧,他坚持说既然说这周给答复,就要给。

他就是这样,无论大事小事,只要他承诺过的,我几乎从来没见他失信过。这一点让我至今都很佩服,我也以他为楷模这样要求自己,但发现真的很难(读者如果有兴趣,不妨也挑战下自己)。有时可能会遇到某些不可抗力般的特殊情况,他一定会提前告知并解释。

后来他离职了,这个离职的原因也值得我在这里写一笔。

公司要搞人力资源结构调整,老总想要淘汰一部分人,就给每个部门分配淘汰指标,我们部门被分配了三个名额。说实话,每个公司都需要适应市场的变化,面对激烈的竞争,裁员很正常,但老总不愿意支付补偿金,因为若是按照劳动法 N+1 的要求补偿,需要一笔不小的开支。

于是,老总要求各部门经理自己想办法说服被裁人员主动辞职,说服不了就给他们加压、加任务、找茬,有事没事多训斥训斥,都是受过高等教育的,脸皮薄,用不了多久这些人自然就会自己提出离职了。

老沈说:"这事我死也干不了,触犯了我的道德底线,用这种方法逼人辞职,我宁可把自己辞了。"然后,他被老总训斥了一顿。我到现在都没有弄明白,老总是否其实是想逼他离职。

于是,他辞职了。离职前跟部门里有些关系好的兄弟聊了辞职原因,很快全公司都知道了,一时群情激愤,那个人力资源结构调整的计划也就不了了之了。

6. 拿人钱财,替人消灾

职场人出来打工,说得庸俗一点,就是跟老板的一场生意,老板花钱雇你,你为老板干活。既然你把自己的劳动出售给了老板,那么就请把老板的事情做好。拿人钱财替人消灾,这句俗语是老祖宗留下来的朴素的做人道理,同样也是职场人应该具有的基本职业道德,应该对得起别人为自己付出的每一分钱。

另外,在甲方做项目时,也应该有这个道德观念,甲方出钱请你们做项目,还需要投入大量的时间与精力,那么就请对得起甲方的这个投资,努力为他们解决问题,让甲方的钱花得值。有些人为了多挣钱,不惜糊弄甲方增加不必要的投入,这真的是毫无职业道德。

13.1.3 培养正确的职业意识

所谓职业意识,就是你在职场中对待自己工作的一种思维方式。大部分情况下,一个人在初入职场时,因为工作经验缺乏,职业意识不清晰,处于懵懵懂懂的状态,随着经验积累,受到领导、同事、企业文化等各方面因素的影响,才会逐渐形成自己的职业意识。职业意识作为对待工作的思维方式,直接影响到工作态度、工作习惯、工作能力,对人的职场生涯有决定性影响。

1. 责任感

在职场工作必须要有责任感,深刻了解自己的工作职责是什么,自己在职场存在的价值是什么。职场责任感,体现在我们负责任的每一件事情中。一旦接到任务,请想办法尽力处理好。任务在手,责无旁贷,遇到困难要努力克服,不要一有困难就畏缩,给自己找各种不能解决的理由,或者想方设法推给别人,或者随便敷衍了事,或者无限期拖延下去希望它无疾而终,这些都是缺少责任感的表现。当然,也不是说什么问题都要自己扛,如果是自己实在不能解决的问题,也请及时跟相关人员反馈、沟通,寻求帮助,这也是一种责任感。

美国前总统杜鲁门在他的椭圆形办公桌上有句著名的座右铭"the buck stops here",意思是"责任到此,不能再推"。我们在职场工作也要有这种态度,不要推卸责任,不要踢皮球、打太极,自己想办法解决问题。

笔者有过两次创业经历,要说创业与打工有什么不同,我觉得最大的不同就是,问题到你面前时,你不能将问题抛出去。不像打工时,你解决不了的问题,可以转给同事,汇报给上司、老板。现在创业了,你是问题的最后一道屏障,只能自己想办法解决。

在打工时,有很多问题感觉凭自己的能力根本不可能解决,但到了创业时,你发现你的能力比你想象的大得多。为了解决问题,你可能会去学习各种新技术,可能会去跟自己厌恶至极的人合作,可能会低下高贵的头颅谦卑得像个奴隶,只因为这些问题只有你能解决。如果你在职场工作,时刻怀着这种职业责任感,那么相信你的工作能力一定会在短时期内得到巨大的进步。你解决了那些看上去不可能解决的问题,能力就会获得快速提升,压力催人长啊。

2. 执行力

所谓执行力就是任务执行者有效地利用自己的资源,能够按时、按质、按量完成任务,最终达成任务目标的一种能力。从个人的角度看,执行力强就是接到任务后能够及时反应,不折不扣地完成任务,真正实现这个任务的目标;从组织的角度看,执行力强就是"令出如山",能够让组织成员按照管理者希望的方式工作,贯彻组织的战略意图,实现组织的目标。

在职场工作,应该努力提高自己的执行力,接到任务后赶快行动起来,不要拖拖拉拉、磨磨蹭蹭。从事项目实施工作的人,时间久了都会有一种本能的抗风险意识。对于项目实施来说,这种意识可以提前预判项目风险,将危险扼杀在萌芽之中,提高项目实施的成功率。但过犹不及,在职场工作,如果过于关注事情的风险,就会畏首畏尾,因为害怕到不了目的地而不敢出发。其实很多事情就是这样,刚开始你可能觉得没有头绪,不知道如何才能做好,但一旦开始着手处理,随着工作的进行,很多困难自然而然就被克服了。当你成功之后,回过头来看这件事时,发现当初的担心根本没有必要。惠普公司的某位 CEO 曾经说过这么一句话,"先开枪,后瞄准",强调抢时间、争速度的重要性。何必一定要有 100% 的把握才行动呢,先干起来再说。"谋定而后动"必不可少,但不能谋而不断!当然要提醒的是,让你"先开枪,后瞄准",可不是像没头苍蝇似的乱窜,开枪之前虽然没有瞄准,但你总要举起枪吧,枪口的方向总要对着敌人吧。

另外,提高执行力,仅仅做到尽快开始是远远不够的,还要保证能够按要求完成任务,甚至,按要求完成任务也未必足够,要想办法实现这个任务的真正目标。当接到任务时,请弄清楚任务发布者的真正目的是什么，要琢磨如何真正解决问题，真正实现目标，不要机械式地完成任务。

小郑是某 IT 公司的实施助理，刚入职不久，还在试用期。这一天，公司来了个客户，实施部主管需要给人家演示一款产品。客户在前面沟通过程中表示很有兴趣，这是一个不可多得的商机。主管将客户带到会议室，接上电脑和投影仪准备演示，但发现投影仪的电源插座坏了，通不了电，只有墙角还有个插座，但太远，电源线根本够不到。主管就让小郑去找电工来修插座。

小郑去找电工，找不到，电工打电话说在外面有事情，至少需要两个小时才能到公司，这显然来不及了。小郑本想去跟主管汇报，反正这是电工的事情，跟自己无关，及时汇报就能交差了。但想到客户在那儿等着，这个任务的真正目的是要让投影仪工作，不是找电工，于是，他到行政部借了几个拖线板，这几个拖线板连起来足够将投影仪接到墙角的插座，这才算真正完成了任务。

3. 团队精神

IT 行业离不开团队合作，一个哪怕看上去非常不起眼的项目，也需要很多岗位协作才能完成，当然，不仅仅是 IT 行业，目前绝大部分行业都是这种趋势，独行侠越来越难以生存，团队的作用与日俱增。

在职场工作，要培养团队意识，不能没有团队精神，要有一种集体主义精神，要有跟人协作、配合的意识，不能只顾自己不顾大局。

1）遵守团队规范

工作要遵守团队规范。一般 IT 团队都是有很多规范的，例如，团队的各种工作管理要求，文件的命名规范，文档的标准模板，文档的存储要求，等等。进入团队之后，需要积极了解这些规范，按照规范的要求工作，这可以少走弯路，更重要的是，让团队其他人员更容易理解你的工作成果，更容易跟你协作，也更容易分享工作经验。

2）积极参与团队建设

有这么一句话，"人在一起叫聚会，心在一起才是团队"。一群人聚在一起，如果没有共同的目标，大家各怀异心，劲不往一处使，那么这群人只是一盘散沙，算不上团队。为了让一群人成为真正的团队，需要进行团队建设。团队建设需要每个成员共同努力，仅靠团队领导是远远不够的。在团队成长的过程中，团队建设工作一天也不能中断。身处团队，无论你是刚刚加入团队的"小白"，还是在团队工作很久的"老鸟"，都应该积极参与团队建设工作，只要在团队一天，就应该尽力为团队建设做一天的贡献。

不要把团队建设工作狭隘地理解为只是大家一起吃吃饭喝喝酒，搞个派对，开个年会，等等。一切有利于团队协作，有利于提高团队向心力，有利于明确统一目标的团队管理活动，都属于团队建设的范畴。例如，设计团队的组织方式、规章制度、流程要求、工作规范，制订团队工作计划，确定团队近中远期工作目标，开展有利于团队团结的活动，等等。当遇到这些跟团队建设相关的事情时，要积极参与。有些事情，可能自己不能直接发挥作用，也应该勤于思考，如有可能就积极提出自己的想法，给出意见或建议。

3）尊重团队的决定

每个团队成员都是一个独立的个体，有自己的思想，对待的事情的看法不可能都一模一样。一个健康的团队应该集思广益,经过沟通与讨论(简单的事情私下沟通,复杂的可能需要多次开会研究),综合考虑大家的想法,最后形成团队决定,这是一个正常的决策过程。

然而,有些人习惯于这么办事情:当需要沟通与讨论时,不说出自己的想法,对形成的决定也没有反对意见,但等到真正执行的时候,却又我行我素,按照自己的想法行事,不尊重团队的决定。有团队精神的人,在团队做决定的过程中,会积极参与,说出自己的想法,如果最终的决定跟自己的想法不一致,哪怕觉得这不是最优解,也会按照团队的决定做事情,而不会偏执地坚决按照自己的想法办事,更不会为了证明自己想法的正确性而不惜故意将团队的事情搞砸,这简直有些缺德了。

4)换位思考

第7章讨论项目范围控制的时候说过,做项目实施,要学会换位思考。要多站在甲方的立场上思考问题,在团队工作,也要学会换位思考。学会站在其他成员的角度思考问题,不能过于以自我为中心,不能只顾自己不顾别人,要多理解别人的困难、别人的痛苦,如有可能就尽力帮助别人,要尊重别人的想法、别人的贡献。例如,当你完成了一项任务,要将成果交付给别人的时候,应该多思考一下,别人会怎么使用你的成果,如有可能,你能不能做点什么让别人使用起来更方便;当别人提出某项建议时,可能你会觉得非常不合理,但请不要轻易得出结论,尝试着站在对方的立场上考虑这个建议,也许你能发现某种合理性。

4. 主动性

在职场工作,要注意提高工作主动性,不要做什么都要别人催,什么事情都需要别人事先安排好,要把握工作的主动权,主动提升自己,主动推自己一把,挖掘自己的潜能。

1)终身学习

要推动自己不断进步,就要不断学习,需要树立终身学习的理念,活到老学到老。每个优秀的实施者,都是快速学习新知识的高手。

实施工作的目标是要用 IT 技术帮助甲方在相关领域建立数字化管理体系。很显然,要想实现这个工作目标,应具备两方面的知识,一是 IT 相关技术知识,二是甲方相关领域的业务知识。科技进步越来越快,IT 技术在不断更新,要长期从事 IT 工作,就要不断更新自己的 IT 知识及体系。没有终身学习的理念,很难在这一行长久发展。另外,为了帮助甲方建好数字化管理体系,还需要学习甲方的相关业务知识。隔行如隔山,为了熟悉不同行业的甲方,需要不断学习,即使某个甲方的行业你熟悉,它的管理方式也一定跟别人不同,同样需要学习。

2)积极把握机会

在职场工作,要积极把握一些不可多得的良机,这些机会可能会让你的工作能力得到大幅提升,可能提高声誉,可能得到升职或加薪。在职场工作时间久了,就会发现,决定职场走向的就那么几个有限的关键事件,例如,一次跳槽、一次重要的人事考察,或是一个重要的任务,等等,这些事件处理好了,就是不可多得的良机;处理不好,就是前进的绊脚石。

在职场工作,当良机来临时要积极抓住。如果不积极行动,再多的机会都会被白白浪费。例如,一项工作,别人不愿意干,但你知道如果搞定这件事情,领导会对你刮目相看,那么就揽下来努力做好;一个项目,因为种种理由被他人嫌弃,可这个甲方所在的行业正是你感兴趣想向这方面发展的,那么就积极争取加入这个项目好抓住进入这行的机会;公司要为某个管理岗位选择人员,这个岗位正是你梦寐以求的,那么就努力去做点什么以打动相关决策者。

3）逼自己一把

有些人喜欢生活在职场舒适区，不愿意承担一些有挑战性的任务，要么嫌太累，要么嫌太难，要么嫌不熟，要么嫌交期太紧，等等。在职场打拼，要时常警醒自己，职场没有永远的舒适区，那都是暂时的。社会在改变，公司在改变，领导在改变，同事在改变，各种技术在改变，特别是做实施的，会不停地遇到不同的项目，遇到不同的人，在这个大变动的职场背景之下，哪有什么一成不变的舒适区呢？要是想固守在某个舒适区，那只能是短期的，待得越久，会越不舒适。

人的潜能是巨大的，很多事情并没有表面上看上去那么困难，如果开动脑洞多些创造性思维，多向人请教，牺牲一点娱乐时间，多翻一些资料，多学一些知识，也许就能搞定。你不逼自己一把，都不知道自己的潜力有多么巨大。职场打拼有如逆水行舟，不进则退，逼自己一把吧，主动承担一些有挑战性的任务。不要在舒适区沉沦，勇敢走出来，这样职场之路才能越走越宽广。

当然不要走极端，自己实在干不了的事情也不要逞能。如果总是把事情搞砸，总是让别人擦屁股，恐怕职场之路也不会顺利。

项目部的故事：人都是逼出来的

小秦曾经跟我做过一段时间的助理，我们一起在客户那边做项目，大概有半年光景。

说实话，他这半年的进步并不大，我最不喜欢他的一点是做事情稍微遇到点困难就会来找我，有时候，其实他只要稍微动动脑子、找找人就能解决的，但就是不肯下功夫克服。我为此说过他几次，他总是口头上答应得好好的，一转身还是这个状态，这让我很郁闷。不过，他脾气不错，跟甲方人员和项目组的人关系都不错，大家都蛮喜欢他，是个情商不低的兄弟。

正当我的项目快要上线时，公司有个新项目要安排个项目经理。那个项目的需求不明，还需要跟几个合作供应商一起搞，而且客户的甲方代表还不太友好。大家自然都知道这个项目复杂，真心不太好做。然而，几个工作经验丰富、能力强的项目经理都有任务，实在抽不开身。

领导老朱跟我商量，想派小秦去。

我说："这个项目不好做啊，以小秦的能力怕是顶不住。要不再等个三四周，我手头这个项目要收官了，等我弄完再去做那个项目。"

老朱不同意："客户催得急啊，等不得，何况小秦已经在公司历练两年了，该让他挑起担子了，有什么过不去的坎呢？"看我一脸不以为然，他忽然飙了句英文："Life finds a way!"

我下英文水平不怎么样，幸好这几个单词并不复杂，他说得又不快，于是我记住了。回来上网一查，原来是电影《侏罗纪公园》中的一句台词，意思是"生命总能找到出路"。为了理解这句话，我不得不将这部电影重温了一遍。

哈蒙德博士立志要建立一个关于恐龙的公园，取名"侏罗纪公园"。他雇用了很多科学家，从被困在琥珀里的远古蚊子体内抽取血液，然后从血液中提取出恐龙的基因信息，利用这些残缺的基因信息再拼凑上青蛙的基因，培育出了恐龙。安全起见，为防止恐龙自行繁殖失去控制，他们只培育雌性恐龙。某位科学家怀疑这个方法是否真的有效，就说了这句台词。没想到的是，后来恐龙居然真的可以在野外自行繁殖了：它们根据需要改变了自己的性别。

看来我们这位领导是准备让小秦尝试下要"改变性别"了。

小秦出发之前，我请他吃了顿饭。由于我对他的能力还是比较了解的，总觉得这个复杂的项目让他去做真是凶多吉少。吃着聊着，散席的时候竟然有点"风萧萧兮易水寒，壮士一去兮不复还"的感觉。

项目刚启动，小秦就遇到了麻烦。客户的某位主任私下找到小秦，对方各种暗示后，小秦才弄明白了一件事：签合同之前，这位主任在他们老总跟前为我们说了很多好话，销售曾经答应在签了合同之后送他一部手机。现在项目都启动了，手机什么时候给他？不会过河拆桥吧？

小秦内心很崩溃，赶忙找销售想问问情况，但那位仁兄上个月辞职了，说回老家承包了个山头种果树，想尽各种方法都联系不上。

小秦回来问老朱应该怎么办？老朱让他去找销售部，说谁挖的坑，谁负责填平。

小秦去找销售总监，总监说："我也不知道这事，一般这种礼品钱都是销售人员用销售提成支付的，并不会跟公司报备，那个销售已经将销售提成支出去了，现在离职了，人也找不到了，真的没办法。"然后半开玩笑地说："总不能报警抓他吧？"

小秦说："那我现在怎么办啊？项目做不下去了！"

总监说："这是你们项目部的事情了，我们只管签合同。"小秦后来跟我说，当时恨不得一巴掌扇过去。

没办法，他只好硬着头皮继续去做项目。倒霉的是，由于经常要跟那个主任打交道，很多事情绕不开他。但那个主任怀着抵触情绪，各种不配合，关系越搞越僵。项目实在做不下去了，小秦回来找领导寻求帮助。

老朱说："你作为项目经理，如何处理与各色人等的关系是你的职责，我帮不了你，你在最前线，在听到炮火的地方工作，还要我指挥你冲锋吗？你缺信息缺资源时就来找我，别的问题你要自己想办法搞定，懂吗？"

小秦灰溜溜地继续回去做项目，接下来貌似情况好点了。后来才知道，他一咬牙，自己买了台手机给那个主任送过去了。有一次跟他闲聊，问他当时是怎么想的，他说本来想辞职算了，但有点舍不得这个项目提供的锻炼机会，就决定买手机了。我有些相信领导的这句"Life finds a way"了。想当初，小秦做我助理时，曾经以抠门著称，喜欢蹭烟、蹭饭、蹭视频网站账号，人送外号"秦三蹭"，现在竟然自己掏腰包给人买手机。

项目磕磕绊绊地做下去了，原计划半年结束的项目，拖拖拉拉搞了将近一年。由于小秦跟我共事过，关系也不错，就经常找我咨询。不看别的，就看他咨询的问题，看他处理问题的思路，我不能不承认，这一年他进步巨大，这种进步估计再做三四年助理也不能达到。

终于可以验收了。开始提出要验收时，甲方代表挑了很多毛病，说这也不行那也不行，最后陆陆续续都给解决了，系统也正常运行一段时间了，但就是不同意验收。有人私下告诉小秦，因为根据合同，一旦验收就要在七天之内付款，这是挺大的一笔款子，公司想压压资金，不是甲方代表不验收，是公司老总不允许他验收。

小秦找到甲方代表跟对方说："我的职责是拿到验收单，回去就好交差了，要钱的事不归我管，你们是否付款跟我们公司商务谈，不要将付款跟验收扯在一起，这样让我回去很难交代啊。"

但甲方代表不为所动："说实话，现在系统上线运行效果不错，我也觉得可以验收了，但老总不允许我也没办法,我也是打工的,拿人钱财替人消灾,要不你干脆直接找李总去?"

小秦去找李总,李总推三阻四就是不见他,好不容易遇到几次,不是要开会,就是要见客户,反正永远都是没时间,火烧火燎的,不给他开口说话的机会。再后来,连遇也遇不到了,他的办公室永远都没人,一问不是在出差,就是到某个分公司去了。

一向老实的小秦爆发了,约了个高中同学到李总住的小区门口堵他,终于在某个夜里将他的车子拦住了,经过一番文质彬彬的礼貌交谈,李总终于同意验收了。

想到那个说话和风细雨、脾气温柔的小秦,竟然会用这种方法来验收项目,真的有些佩服我们领导了。Life finds a way,人都是逼出来的。

这个项目过后,小秦成了一名合格的项目经理,我真为他高兴。

5. 沟通

实施工作主要就是协调各关系方共同完成一项任务,因此沟通能力对于实施者的职场发展来说至关重要。通过沟通,你可以跟别人统一思想,产生更多的向心力,从而保证大家齐心协力完成某项工作;通过沟通,很多看上去难以解决的问题,在获得援手之后就迎刃而解了;通过沟通,你可以跟别人商讨解决方案,群策群力,得到问题的最佳处理方式,等等。沟通能力是一项相当重要的职场生存技能,限于本书的主题,就不展开阐述了,只介绍跟实施工作紧密相关的几个注意事项供读者参考:

1)让对方了解自己

为了让对方了解自己,在沟通过程中,要尽量把事情讲清楚,不要模棱两可。如果要表达的意思比较复杂,要有一条逻辑主线,好让对方容易跟上你的节奏。使用的言辞要尽量让对方容易接受,不能自说自话,那种口若悬河、不考虑受众的演讲式输出,是算不上沟通的。例如,跟甲方人员沟通,就应该尽量用他们能够接受的方式,少说 IT 专业术语,多用甲方的业务语言,这也是我们强调实施者要多学习甲方业务知识的原因之一。

2)了解对方

在沟通过程中,要站在对方的立场上思考问题,理解对方言语所表达的真实意图。很多时候,同样一句话,因为角色、背景、目的不同,所要表达的意思可能完全不同。例如,在做上线工作安排,有用户说"配合你们上线需要增加我至少 20% 的工作量",这句话要表达的意思可能完全不一样:也许他每天实质性的工作时间也就四五个小时,增加 20% 的工作量根本算不了什么;也许他本来就非常忙碌,每天至少工作十二三个小时,增加 20% 的工作量那就要挑战生理极限了。

3)抓住沟通目标

如果沟通是要作出决策,那么沟通的目标是能够发挥各自的作用找到解决问题的最优方案,而非说服甚至压服对方,因此应该认真理解对方观点的优势,冷静思索对方的观点是不是有助于形成最优方案。如果大家都只看到自己的优势和别人的劣势,只想着努力证明自己观点的优越性,那么这只是辩论,根本算不上沟通。

13.2　成为实施高手

要想成为实施高手需要不断学习,需要大量的项目经验积累,需要不断提升工作技能,需要提升自己在甲方的威望,需要改善思维方式。

13.2.1　提升工作技能

要想成为实施高手,首先需要精通实施工作中需要用到的各种知识、技能,从而提高工作效率,为甲方提供优质服务。

1. 办公技能

实施工作大部分时间都是在计算机前办公,用计算机处理各种事情,因此必须精通一些常用的办公软件,例如:

1) 文字编辑工具

实施工作需要编写大量的文档,这些文档,有些可能篇幅巨大,长达数十数百页,精通文字编辑工具(如 Word、WPS),会大大地提高编辑文档的效率,同时也让出具的文档看上去更优秀、更专业。这也是提升威望的一种手段。

2) 电子表格

实施工作经常需要处理大量的数据,例如,甲方各种基础数据的收集整理,系统数据的导入导出,各种业务数据的处理与汇报,等等。实施者处理数据,离不开电子表格(如 Excel),精通一款电子表格工具,会让你处理数据的能力获得指数级的提高,可以节省大量时间,大大降低出错率。

3) 演示工具

实施少不了培训用户、向领导汇报等工作,这些工作都需要进行各种演示,因此必须精通如何使用演示工具(如 PPT)制作演示文稿。这是很多实施者的短板,可能因为要把演示文档做好、做漂亮需要一定的艺术天赋吧。如果实在欠缺这种能力,建议在空闲时间多收集模板、素材,当需要的时候根据演示目的选择使用。

4) 项目管理工具

实施工作需要进行任务分解(WBS)、项目计划编制、人员组织、项目进度跟踪,以及工作推动等,这些都是项目管理工作的范畴。虽然大部分项目,用 Excel 就能把这些事情处理好,但如果实施规模庞大、业务复杂的项目,一款专业的项目管理工具还是必不可少的。

5) 流程图绘制工具

再次强调,实施者在甲方的主要工作是帮助甲方建立相关领域的数字化管理体系,因此不可避免地需要研究甲方的业务流程。例如,原来的流程是什么样子的,需要如何进行流程重组,以后的新流程会是什么样子,等等。要做好这项工作,自然必须要掌握一款流程图绘制工具,它能够更好地表达业务流程的运转方法,也能够更好地体现专业性,赢得甲方的尊重。

6) 其他办公工具

还有很多其他办公工具大家在工作过程中可能会用到,例如,一款绘图工具可以帮助处理演示素材,一款录屏软件可以帮助制作培训材料,一款思维导图工具可以帮助理清解决问题的思路,等等。本书建议,要积极寻找适合自己工作的办公工具,觉得有必要就下功夫学精通,磨刀不误砍柴工。花在这方面的时间,在工作过程中会获得几倍、几十倍,甚至几百倍的回报。

2. IT 知识

实施者要用自己掌握的 IT 知识为甲方提供服务,自然不能不下功夫努力学习这些知识。当然,实施者毕竟不是纯技术人员,不大可能达到非常专业的水平(除非你是从某个领域转行做实施的,例如程序员转实施),但你至少要理解这项IT知识对甲方意味着什么,会对甲方产生什么影响,至少能够在甲方面前显得够专业,获取甲方信任。要想成为实施高手,必须在这方面花费大量的时间,进行艰苦的学习,对这些知识的精通程度决定了服务水平的上限。一般来说,实施者需要学习的IT知识包括如下这些方面:

- 软件工程。了解软件开发的步骤,各种软件开发模型,软件的生命周期等。
- 项目管理。了解项目管理的基本原则,了解项目的范围管理、时间管理、质量管理、风险管理等内容。
- 需求分析与软件设计。了解如何进行需求调研、需求分析,如何设计好软件,如何应对需求变更等。
- 软件架构。了解软件的三层或多层架构,了解软件C/S架构与B/S架构的优缺点。
- 关系数据库。了解关系数据库基本原理,了解表跟表之间的关系,了解SQL语句的编写,了解至少一种DBMS实现的大概原理,如数据页面、索引等。
- 编程语言。了解至少一种编程语言,不一定要成为编程高手,但需要了解如何通过这门语言开发出应用系统。
- 网络与硬件。了解基本的机房建设、网络建设、移动互联网、服务器部署的知识,了解一些常用的IT设备,如网络设备、输入输出设备、监控设备、物联网感应设备等。
- 最新技术。了解最新出现的对IT行业影响较大的技术,如云计算、大数据、区块链、AI等。

3. 业务知识

实施者为甲方提供服务,帮助甲方建立数字化管理体系,如果不懂甲方的业务简直寸步难行,因此需要学习甲方的业务知识,对甲方的业务越精通,提供服务就越容易。道理很简单:要想改善它先要了解它。

项目总是一个接一个做下去的,甲方自然也换了一家又一家。每换一个甲方,就需要学习新的业务知识,要成为实施高手,需要具备快速学习业务知识的能力。

如果长期从事某个行业的数字化管理工作,那么应该花工夫认真学习该行业的各种业务知识,让外行看起来你就是这个行业的专家,让内行看起来,你也算业内人士。这样,在从事实施工作时,你就具有了很强的优势,这必将成为你的职场核心竞争力。

4. 管理知识

既然实施的目标是建立某种管理体系,那就不能不学习管理知识,需要了解一个组织机构一般是如何管理的。实施者需要学习的管理知识一般包括以下这些方面:

- 组织运作流程。一家组织机构一般是如何运作的,在社会上存在的意义是什么,从外部获得什么材料、服务,经过什么活动,向外部提供什么产品、服务。
- 财务会计。一般包括:处理原始凭证、使用会计科目、编写会计分录、制作会计凭证、登记明细账、登记总账、制作三大会计报表等。
- 采购管理。一般包括:制订采购计划、采购询价、采购招标、供应商确定、签订采购合同、下采购订单、供应商送货管理、仓库验收、采购结账等。
- 销售管理。一般包括:市场管理、促销、经销商管理、客户挖掘、客户拜访、客户关系维持、签订销售合同、接收销售订单、制订市场计划、进行销售预测、制定销售激励政策、产品发货与装运、应收账款管理等。

- 库存管理。一般包括：物料验收、物料入库、物料出库、物料移库、物料挪位、盘点、库位设置、容器设置、库存价值计算、物料成本计算等。
- 生产管理。一般包括：生产任务调度、领用材料、车间材料管理、机器管理、车间班次管理、班组人员管理、加工过程管理、生产数据采集、生产任务汇报、生产进度跟踪、车间现场管理等。
- 计划管理。企业的各种计划管理，如销售计划、生产计划、采购计划、招聘计划、培训计划、技术研发计划、质量改善计划、项目计划等。
- 成本管理。一般包括：成本核算、成本预算、成本控制等。
- 质量管理。一般包括两方面，一是 QC，二是 QA。QC 强调对产品的检验，发现问题解决问题；QA 强调建立质量管理体系以保证不会出现质量问题。
- 人力资源管理。一般包括针对人才的档案、规划、招聘、培训、薪酬、激励、考评、绩效、职位等的管理。
- 组织管理。常见的组织结构方式，一般包括：职能型、事业部型、矩阵型、网络型等。

13.2.2　提升威望

要成为实施高手，需要提升自己在甲方的威望。有威望甲方人员就愿意听你的，很多工作就容易开展。实施工作中有一些事情，例如控制项目范围、流程重组、推动变革、设计甲方人员的工作方式等，如果没有一定的威望确实很难处理。

提升威望一般可以考虑从三方面入手，一是提升工作能力，二是打造自己的职场形象，三是讲究工作艺术。提升工作能力前文已经谈得很多了，本节谈谈如何打造自己的职场形象，如何注意工作艺术。

1. 打造职场形象

从你跟甲方人员接触的第一天起，甲方对你的认识与评价就开始了，你在甲方人员心目中会逐渐形成某种形象，这个形象从模糊到清晰，逐渐成形。实施者应该有目的地塑造自己在甲方的形象，形象越高大，威望就越高，工作就越好做。

1）提升职场素养

要打造良好的职场形象，首先要从提升职场素养开始。跟甲方人员一起工作，如果职场素养太差，在其他方面再优秀，形象也不会高大。没有良好的工作习惯，不讲职业道德，职业意识很糟糕，甲方人员不可能敬重你。职场素养的话题上一节已经讲过了，这里不再赘述。

2）提升专业素养

专业素养对职场形象有决定性的作用。在各行各业，"专业"两个字都透露出一种权威，甚至有某种神圣的光环。跟甲方人员一起工作，如果表现得足够专业，自然而然会赢得别人的尊重。要提升专业素养，首先需要下功夫学习前面提到的各种 IT 知识；其次需要不断积累项目经验，如果你在实施这个项目之前曾经做过大量类似的项目，自然而然会让人觉得你内行、专业；最后，需要注意工作方式，如是否按照一定的流程要求工作，制订的计划与出具的文档是否具有专业性。

3）注意外在形象

外在形象是指一个人的仪容、言谈举止、穿着打扮等。有些实施者觉得自己是搞技术的，又不是销售，对外在形象不太注意，喜欢率性而为，这是不可取的。虽说日常工作生活中不应该以貌取人，但不能不承认，以貌取人是大部分人的心理定式。

特别在跟甲方接触的初期，外在形象对职场形象的形成影响巨大。这也很好理解，刚开始接触，人家对你的能力和素养知之甚少，心中自然会根据你的外在形象进行评判，这是你留给甲方的第一印象。在人跟人交往的过程中，第一印象的重要性相信大家都明白。

当然，也不是说你每次到甲方都要把自己装扮得跟大明星似的，这也没有必要，不要让人觉得来了个绣花枕头，但至少要注意衣着整洁，言行得体，透着一种自信，不要胡子拉碴，头发蓬乱，满口脏话。

4）爱惜羽毛

实施者要爱惜羽毛，注意自己的声誉，不要让一些不起眼的不良行为毁了自己的形象。例如，

- 喜欢占甲方便宜，用甲方资源办自己的私事；
- 开会时发现讨论的内容自己不感兴趣就玩手机，这会给人一种职场素养太差的印象；
- 在甲方工作不投入，上班时间打游戏，浏览与工作无关的网页，喜欢闲聊等，给人一种吊儿郎当的印象；
- 明明不了解的事情也不虚心求教，一味不懂装懂；
- 大包大揽，明明干不了的事情也满口应承，最后不了了之；
- 两面三刀，在 A 前面说 B 的坏话，在 B 前面说 A 的坏话；
- 喜欢甩锅，明明是自己的问题却从不承认，总是把责任推给其他人；
- 不讲信用，明明答应的事情却又轻易反悔。

2. 讲究工作艺术

实施工作是技术跟艺术的结晶，要想靠技术手段解决所有问题是不现实的，应该注意工作的艺术，要把握相关人员的心理，照顾别人的感受。

1）学会拒绝

总会有人向你提出一些不合理的要求，你不愿意干或根本干不了，这时候你需要拒绝别人。拒绝不是随随便便的事情，要讲求一定的艺术性，否则很容易得罪不该得罪的人，给自己的实施工作带来不必要的麻烦。对于实施者来说，最难以拒绝的就是超出项目范围的用户需求了，第 7 章已经讲过这个话题，这里只简要介绍一些拒绝方法，仅供参考：

一、坦诚。向对方如实说出自己的困难，获得对方的理解。有些人不愿意拒绝别人，就是因为怕丢面子，觉得那样会显得自己无能。何必呢，老实说出自己的困难吧，你也轻松，别人也轻松。

二、拖延。有些时候，当面果断拒绝会让人觉得不近人情，那么就先不给答复，用"让我考虑考虑""我需要跟研发商量商量""我要问问老婆"之类的言辞赢得时间。拖延一段时间后再婉拒，显得你对他的要求是认真对待的，拒绝他实在是没办法，这样他心理会好受些。拖延，还有另外一种方式，就是先答应，然后迟迟不处理，直到对方失去耐心接受现实。说实话，这种方式用多了会让人齿冷，影响自己的声誉，如果爱惜羽毛，还是少用为妙。

三、打折。如果不能拒绝别人的全部要求，那就打个折扣吧，只做其中一部分，这样也算对得起对方。例如，人家问你借两万块钱，你说实在拿不出，只能借两千；甲方要求做很

多功能,这些都属于项目范围之外的额外要求,你可以答应做几个简单的,别的难做的,你就遗憾地告诉甲方,只能放到下一期。

四、行动。不能拒绝,那就开始行动起来。当然,这个行动的目的主要是给对方看的,并不是要做出成果。既然你的目的是拒绝,这个行动当然基本都是无用功,只是让对方感觉你是在尽力而为,最后没有做成功也不会责怪你。

五、卸责。可以想办法将拒绝的原因归因于其他因素,例如,老板不同意,研发不想干,审核通不过,制度不允许,老婆强烈反对等。向对方表达这种意思:我非常想帮你,但没办法,很多因素我控制不了。

六、敷衍。实在拒绝不了,那就敷衍一下吧,事情是做了,结果却非常不如人意。质量不重要,效果不重要,草草了事,花最小的成本、精力做完这件事。虽然我们坚决反对这种工作态度,但既然是想拒绝的,能敷衍就敷衍吧。

2)学会赞扬

不管你是不是主管或者领导,都免不了要激励别人按照你希望的方式行事。激励的方式不外乎物质激励与精神激励,赞扬别人是精神激励的重要方式。另外,赞扬可以让别人开心,拉近双方关系,不失为上佳的团队协作黏合剂。要学会赞扬,有一些注意事项:

首先,要真诚。赞扬要发自内心,要有真诚的态度,不要充满虚情假意。虚伪的赞扬不但得不到赞扬的益处,反而会让人觉得恶心,结果适得其反。如果你实在没办法,违背自己的真心说一些好听的恭维话(不能不承认,在职场沉浮,这种事情谁都避免不了),那么也请表现出真诚的样子,不要让人觉得你心不在焉甚至暗含讥讽。

其次,要善于发现别人的优点。要想真诚地赞扬别人,自然需要发现别人的优点,不然能赞扬什么呢?这里的优点,主要是指工作中的具体表现,例如,某件事完成得出色,某个问题处理得迅捷,某种能力显著提升,某个想法非常好,某个功能开发得好没有 Bug,等等。很多人,总是习惯于发现自己的优点,盯着别人的缺点,总能敏锐地发现别人不足的地方,而看不到别人的长处,喜欢指责别人,喜欢吹嘘自己,没有人愿意跟这种人共事,如果团队中这种人很多,恐怕很难做好协作工作。

最后,赞扬的方式多种多样。不要误以为赞扬就是当面表扬或恭维几句,其实赞扬可以有很多表现方式,语言、文字、表情、眼神、肢体动作都可以表达赞扬,例如,你给孩子买了礼物,孩子那种惊喜的眼神让你非常开心,这其实也是一种赞扬的方式。在实际工作中,当别人做了让你觉得应该鼓励的事情时,你要灵活运用这些方式表达自己的高兴、欣喜之情。

3)学会批评

有时候,当别人的工作表现让你不满意,甚至非常恼怒时,你就需要批评他。如果他不是你的下属,一般情况下你不能直言不讳地直接批评。闻过则喜的人少,闻过则怒的人多,你随便严词批评,只会激怒别人,不但于事无补,还可能将事情越弄越糟。

首先,要抓住批评的目标。谁也不喜欢被批评,所以,当你觉得需要批评别人时,一定要谨慎行事,要慎重考虑这次批评的目标是什么。你发起批评的目标应该是需要解决某个问题,或者希望对方改善工作方式不要再犯类似的错误,而不是想追究谁的责任,或者仅仅是想发泄情绪。

其次,批评要注意用辞。尽量少用"你不应该这样""你怎么能这样"之类的对人有伤害性的言辞,多用"我想是不是可以这样""您觉得这样好不好"之类的让人比较容易接受的言辞。

再次,批评的时候尽量不要当着其他人的面。特别是当你觉得需要指责别人的错误时,如果有其他人在场会让他觉得非常难堪,很容易引发争吵。哪怕对方是你的下属,你也不能不注意这一点。有一点非常非常重要,读者必须牢记:如果对方是个管理者,永远不要当着他下属的面批评他。这样太伤他的尊严了,会折损他在下属面前的威望,大概率会恼羞成怒。

最后,最重要的一点是,任何时候,批评要对事不对人。只说对方某某事情做得有问题,而不要上升到他这个人怎么样。一旦批评变成了人身攻击,结果会怎么样可想而知。

4)超出期望

当你接到一项任务时,先弄清楚下发任务者的大概期望,然后再考量自己能不能超过这个期望。有时候要做到这一点很容易,只要勤快一些,仔细一点就可以办到,有时候可能就非常困难,需要付出艰苦的努力。

在甲方工作,哪怕甲方对你的项目期望值很高(可能被售前吊足了胃口),你也很难超出甲方的期望,但也应该在一些小事情上去尝试一下。例如:一件简单的事情,甲方可能期望你一天能搞定,你五分钟就处理好;甲方要求你做个培训讲解软件功能,你在培训过程中顺便录了个视频方便他们复习;甲方要求你们修改某个功能 Bug,研发顺便把性能也优化了一下,不但解决了 Bug,运行速度也大幅提升,等等。这样,通过给甲方人员带来小惊喜,让甲方形成这个印象:乙方团队实实在在想把事情搞好,是真心想为甲方服务的,如果有些事情乙方没有做好,那一定有不得已的苦衷。一旦形成了这种印象,自然而然,甲方对你们就会更宽容,也更愿意听从你们的安排,实施工作当然就更容易推行下去。

13.2.3　改善思维方式

要想成为真正的实施工作高手,需要掌握高手的思维方式,例如处理事情要有大局观,要能够透过表面现象看清问题的实质,要有创造性的思维,要有创造"奇迹"的气魄。

1. 要有大局观

如果读者学过围棋,应该都知道下棋需要有大局观,需要有全局思维,时刻找到盘面上最有价值的点,不要拘泥于局部的得失。职场做事也需要有大局观,大到管理一个公司或部门,小到编写一篇文档,都需要有大局观,要有那种高屋建瓴、从顶向下的思维方式:先考虑战略,再考虑战术;先考虑骨架,再考虑血肉。

项目实施跟棋局很像,项目启动、规划这些工作是"布局",设计、开发、上线、培训、推进这些工作是"中盘",项目验收、总结这些工作是"收官"。为了赢得这局的胜利,你当然也需要有大局观。在项目实施的过程中,随时都要有纵观全局的胸怀,无论是整体规划,还是做局部方案,或者只是解决一些小问题,都不能偏离总体目标,不能为了解决小问题而忘了大问题,做局部方案不能忘了大方案,大局观应该贯穿于实施过程的始末。如果缺少大局观,就容易犯目光短浅的错误,容易陷入一城一地的得失不能自拔,一叶障目不见森林,给项目带来不可估量的风险。下面这个故事的主人公就是个没有大局观的实施者,希望大家在做项目的时候引以为戒。

项目部的故事:项目实施需要大局观

那一年,我在某信息化咨询公司搞 ERP 实施。刚入职不久就被分配到某个项目,客户是一家做服装的民营企业,主营业务以贴牌代加工为主,小蒋是这个项目的项目经理,我被安排做他的助理。

小蒋在我们公司以工作认真著称,喜欢把事情处理得井井有条,我印象最深的是,每天下班后,他的办公桌上都是整整齐齐的,文件、资料、书籍摆得方方正正,椅子贴着桌面,看上去永远都是5厘米的距离。环顾办公室,看着其他一个个垃圾堆似的办公桌,真是一股清流啊。

说实话,他的项目管理经验并不丰富,公司领导考虑到他对这款产品比较精通,而我刚入职没有接触过这个产品,但对相关业务比较熟悉,就让我配合他。

小蒋带着我进入现场的第一天,就找甲方的信息部负责人张经理,让他召集人员到会议室培训。然后,所有的重要用户都来到了培训课。这个软件产品非常复杂,一个个毫无准备的用户被他讲得云里雾罩的。虽然大家都反映听不太懂,但不能不承认他的讲解是非常耐心细致的,反正我自己从他的这次培训中受益匪浅。

接下来两天,他针对每个岗位做了详细的学习文档,涉及了每个岗位可能会用到的功能、注意点、常用的快捷方式等等,图文并茂,非常详尽,这是我见过的最完美的项目学习材料了,没有之一。

我这个人有个习惯,一旦发现谁做了什么让我觉得眼睛一亮的事情,一定要给赞扬一下。吃饭时,我说你这个培训材料做得真是太好了,他淡淡地说:"我是个完美主义者,我做出的东西一定尽我所能做好,推敲每个细节,细节决定成败啊。"

我说:"不过,我总觉得吧,现在项目刚刚启动,我们应该先把工作重心放在信息化管理的规划上,让大家知道未来的蓝图怎么样。"

他摇摇头说:"我最讨厌这些虚头巴脑的东西,我们跑到客户这边就是教会人家怎么使用软件,我教你学,就是这么个活儿,非要套上这些冠冕堂皇的华丽辞藻,我们搞技术的,又不是销售,何必呢?"

这位兄弟也真够直爽的,两句话说得我有些讪讪的,于是停了一下接着对他说:"我们至少应该开个项目启动会吧?这毕竟不是个小事情,人家领导都不知道我们启动项目了。"

小蒋说:"开什么会?一大堆人坐在那里,听一两个人东拉西扯,浪费大家的时间,还不如节省点时间做点实事。需要做的事情太多了,我们的时间容不得半点浪费。"

我说:"这个项目牵涉客户的方方面面,启动之前自然要先开个启动大会。一来,给大家描绘下未来的目标,明确各方的职责;二来,更重要的是,要让一把手表个态,以示重视,好让后面的工作容易开展。"

他用沉默表示反对,唉,这就是所谓的三观不同不能强融吧?真的交流不下去了。好吧,我是助理,你让我干啥就干啥吧。唉,倒霉的是,他啥也不让我干,他把自己扎进各种琐事里面去了,真是事必躬亲啊,把我这个助理晾在那里无所事事,可真是挺郁闷的,我一向自认为工作能力不差,这次怎么这么不招人待见呢?有好几次都想找公司领导把我调回去,但又不想得罪他,就决定忍一时风平浪静。

一天,客户张经理让我通知小蒋,说他们老总要问下项目进度如何,让他去汇报一下。我在车间里找到他,他正在研究系统打印出来的某个产品标签,说这个标签打印机怎么这么奇怪,打印出来的横线这么粗,竖线却没有问题。

我说:"项目刚启动不久,现在研究这么细的问题太早了吧?"

他说："才不呢,这样打印出来的标签不匀称,会影响我们产品的形象,让用户觉得我们的产品太低级,从而在内心里产生抵触情绪,这种问题什么时候解决都不嫌早。"

我无话可说,觉得自己的辩才遭到了别人的降维打击。

我跟他一起去客户老总那边去做汇报。

老总问:"刚听张经理说你们的 ERP 已经启动了,我竟然还不知道,做得怎么样了?"

小蒋说:"我发现你们成品车间的那台标签打印机有问题,打印效果怪怪的,我建议你们换个型号的打印机,我等下把品牌、型号发给张经理。"

这几句话明显没有抓住领导的点,而且有些不合时宜,老总的脸色明显有些不对了,我真为他捏了把汗,赶忙接过话头说道:"哦,我们正在车间里做调研,张经理确定了各个部门的关键用户,我们给关键用户做了一系列培训,他们学会后会去培训各自部门的其他用户。"

老总说:"你们就没有个项目实施计划吗?什么时候开始,每个阶段你们做什么,需要我们的各个部门怎么配合之类的。"

我说:"我们正在调研需求,等需求明确后我们就会出个计划的。"

好不容易汇报完毕,我从老总办公室出来时直冒冷汗,总觉得我这个瘦弱的双肩承受了不该承受的压力。

偏偏这个小蒋不能体会我的苦心,反而不高兴地说:"一个 ERP 项目,有那么多的不确定因素,计划没有变化快,做个项目计划有啥用啊?"

我说:"总得有个计划让大家有个工作目标吧?何况人家老总指着鼻子要,还能不答应吗?"

他没好气地说:"我可没有答应出项目计划,你说出计划的,你来出吧,我不管。"

随着项目的进展,用户在处理跟这个项目相关的事情时不约而同养成了一个习惯:具体软件学习、系统操作的事情就找小蒋,项目推进、业务管理上的事情就来找我。也不知道谁是项目经理,谁是助理。

项目就这样磕磕绊绊地推进着,最后竟然也成功上线了,不容易啊。

上线后,客户搞了个庆功宴,把我们领导也邀请过来了。吃饭时,领导说,祝贺小蒋能带领这个项目取得成功,你是我们的大功臣,云云。客户老总奇怪地问:"项目经理不是小杨么?"场面一度有些尴尬。

多年过去了,到现在我还时不时想到那个项目,想到我这个助理跟他这个项目经理两人之间的奇怪分工,真有些哭笑不得。

强调大局观,并不是说不要细节,而是说,在大局无碍的基础上再考虑细节。细节决定成败,指的应该是在大局方面势均力敌时,成败由细节决定,而不是说你只做细节就能成功。大局观决定了努力方向,方向不对,细节做得再好也于事无补。

2. 透过现象看本质

在做项目实施时,总要应对甲方提出的各种要求:提出软件需求,希望改善功能,要求处理业务更方便,等等。这时候,先不要着急处理,想想诺曼先生的《设计心理学》中的这句话吧,"做咨询时,我有一条简单的原则:从来不去解决问到我的问题。为什么有如此相互矛盾的原则?因为,咨询我的问题从来都不是真正的、根本的和本质的问题。"

用户想解决的问题,往往并不是看上去那么简单。在它的背后可能有一系列相同类型的问题,这个具体问题只是这一类问题的代表。不应该机械地解决这个问题,要透过现象看本质,要了解它背后的含义,要从根本上解决问题。爱因斯坦有句话,"你无法用提出问题的思维解决问题"。为什么用户的问题层出不穷,没完没了?需要静下心来考虑下自己的思维方式,是不是只想着以用户提出问题的思维方式解决他们的问题?很可能只是满足了用户的要求,但没有真正解决它代表的一类问题,只要这一类问题没有得到解决,你就要永远处理下去,按了葫芦起了瓢。

举个生活中的例子吧,假设你有个宝贝儿子,你下班了他就缠着你讲故事,于是你下载了几十个 G 的故事在手机上,然后将手机扔给他,想怎么听就怎么听。无论从质量上还是数量上,你讲故事的水平都比不上手机,看上去你充分满足了儿子的要求,并且大大超出了他的预期,可他并不开心。为什么呢?因为你没有思考这个要求的本质,他缠着你,让你讲故事,只是为了让你多陪他,想听故事只是表面现象,透过现象看本质,他这个要求的本质是他孤独,他需要你陪伴。你如果看不到这个问题的本质,永远都不会解决好这个问题。

3. 要有创造性思维

如果将 IT 项目看成一道数学题目,实施过程就是解题过程,最后在甲方相关领域建立起来的数字化管理体系就是实施者解出来的答案,甲方验收者是这个题目的批改老师,验收通过,答案正确,否则答案错误。当然,这条题目可能有多种解法,正确答案可能也不止一个。

解一道数学题需要灵活运用各种条件,以及各种公理、定理、定律等;要实施好项目,需要灵活运用各种软件功能、配置参数,以及各种硬件设备,还有各种资源、管理要求、规章制度等。对于实施者来说,这是一次创造过程,要做好这件事,要有创造性的思维,要思考如何创造性地使用这些条件解得正确答案。如何运用这些条件是一个非常有学问的事情,不同的人有不同的方法。有些人运用得高明,如学校的尖子生,题目解起来就容易,项目做起来就顺畅;有些人运用得笨拙,解起来就难,项目做起来就磕磕绊绊;还有人费了九牛二虎之力,就是解不出答案,项目当然就以失败告终。

当然,有些项目可能真的一开始就是个无解的题目,无论谁用多大的力气最后都解不出,实施者接到这种项目真是件不幸的事情。这时候,只能说老师出错了题目,错题当然无解,即使弄个似是而非的答案来也是个错误的答案。这种项目,我们可以称之为错误的项目。好多失败的项目,本身是就个错误的项目。

4. 要有创造奇迹的气魄

无论项目多么艰难,任务多么不易,都不要轻言放弃,要有把这件事做成功的信念,要有创造奇迹的气魄。很多问题并没有看上去那么困难,你只要肯下功夫,改变思路,寻求帮助,也许就能解决。失败的人找借口,成功的人找方法,不要给自己找那么多不可能做成功的理由,要积极想办法,如果最终这事情做不成功,请扪心自问:你真的尽力了吗?别人来做这件事也一样会失败吗?如果别人能做到,你为什么做不到?差距在哪里?

要想创造奇迹,将看上去不可能完成的任务完成,可以考虑从这些方面入手:

1)要有把这件事做成功的信念

要想创造奇迹,就要有坚决将这件事做成功的信念。只要有一丝希望,就付出全部的努力,全身心投入,有条件上,没有条件创造条件上。不要给自己太多的选项,只给自己一条路:达成目标的路。这种信念让你不屈不挠、百折不回。

2）开动脑筋，不走寻常路

要创造奇迹，需要开动脑筋，不走寻常路。面对一项艰难的任务，你如果只用大家都知道的寻常方法处理，当然不可能创造奇迹，需要从不同的角度去思考，寻找不同的解决方法。

3）寻求帮助

做 IT 项目离不开团队协作，大部分重要的事情都需要人配合，一个人的能力与精力有限，只靠自己做，很难做出什么骄人的战绩来。要想创造奇迹，需要向领导、同事、朋友、网友等积极寻求帮助，如果有重要人物施以援手，你就会如虎添翼。

4）下苦功、下笨功

几乎所有的奇迹都离不开苦功夫，想想吧，同样是做项目，有的人废寝忘食、加班加点，有的人吊儿郎当、偷懒摸鱼，谁能够做好项目，谁能够创造奇迹？

还有的时候，一些不起眼的、一般人不愿意甚至不屑于下的笨功夫，也会创造"奇迹"。例如，本书作者以前有个同事，他负责维护某个项目，有些疑问想找实施项目的项目经理沟通，可那个项目经理早就离职了，以前留下来的联系方式都不管用了，唯一的线索就是他到家乡的某个银行去做信息化了。同事就找了他那个城市的所有银行对外公开的电话，大概找了两三百个电话号码，挨个打过去问，也就打了几十个就找到了。在别人看来，他简直创造了奇迹，但其实做起来并不困难，只是这种笨功夫绝大部分人都不愿意用罢了。

项目部的故事：做一个能够创造奇迹的人

那一年我在一个外资软件公司工作，实施一款非常复杂的信息管理系统套件，里面包括了 ERP、MES、SCM 等一大堆功能。有一次，在十二月份，一个香港的客户找我们公司，想让我们在元旦之前帮他们的一些员工做一次系统使用培训。

领导跟我们讨论怎么安排这次培训，讨论来讨论去，大家的一致结论是：所有的项目经理在元旦之前都不可能抽得出时间跑香港。领导就去跟客户商量，看能不能安排在元旦之后。客户说他们今年有二十多万港元的培训预算没有用掉，如果我们能在元旦之前培训，他们就把钱花在我们身上，过了元旦，这笔预算就没有了。

领导犹豫不决，本想放弃算了，但想到今年效益也不太好，这笔钱正好可以给大家发点年终奖，实在舍不得。纠结再三，去问刚入职不久的小何，问他敢不敢担此重任。

说实话，大家都知道，这个培训其实并不难，然而小何来公司才两周，对这个复杂的产品只是一知半解。不要说培训别人了，我们感觉他稍微有点深度的培训都不太听得懂。让他在这种状态下去培训用户，简直有些荒唐，而且有些用户长年累月地使用某些功能，比他要熟悉得多，这样子跑过去不会被人家用扫帚打回来吧？

没想到，小何简单地询问了客户的培训需求与参与人员背景后，就爽快地接下了这个任务。

他就这样踏上了征程，我们真为他捏把汗。想到我们这些老鸟的年终奖竟然寄托在这个刚来两周，看上去有些傻乎乎的家伙身上，大家就有些哭笑不得。

两周之后他回来了，卡在元旦之前。过了元旦假日之后，客户打电话找我们领导，说小何的培训相当不错，参加的几个人都说受益匪浅，说他们正在申请预算，希望明年再做一次类似的培训，下次预算充裕了一些，参加的人有好几十号。领导后来跟我们说，他刚接到电话时手都是抖的，就等着一顿狗血淋头的狂喷，没想到是这个结果，愣了半天才回过神来。

我们所有的人知道后也都惊呆了,这简直是世界第八大奇迹。领导专门安排了个会议,让小何分享一下他是如何做的。

小何说:"领导跟我谈这个事情的时候,我了解了一下客户的培训需求。根据我的判断,他们需要的培训并不是如何操作、配置系统,而是如何更有效地用好系统产生的信息,所以我才敢接下这个活儿,虽然我对这个软件产品并不熟悉,但对于如何通过 IT 系统搞信息化管理,我还是比较精通的。

"我刚接到领导的这个任务时是星期五,客户要求星期一过去。这期间还有 60 小时,大家知道,60 小时能做很多事情的。我大概花了有 30 小时来熟悉他们目前使用得最多的功能,做了大量的实践操作。不求这两天将系统搞精通,但至少要知道人家对什么感兴趣吧。"

怪不得那几天我在公司的演示系统中发现了很多三更半夜生成的数据,还以为是服务器的时间设置有问题呢。他继续说:

"培训的第一天,我给他们做了个头脑风暴,让大家提出对信息化管理的疑问,或感兴趣的话题,有可能是关于我们产品的,也可能是跟我们产品无关的。

"接下来的几天,我给他们讲那些跟现在的产品无关的部分,如 ERP 的运作原理,信息对计划调度的影响,海量数据对成本计算的影响,如何用信息系统做看板管理,等等,他们下班了我就赶快学习系统功能,真的一分一秒都不想浪费。就这样一个星期过去了,好在他们也不是完全脱产培训,断断续续,一个星期顶多讲了三天,其他时间他们还要去办公室处理事情,要不然还真架不住呢。

"那些跟我们系统相关的问题,我整理了一下发给领导了,希望能安排个熟悉系统的同事来解答一下,这我实在应付不了。"

领导插话道:"是的,我让在深圳做项目的小张抽空去了一趟,他说忙死了,就在那边待了半天,效果有这么好吗?"

小何说:"小张讲得挺好的。接下来还有四天的时间,我发现他们有一个弱点,就是分析数据的能力比较弱,系统中的数据并没有得到充分的应用。于是我就给他们讲如何做数据分析,主要是如何使用 EXCEL 做分析报表。看得出来,他们都很兴奋,因为没有想到自己天天使用的,看上去如此简单一个电子表格工具,竟然有这么多意想不到的用途。

"最后还有半天的时间,我本来说答疑吧,看看大家有什么疑问我负责解答,然而没有人提问题,后来有个人说,我们对国语感兴趣,我看你的国语讲得很好啊,给我们讲讲国语吧。

"我的普通话这么蹩脚,前后鼻音都分不清,竟然还有一天会给人讲如何说普通话,想起来也真是挺滑稽的。既然大家都感兴趣,我就给他们讲了半天如何说普通话。

"最后结束时,大家都有些依依惜别的意思,操着刚学会的不太灵光的翘舌音跟我道别,说这次培训课没白上。我心中的石头才算放下来了。"

跟这个小何共事了两年,他给我最深的印象就是,他总能完成一些在别人看来很困难或几乎不可能完成的任务,让我们对他佩服不已。

后　记

疫情期间，项目不多。走上工作岗位将近三十年，这么无所事事的日子屈指可数。

作为一个从来不浪费空闲时间的人，总觉得要干点什么。经过一番权衡，既然现在是全民短视频的年代，我也赶一下热潮，结合自己的专业领域，录制一些跟管理软件相关的培训视频。一来对自己的工作经验做点总结，提高一下自己的认知水平；二来为想提高能耐而不得门道的朋友贡献一点微薄之力。

于是，我决定先从项目实施讲起，毕竟从踏入IT圈子就开始搞实施，做过一大堆项目，领导过一大堆实施人员，这个领域，咱熟。

我有一个习惯，不轻易启动事情，一旦动手，就要想着做好，哪怕因为能力不足不能做得尽善尽美，至少也要尽自己的努力。为了做好视频录制，花了几个月的工夫精心准备，例如，学习如何录制视频，如何剪辑，如何做字幕，等等。当然，这些事情入门很容易，网上找点儿教程，再做几次实践，很快就搞定了。关键是，录制的内容如何安排：要讲什么，按照什么主线安排课程，如何帮助学员建立成体系的实施知识结构，如何确定每一课的主题，等等。

于是，沉下心来总结这行的知识体系，认真编写讲课大纲。通过几个月的总结、归纳，这一行所需要的完整的知识体系在头脑中逐渐完善与明晰。在这个过程中，我又断断续续写了一系列关于管理软件实施的文章发布在公众号"IT改变管理"中，后来在清华大学出版社黄芝老师的热情邀请下，决定按照这个体系写一本关于如何做项目实施的书，这就是本书的缘起。

市面上并没有类似的书籍，而很多希望提高实施能力的朋友都亟须这种知识，这本书应该能够帮助很多从事项目实施的朋友。想到此，不由得兴奋起来。一边在哔哩哔哩和腾讯课堂录制讲课视频，一边从事本书的创作，本来平淡的生活忽然忙碌、刺激起来。

创作过程是痛苦的，也是快乐的。有时为没有灵感无从落笔而痛苦，有时也为自己的思想变成一行一行看得见的文字而快乐。为了创作，抱着电脑，时而在小区凉亭里听人聊解封，时而在湿地公园中感受负离子的清新，时而在太湖边上任浩渺烟波洗涤心灵，时而半夜惊醒匆匆记录一激灵的心得，时而在凌晨三四点站在阳台上仰望苍穹，时而文思泉涌下笔数千言，时而灵感枯竭半天也写不了几个字，真是苦中有乐，乐中有苦啊。

书就这样写完了。项目上线了，下面该验收了，读者是这个项目唯一的验收人，能不能给读者带来帮助是唯一的验收标准。衷心希望没有白费您在这本书上花费的时间与金钱，如果觉得好，请告诉我，让我有更多的创作热情；如果觉得不好，也请告诉我，让我知道如何修改。

如果您希望跟同行分享、讨论管理软件相关话题，可以加入本书 QQ 群 698283223，您也可以通过扫描下方二维码进一步了解作者的其他作品。

作者网站、b 站、公众号

图书资源支持

感谢您一直以来对清华版图书的支持和爱护。为了配合本书的使用，本书提供配套的资源，有需求的读者请扫描下方的"书圈"微信公众号二维码，在图书专区下载，也可以拨打电话或发送电子邮件咨询。

如果您在使用本书的过程中遇到了什么问题，或者有相关图书出版计划，也请您发邮件告诉我们，以便我们更好地为您服务。

我们的联系方式：

清华大学出版社计算机与信息分社网站：https://www.shuimushuhui.com/

地　　　址：北京市海淀区双清路学研大厦 A 座 714

邮　　　编：100084

电　　　话：010-83470236　010-83470237

客服邮箱：2301891038@qq.com

QQ：2301891038（请写明您的单位和姓名）

资源下载：关注公众号"书圈"下载配套资源。

资源下载、样书申请

图书案例

书 圈

清华计算机学堂

观看课程直播